U0107775

　　本书为 2017 年中国法学会部级法学研究课题《齐法家思想源流研究》的成果，项目编号：CLS（2017）D14；本书获中共江苏省委党校（江苏行政学院）马克思主义理论教学和研究创新工程出版资助。

齐法家源流研究

黄辉明○著

中国社会科学出版社

图书在版编目（CIP）数据

齐法家源流研究/黄辉明著．—北京：中国社会科学出版社，2023.11
ISBN 978 - 7 - 5227 - 2448 - 5

Ⅰ.①齐…　Ⅱ.①黄…　Ⅲ.①法家—哲学思想—研究—中国—齐国
（前 11 世纪 - 前 221）　Ⅳ.①B226.05

中国国家版本馆 CIP 数据核字（2023）第 155120 号

出 版 人　赵剑英
策划编辑　朱华彬
责任编辑　王　斌　李　立
责任校对　谢　静
责任印制　张雪娇

出　　　版　中国社会科学出版社
社　　　址　北京鼓楼西大街甲 158 号
邮　　　编　100720
网　　　址　http://www.csspw.cn
发 行 部　010 - 84083685
门 市 部　010 - 84029450
经　　　销　新华书店及其他书店

印　　　刷　北京君升印刷有限公司
装　　　订　廊坊市广阳区广增装订厂
版　　　次　2023 年 11 月第 1 版
印　　　次　2023 年 11 月第 1 次印刷

开　　　本　710×1000　1/16
印　　　张　20.5
插　　　页　2
字　　　数　324 千字
定　　　价　128.00 元

前　言

　　建设中国式现代法治要借鉴古代法治经验。习近平总书记指出："要传承中华优秀传统法律文化。"晋秦法家和齐法家是先秦法治思想的两大资源，晋秦法家以变法著称，齐法家以立论见长，两者在多方面显著不同，对中国法治建设具有借鉴意义。人们对晋秦法家（或称晋法家）耳熟能详，却对齐法家知之不详，这并不是因为齐法家不重要，而是与学界长期以来对齐法家研究的相对不足有很大关系，因此应该加强对齐法家的深入研究。本书依据学派性质而非国籍重新界定齐法家及其代表人物，并将齐法家放到稷下学术史中去考察，紧紧抓住齐法家"由道入法"的发展逻辑和"道法结合"的思想特征，系统梳理了齐法家思想史。

一　对法家进行重新划分，并对齐法家代表人物进行明确认定

　　本书突破传统的法、术、势三派分类研究方法，从晋秦法家与齐法家的二分法入手研究齐法家。学界一般以地域（国籍）标准来界定晋秦法家与齐法家及其代表人物，将法家法、术、势三派著名代表人物商鞅、慎到和申不害及韩非、李斯全部归于晋秦法家，而齐法家除了春秋时代的先驱管仲外，在战国时代没有明确的代表人物，这与战国时期晋、齐法家并驾齐驱的地位是不相称的，也不利于深入研究晋秦法家与齐法家的区别。

　　故本书提出以学派性质而非国籍来重新界定齐法家及其代表人物。齐法家一般出自黄老而尚法，是道法结合的产物。慎到虽然是赵国人，但不宜归入晋秦法家，作为著名的稷下学者，慎到出自黄老而主张法

治，应归于齐法家；与慎到齐名的田骈，本于黄老而主张法治，还有由道至名、由名至法的尹文也应列入齐法家；再加上推崇管仲的淳于髡和齐法家的主要实践者邹忌。这样，齐法家的代表人物就比较明晰了，从而解决了长期以来齐法家代表人物不明确的问题。因此，这种新的划分方法，调整并充实了晋、齐两大法家阵营，比较符合历史的原貌，对深入推进法家研究具有重要意义。

二　揭示齐法家思想源头和形成过程

齐文化是具有鲜明地域特色的商业文化，尚自然，重功利，孕育出了齐法家。齐法家的实践源头是其先驱管仲的变法实践以及晋秦法家变法运动的经验教训；齐法家的理论源头是道家尚自然的无为而治思想。黄老学是道家思想在稷下的发展，齐法家由黄老道家转化而来。

与晋秦法家单纯功利主义法治思想不同，齐法家法治理论的指导思想是道家的无为主义思想。只不过道家的无为而治更多停留在形而上的观念层面，没有一套切实可行的操作方案；而齐法家的法治正是为践行道家无为而治而设计的操作方案。道家的守道无为与法家的守法而为都有客观主义倾向，具有天然的吻合性。

齐法家形成的路径是由道入法，在稷下学宫百家争鸣中形成的。稷下学士运用黄老思想研究管仲治国经验形成齐法家思想。稷下学宫是战国百家争鸣的主场所，黄老学是田齐官方哲学，为稷下主流学派。稷下学者祖述黄老，传道家无为之道；杨墨等各派门徒纷纷来归，推动黄老学不断向前发展；慎到、田骈、尹文等以道论法，将无为主义与功利主义相结合，主张无为法治，形成了齐法家思想。齐法家上接黄老下启荀子，《管子》成书是齐法家形成的标志。

三　深入挖掘齐法家的法治思想及其法治实践

齐法家的思想特征是道法结合，集中反映在集体创作的官方著作《管子》和私人著作《慎子》《尹文子》等书以及其他古代文献记载之中。齐法家法治理念包括自然法思想、民本主义价值观和功利主义人性论。首先，齐法家提出自然法思想，以道论法；其次，齐法家提倡民本主义价值本位，以民为本，从民所欲，藏富于民，追求均富；最后，齐法家主张功利主义人性论，认为法治要因循人性，贯彻功利主义原则。可见，齐法家以民本主义为价值本位，将道家无为主义与法家功利主义相结合，以法治国，追求富民强国。

齐法家的法治方式是无为法治。齐法家从大道无为出发，将道家无为而治转化为任法而治。首先，齐法家主张因道立法，令顺民心，将国法与天道民心联系在一起，反对重刑主义；其次，齐法家主张令尊与君，要求君主无为，守法而治。此外，齐法家在文化政策方面是包容和开放的，鼓励百家争鸣；在对外关系上，齐法家主张和平交往和自由通商。可见齐法家在一系列治国政策方面有着与晋秦法家不同的鲜明特征。

邹忌是齐法家理论的重要实践者，适应时代变化采取了一系列修法革新措施，修订法律，实行法治，鼓励工商业，辅佐齐威王、齐宣王实现威宣之治，使齐国成为战国中期的强国。

四　阐述齐国和齐法家衰落的原因及齐法家的分化

齐国采用齐法家法治方式，成为战国中期能与秦国相抗衡的强国，一度并称东、西帝。除了军事外，齐国经济文化等综合国力实则强于秦国。然而，在五国伐齐之后，齐国走向衰落，齐法家也同时走向衰落，齐国最终亡于秦国，其原因值得深刻思考。齐国衰落的原因是多方面的，但齐法家思想的空想性和消极性无疑是重要原因。齐法家无为法治的空想性不能阻止齐湣王滥权；齐法家无为法治的消极性一定程度上导致齐王建和群臣不思进取。

随着齐法家衰落，齐法家思想发生分化，由道法结合走向儒法结合。荀子是稷下学宫后期著名学者，对齐法家思想进行了深刻反思和改造。荀子批评齐法家道法思想的消极性，引儒济法，以儒家圣贤有为思想改造了齐法家无为法治思想，强调贤人在法治中的重要作用，主张礼法并治，开启儒法合流，成为礼法家。荀子的弟子韩非则商、管并论，反儒尚法，激烈地批评儒家德治人治思想，回到功利主义醇法家。

五　对齐法家进行辩证评价，进一步概括先秦两种法治类型

齐法家思想是道法结合的产物，可以称为道法家。齐法家以道论

法，将道家无为主义与法家法治主义结合起来，从而将道家的"无为
而治"转化为"任法而治"。齐法家提出法自然的良法思想、民本主义
的价值本位、包容主义的文化政策以及和平主义慎战思想，这些都具有
历史进步性。但齐法家也不可避免具有历史局限性。首先，齐法家消极
无为思想贬抑人的主观积极性，不能充分发挥政府效能，一定程度上不
利于国家的强大。其次，齐法家的无为法治由于缺乏君权约束机制而具
有空想性，不能有效约束君权的滥用。

齐法家的法治与晋秦法家的法治是先秦法家两种法治类型。晋秦法
家主张严格依法治国，排斥道德，属于形式法治；齐法家主张法须合
道，道法结合，属于实质法治。两种法治分别为齐国和秦国所践行，都
鲜明主张法治，反对人治。先秦两种法治类型各有其优缺点，然而都是
弥足珍贵的本土法治资源。

六 探究齐法家思想在秦汉的传承及对汉初政治的影响

齐法家虽然随着齐亡而衰落，但齐法家思想历经秦乱而在民间传承
到汉初，并为汉初统治者萧何等所继承；《淮南子》也对其加以吸收和
发展，为窦太后所推崇。

齐法家对汉初休养生息政策产生了重要影响。通说认为，汉初休养
生息是黄老学的政治实践，这并不十分准确；应该说，汉初统治者以黄
老无为思想为指导，采用了齐法家的法治方略，实行无为法治。因此，
汉初休养生息政策与齐法家思想是高度契合的，可以说，汉初休养生息
就是齐法家思想在汉初的一次政治实践。

随着国力的增长，汉朝封建统治者已不再满足于无为而治了，儒、
道两条政治路线的斗争不可避免。董仲舒在荀学基础上整合儒法，主张
阳德阴刑。随着汉武帝罢黜百家、独尊儒术，儒家终于战胜道家而独
尊，同时儒法合流取代了道法结合，礼法并治思想成为封建正统法律思
想的特征，道法结合的齐法家思想退出政治舞台。

七 对齐法家思想的当代意义进行阐发

晋秦法家虽然主张法治，但其法律出自君主，以君主集权为前提，
不论法的道德性，导致恶法亦法，实质上沦为君主人治。齐法家开辟了

一条与晋秦法家不同的法治路径：无为法治。齐法家无为主义法治思想包含两个要素：一是法须合道；二是无为守法。可以说，齐法家的无为主义法治思想是宝贵的本土法治资源，其深度不亚于古希腊法治思想，对法治中国建设具有参考价值。

对齐法家思想既要继承，也要改造。一方面，继承齐法家的民本位、良法思想，以人民为中心，将法律与道德相结合，以社会主义核心价值观作为我国法律的基本准则，制定良法，完善社会主义法律体系，依法治国；另一方面，改造齐法家的消极无为思想，把无为与有为结合起来，今天的"无为"是指政府法外无为，今天的"有为"是指政府法内尽责，即法无授权不可为，法定职责必须为，这是一种积极无为。总之，社会主义法治要坚持党的领导，将无为与有为有机结合起来，将发挥干部队伍的主观能动性与遵守法治的客观规制性结合起来，以人民为中心，制定良法，依法治国，依规治党，建设法治政府，在法治轨道上推进国家治理现代化。

目　　录

齐法家概念及其代表人物的界定

　　法家是先秦诸子百家中主张"以法治国"的一个学派。提起法家，人们往往有一种刻板印象，将法家与"严刑峻法"联系到一起。其实这多指以商、韩为代表的晋秦法家的思想，而以《管子》为代表的齐法家则是反对重刑主义的。可见法家具有多面孔。先秦法家代表人物众多，派中有派，因此对法家的分类研究对于厘清法家思想尤为重要。对法家研究的传统分类方法是将法家划分为法、术、势三派，这种分类方法存在很大不足，不能完全反映先秦法家思想的全貌和演变过程。晋秦法家与齐法家的划分是对法家分类研究的一个突破，但以国籍标准来界定晋秦法家与齐法家有很大的不足。笔者提出以学派性质来重新界定晋、齐法家及其代表人物，并对晋秦法家与齐法家分别展开研究。本书是笔者继《晋法家源流研究》之后，对齐法家展开的专门研究。

一　以地域标准划分齐法家与晋秦法家的分类方法及其不足

　　当代学界对法家的分类方法除了按照学术标准把法家划分为法、术、势三派的主流分类方法，以及按照时间标准将法家划分为前期法家和后期法家以外，出现了一种新的分类方法：按照地域（国籍）标准把法家划分为晋秦法家和齐法家这两大具有很强地域色彩的法家派别。

　　（一）当代学者对晋秦法家和齐法家的划分

　　战国后期，商、管已并称。《韩非子·五蠹》篇说："今境内之民皆言治，藏商、管之法者家有之。"虽然韩非子还没有明确他们为两个派系，但已经意识到他们是不同的法家。

　　虽然早在战国时期韩非就已将商、管之法并称，但明确意识到他们是不同类型的法家并提出晋秦法家与齐法家的划分则是在当代。在主流研究范式之外，一些当代学者开始关注晋秦法家与齐法家的区分，从晋、齐比较的视角研究法家的思想，关注两者各自的独特性及其形成原因。

首先，在哲学史界，冯友兰于 20 世纪 80 年代在其著作《中国哲学史新编》（第一册）第八章第一节中将法家明确分为"晋法家和齐法家"。他认为，在春秋战国这个大转变时期，各诸侯国向着封建制的进展是不平衡的，率先实行变法改革的齐晋两国无疑是走在前列的，因此，"代表新兴地主阶级利益的法家思想在齐国和晋国特别发展"[1]，所以出现了晋秦法家和齐法家两个集团。他认为，晋秦法家包括商鞅、申不害、韩非等，他们都是三晋人士；齐法家可以说是管仲思想的发展。在该书中，冯先生还以《管子》一书为代表对齐法家做了初步研究。张岱年在《管子新探·张岱年序》中也认为，以商鞅、申不害、韩非子为法家代表人物的观点是片面的。"商、申、韩非，可称为晋秦法家。在三晋法家之外，还有推崇管仲的齐国法家。"[2] 张岱年进而总结了齐法家与晋秦法家的主要不同之点，认为齐法家立论比较全面，既强调法治，也肯定道德教育的必要性，避免了商、韩忽视文教的缺点。

其次，在法律史界，武树臣在《法家思想与法家精神》中较早从地域上将法家划分为晋秦法家和齐法家，并比较了二者的特征。"晋法家或称晋秦法家是以三晋文化和秦文化为基础而产生的法家派系，其代表人物主要有：李悝，魏国人；吴起，卫国人；商鞅，卫国人；慎到，赵国人；申不害，郑国人；韩非，韩国人；李斯，楚国人。他们都不同程度地参与了三晋（韩、赵、魏）和秦国的变法与法制建设。其中，影响最大的商鞅、韩非分别是晋法家'法治'理论的初创者和集大成者。……齐法家是以齐国文化为基础产生的法家派系，其法律思想主要反映在假托管仲之名的《管子》一书中。"[3] 该书总结晋法家思想的特征是：重农抑商，严刑峻法，否认道德教育作用，极端夸大刑罚的作

---

① 冯友兰：《中国哲学史新编》（第一册），人民出版社 1982 年版，第 226 页。
② 胡家聪：《管子新探》，中国社会科学出版社 2003 年版，第 2 页。
③ 武树臣、李力：《法家思想与法家精神》，中国广播电视出版社 1998 年版，第 26 页。

用；而齐法家思想的特征是：重农而不抑商，重法而不全盘否认道德教育的作用。杨鹤皋的《先秦法律思想史》中有专章论述齐法家的法律思想，但没有明确界定齐法家的概念，而是以对《管子》的研究代替了齐法家的研究。武树臣在其《中国法律思想史》中进一步提出晋法家与齐法家的区分："法家分两种类型：齐国式的法家和晋秦式的法家。他们虽然都坚持'法治'，但由于各自的历史文化传统所致，其'法治'的内容、特征是不尽相同的。"① 提法有所改变，但仍然是以地域为标准来划分法家的。

晋秦法家与齐法家的区分是法家分类研究的一个突破。以地域（国籍）作为划分晋秦法家和齐法家的标准已成为学界的通例。以地域标准将法家进行分类，法家分为晋秦法家（或称晋法家）和齐法家。晋秦法家是指三晋和秦国的法家，他们一般是晋国及其附属国人，或在晋秦主持变法，包括李悝、吴起、商鞅、申不害、慎到、韩非、李斯等；齐法家则专指齐国的法家，以《管子》思想为代表。

晋秦法家与齐法家的区分使得人们对于整个法家思想的认识产生了新的突破，对于法家思想的研究视角从主要集中于晋秦法家思想开始转向晋秦法家与齐法家对比的视角上，并注意到不同地域文化对法家思想的影响。

（二）以地域标准界定晋、齐法家的不足

尽管当代学界已注意到晋秦法家与齐法家的区分，但更多是将晋、齐法家当作一个地域概念（三晋或齐国的法家）而不是流派概念（晋国化或齐国化的法家），有对《管子》的研究但缺少对齐法家流派的研究。这种划分方法的学理意义并不大，甚至造成理论上的混乱，这可能也是这种分类自提出以来并未引起足够重视的一个原因。

首先，按照这种分类方法，晋秦法家理所当然的是法家的主流，从而贬低了齐法家的地位，不利于揭示法家的全貌。例如，武树臣认为："如果说法家内部也分派系的话，那么，首先是晋秦法家同齐法家之别，其次是晋秦法家内部的重法、重势、重术三派之别。当然，在晋秦法家内部还可以有前期和后期之别。但是，晋秦法家是法家的主体，他

---

① 武树臣：《中国法律思想史》，法律出版社2004年版，第146页。

们的思想是战国法家思想的主流和代表。"① 武先生虽然肯定了晋秦法家和齐法家的划分，但同时又将齐法家置于非常次要的地位，这实际上又否定了这种划分的积极意义。由于这种划分把法、术、势三派都纳入了晋秦法家，齐法家仅以《管子》一书为代表，势单力薄，所以晋秦法家成了法家的当然代表，而齐法家成了法家的旁支，从而不能从总体上反映法家的历史全貌和晋、齐法家的差别所在。

其次，这种划分方法对深入研究晋秦法家的学理是不利的。因为这些所谓晋秦法家的思想观点参差不齐，立论基础各大有不同，有的甚至大相径庭。例如商鞅的重刑思想与申不害的重术思想、慎到的重势思想就大不相同，慎到的势思想与韩非的势思想也有很大不同，放在一起研究不利于揭示这种差异性。将法术势三家都纳入晋秦法家，晋秦法家就成了大杂烩，不便于总结晋秦法家的理论渊源、法治理念和法治方式，从而也很难将晋秦法家与齐法家的思想区分开来。

再次，以地域标准来划分，造成了以《管子》一书代替齐法家思想的片面结论。冯友兰、武树臣等虽然较早提出了齐法家的概念，但他们都认为齐法家思想体现在《管子》一书中。冯友兰认为，"齐国的法家思想，不能说就是管仲的思想，但可以说是管仲思想的发展"②，并体现在《管子》书中。武树臣认为，"齐法家是以齐国文化为基础产生的法家派系，其法律思想主要反映在假托管仲之名的《管子》一书中"③。这种有些以偏概全的结论被学界普遍接受后，对齐法家的研究往往就局限于《管子》研究，不能深入系统地研究齐法家的思想，未能把齐法家的代表人物明确界定出来，以致连齐法家到底有哪些人我们都不知道。而且，由于《管子》一书思想的庞杂性，以往的研究者偏好抓住某些论述，认为齐法家是主张"德法结合"的，这种观点是有失偏颇的。齐法家准确地说应是"道法结合"，其学术源自黄老学派。虽然今天"道德"一词合用，但在先秦时代，道、德是分家的，道是道家核心术语，德是儒家核心概念，我们不应该忽略二者之间的重要区

① 武树臣：《中国法律思想史》，法律出版社 2004 年版，第 129 页。
② 冯友兰：《中国哲学史新编》（第一册），人民出版社 1982 年版，第 227 页。
③ 武树臣：《中国法律思想史》，法律出版社 2004 年版，第 146 页。

别。齐法家和晋秦法家一起共同作为主张法治的法家学派，他们对儒家的德治都是持批判态度的，只是晋秦法家更为激烈而已。

最后，如果按地域划分，就不应该只有晋法家和齐法家，应该还有秦法家、楚法家等。为什么把三晋法家、秦法家、楚法家都称为晋法家呢？实际上，还是因为他们的观点是晋法家的，而不在于他们的国籍。众所周知，战国时期，百家争鸣，人才在诸侯国之间频繁流动，受诸侯重用则留，不受重用则去，因此以地域为标准把他们界定为晋秦法家有些牵强。所以这个分类方法不仅没有学理意义，而且很杂乱，不利于深入研究法家内部的区别。

究其原因，这种分类错在把法家的出生国籍和其学术思想生硬地捆绑在一起。误以为晋国人的思想就是晋国的，齐国人的思想就是齐国的。殊不知齐国稷下是战国时期有名的东方学术中心，百家争鸣之所，稷下学者来自各诸侯国。稷下学术以黄老道学为主流，来自赵国的慎到就是稷下学者之一，长期在齐国活动，慎到的思想本于黄老而主张法治，可以说是齐国培养的法家，与商鞅等强调重刑的晋秦法家思想有着显著不同，怎么能将慎到归于晋秦法家呢？相反，吴起、商鞅是卫国人，严格来说不是三晋人，且都先后效力几个诸侯国，但他们的思想是晋国的，因为他们都受到晋国西河之学的很大影响。

二　以学派性质重新界定齐法家与晋秦法家

要发挥晋秦法家与齐法家的这一分类框架的研究价值，首先要对两大法家阵营的代表人物进行重新界定，否则对法家的分类研究仍然只会停留在法术势三派划分的基础上，看不到晋秦法家与齐法家这一分类研究方法对重构法家研究的重要意义。

（一）以学派性质而非国籍为主要标准重新定义晋、齐法家

由于以地域标准划分晋、齐法家存在上述不足，所以本书提出从学派性质上来重新划分晋秦法家与齐法家，以揭示法家内部还存在着非常不同而且并驾齐驱的两种流派，对于深入研究法家思想具有很深的学理意义。

以学派性质来重新界定晋秦法家与齐法家。晋秦法家指晋国化的法家，是指从晋国西河儒家现实派转化而来的法家，注重功利，主张严刑

峻法，或称醇法家；齐法家即齐国化的法家，是指从齐国稷下黄老学派演化而来的法家，将道家无为思想与管仲治国经验相结合，主张因道循法，或称道法家。至于法家人物的国籍则置于次要地位，甚至不问国籍。按照这一重新界定，齐法家不再是指齐国的法家，而是指齐国化的法家；晋法家不再是指三晋的法家，而是指晋国化的法家，包括秦法家在内。

晋秦法家与齐法家虽然都主张法治，但二者在理论渊源、法治理念、法治方式和历史影响等方面都有很大不同，因而可以认为它们已经构成法家内部两个并行的亚流派，并且彼此相互影响和争鸣。晋秦法家与齐法家的相同点是都主张法治，这也是它们作为法家与儒家、道家的根本区别所在。晋秦法家与齐法家的主要不同点是，晋秦法家强调专任刑罚，强烈反对人治礼治德治，完全走到了儒家的对立面；而齐法家以道率法，与道家结盟，同时也并不强烈排斥儒家，因而其思想具有高度的融合性。因此，可以说齐法家的理论深度超越了晋秦法家，论及了法律背后的法。

（二）晋秦法家与齐法家代表人物的重新界定

按照传统地域分类方法，除了管仲是齐法家以外，子产、李悝、吴起、商鞅、申不害、慎到、韩非等都是晋秦法家，几乎将主要法家人物全部纳入晋秦法家。这种划分具有明显瑕疵，学术意义不大，所以我们提出按照学派性质重新加以界定。

首先，来看齐法家代表人物的界定。

按照学派性质重新分类，管仲是公认的齐法家先驱，归入齐法家应不成问题，因此不多加赘述。

关键是慎到的归属可能争议较大。慎到是赵国人，传统的分类将其归入晋秦法家，然而慎到是齐国稷下学者，长期在齐国讲学，享受齐国大夫待遇，其学归本黄老，尚道明法，是从道家分化而来的法家，理应归入齐法家。另外，田骈是齐国人，学本黄老而尚法，也应归入齐法家。

慎到和田骈齐名，在学术史上常常并称，应视为齐法家的主要代表人物。从古代学术史著作来看，古代学者常常将慎到、田骈并列而归于一派。《庄子·天下》将彭蒙、慎到、田骈划为道家三派之一："公而不党，易而无私，……古之道术有在于是者，彭蒙、田骈、慎到闻其风而悦之。"其时尚无法家的概念，故将慎到、田骈划入道家的一派。《荀子·非十二子》虽然没有提出"法家"之说，但已明确将慎到、田骈划入尚法的一派："尚法而无法，……是慎到、田骈也。"《史记·孟荀列传》将慎到、田骈列入稷下黄老学派代表人物。"慎到，赵人。田骈、接子，齐人。环渊，楚人。皆学黄老道德之术，因发明序其指意。"《汉书·艺文志》则是第一次明确将慎到列入法家："《慎子》四十二篇。名到，先申韩，申韩称之。"但将田骈仍然列入道家："《田子》二十五篇。名骈，齐人，游稷下，号天口骈。"总之，古代学者一般认为慎到、田骈是一派，思想相近，要么划入道家，要么划入法家。虽然划分并非完全一致，但也没有错，因为慎到、田骈的思想本于黄老而尚法，他们既是道家，又是法家，是道家中的法家，是法家中的道家，这正是齐法家的特征，可以说他们是齐法家的典型代表人物。

此外，齐法家还应该增列尹文和邹忌等。

尹文，齐国人，其思想具有融合性。尹文上承老子，下启韩非，自道至名，由名至法，但其治国思想以道家为指导，最终还是落实在名法上，因此可列入齐法家，可谓是身兼道、名的齐法家，是齐法家理论的总结者。

邹忌，齐国人，战国中期齐国政治家，齐法家的实践者。邹忌辅佐齐威王先后采取了一系列改革措施，修订法律，重用人才，严惩奸吏，使得齐国大治。邹忌与稷下齐法家交往甚密，既是稷下齐法家思想的实践者，反过来又推动了齐法家思想的发展。因此，邹忌可列为齐法家的代表人物之一。

还有位列稷下先生之首的淳于髡，司马迁说其"学无所主"（《史记·孟子荀卿列传》），因此学界多将其归于杂家，但这并不是很准确。淳于髡作为稷下早期学者，没有著作遗存，但从史料记载的他的有关言论和事迹来看，淳于髡虽然学识杂博，兼有道、儒、法诸家色彩，但其学尚功言法，法家倾向明显，其人终生不仕，道家风骨犹存。淳于髡推崇管仲，具有功利主义法治思想，应属管仲学派，可以说是稷下学宫早期齐法家，其功利主义法治思想无疑对慎到、田骈等产生了重要影响。

其次，再来看晋秦法家代表人物的重新界定。

按照学派性质来划分，子产、李悝、吴起、商鞅、申不害归入晋秦法家应该不成问题，这里就不多加赘述。

韩非虽然受齐法家影响较大，被视为法家的集大成者，但其对齐法家思想的吸收是选择性的，其思想实质（重刑反儒）仍然是晋秦法家的，可谓商鞅的升级版，故应归入晋秦法家。

另外，晋秦法家的先驱人物应添加赵鞅。赵鞅对晋秦法家的影响不亚于子产。赵鞅又名赵简子，亦称赵孟，春秋时期晋国六卿之一，与子产同为成文法运动的先驱，杰出的政治家，军事家，军功制的奠基者，郡县制变革的积极推动者，对春秋战国的历史转换起了推波助澜的作用。赵鞅重视奖赏军功，以功释奴，见于著名的铁之战誓师令："克敌者，上大夫受县，下大夫受郡，士田十万，庶人工商遂，人臣隶圉免。"（《左传·哀公二年》）这个命令的颁布，大大鼓舞了晋军的士气，对取得战争的胜利发挥了巨大的作用。这个命令也反映了分封制遭到破坏，郡县制开始建立，军功制开始局部取代世卿世禄制走上时代前沿。赵鞅在铁之战的誓师令成为后世兵家和法家的楷模，商鞅将其发展成为系统的军功爵制度。赵鞅对法家形成的重大贡献还有"铸刑鼎"事件。继子产"铸刑书"公布法律 23 年之后，即公元前 513 年，晋国大臣赵鞅将晋国范宣子反映新兴地主阶级要求的刑书铸在铁鼎上，公布于众，史称"铸刑鼎"。这是晋国新兴地主阶级反对旧礼制的一项重大举措，也是晋国历史上第一次将国家法律明文昭告于天下。因为晋国是春秋霸国，而且刑书的内容更具法家的严厉色彩，因而其影响大大超过此前的郑国子产"铸刑书"事件，遭到了以孔子为代表的春秋士大夫的强烈声讨。因此，赵鞅理应与子产并列为晋秦法家先驱。

综上所述，齐法家的代表人物可以重新界定为：管仲、淳于髡、慎到、田骈、尹文、邹忌等；相应地，晋秦法家的代表人物重新界定为子产、赵鞅、李悝、吴起、商鞅、申不害、韩非、李斯等。经此界定后，齐法家的代表阵营明朗而强大，足以与晋秦法家并驾齐驱，构成先秦法家的两大主要阵营，雄踞东西，相互影响和争鸣，共同促进法家思想发展和时代变革。与法、术、势三家划分的简单分类方法相比，这种新分类方法将重构法家研究，具有重要意义，有助于厘清先秦法家思想的全貌和发展脉络，特别是有利于揭示晋秦法家和齐法家所分别代表的先秦两种不同法治模式，这对于当下建设中国式现代法治新形态具有重要参考价值。

第 一 章

齐法家的源头

齐文化是具有鲜明地域特色的商业文化，尚自然，重功利，孕育出了齐法家。春秋时代管仲变法的成功实践是齐法家的实践源头；道家尚自然的无为思想是齐法家的理论源头。黄老学是老子之道在稷下的发展，齐法家由黄老道家转化而来。

第一节　齐法家的历史文化背景

齐国（公元前 1046—前 221 年）是西周分封的东方诸侯大国，分为姜齐和田齐两个时代，始封君为姜太公。齐国是周代举足轻重的重要封国，位于今山东半岛地区，滨海千里，富甲东方，历经八百余载而后亡。公元前 11 世纪，姜子牙助武王灭商后，封国建邦，齐国建立。自齐国受封建国以来，由太公望因俗简礼，重视商业发展，孕育了齐国尚富的商业文化，奠定了国基，国力不断发展；至齐桓公时，经济发展，国力增强，成为春秋首霸；战国初叶，尊贤养士，集聚百家，文化繁荣。齐国的商业经济和文化包容政策，孕育了独树一帜的齐文化，催生了齐法家。

一　先秦地域文化

西周分封诸侯国，虽然周公制礼，以周礼作为天下统一的制度基础，但由于各诸侯国境内经济和民俗不同，政治上又高度自治，因此形成了特征迥异的地域文化：鲁文化、晋文化和齐文化。齐文化与鲁文化、晋文化有着不同的特征。

（一）鲁文化

《左传·定公四年》记载了卫国大夫子鱼关于周初分封建国情况的一段话：

> 分鲁公……以法则周公，用即命于周。是使之职事于鲁，以昭周公之明德。

这段话非常有史料价值，为我们记叙了各诸侯国分封之初治国理政的宗旨以及各自典章制度的由来。

鲁文化将周礼发扬光大，重礼轻利。鲁国是周公之子伯禽的封地（相当于周公自己的封地），所以要求鲁国政治须"法则周公"，"以昭周公之明德"。鲁国也没有忘记周公遗训，以礼治国，政教昌明，成为礼仪之邦的典范，所以韩宣子访鲁时由衷发出感叹："周礼尽在鲁矣。"（《左传·昭公二年》）

（二）晋文化

晋文化继承夏政，重利尚法。晋国是成王之弟唐叔的封地，南为夏墟，北兼戎狄，为夏族和戎狄杂居之地。故周公分封晋国时对唐叔提出了与鲁国不同的要求。

《左传·定公四年》记载了卫国大夫子鱼所说：

> 分唐叔……命以《唐诰》，而封于夏虚，启以夏政，疆以戎索。

周公要求唐叔"启以夏政，疆以戎索"，即用夏政和戎制结合来治理晋国。戎索是指戎制、戎狄的法度。整句话的意思就是，用夏朝的政治和戎狄的法律结合起来管理唐国（即晋国），而夏朝以奴隶制酷刑而著名，戎狄尚功利，所以晋文化尚刑尚功。

（三）齐文化

鲁、晋文化是两种不同类型的文化，而齐国文化又与它们不同。齐文化尚自然，从民所欲。齐国是姜太公的封地，姜太公本有道者，其治国理念与周公不同，不注重礼教，反而以原始道家无为思想治理齐国，同时注重功利，主张：

> 因其俗，简其礼。(《史记·齐太公世家》)

统治者少加干涉，鼓励民众经商致富，从而开拓了齐国具有功利色彩的道文化。故鲁文化为礼文化，晋文化为法文化，齐文化为原始自然崇拜的道文化。齐国道文化与楚国道文化有相通之处，不过齐国道文化带有功利色彩，因俗重利；楚国道文化是隐士文化，淡泊名利。各自特征鲜明，孕育了不同的思想流派，形成了不同的治国模式，对中国历史有深远的影响。

孔子曾经比较过齐鲁文化：

> 齐一变，至于鲁；鲁一变，至于道。(《论语·雍也》)

这句话很值得玩味，一方面佐证齐文化与鲁文化是不同的文化，另一方面在孔子看来，鲁文化高于齐文化。这里，孔子口中的道是指儒家的道，也就是礼，君臣父子等级秩序。显然，孔子称赞鲁国的治理和文化几近于"道"，即接近孔子孜孜以求的儒家礼治的理想目标。而齐国重功利，要经过一番变革，才能赶上鲁国这样的礼仪之邦。在孔子看来，鲁国文化是最先进的文化，是各国的楷模，鲁国一变就达到了大道；齐国文化比鲁国要差一个档次，齐国要一变才能赶上鲁国，再变才能达到大道；至于晋国，孔子没说，但孔子强烈批评过赵鞅推行法治，可见依据孔子的逻辑，晋国文化更加落后，与夷狄文化差不了多少，恐怕要一变赶上齐国，二变赶上鲁国，三变才能达到儒家的大道。不同的文化有不同的优势，孔子仅以儒家标准来比较所以得出了片面的结论。如果孔子活到战国时期，面对礼仪之邦的鲁国日益衰落而最终被齐国兼并不知作何评价？朱熹《论语集注》在评论孔子这句话时也对齐鲁文化做了鲜明的对比："孔子之时，齐俗急功利，喜夸诈，乃霸政之余习。鲁则重礼教，崇信义，犹有先王之遗风焉。"也就是说齐人重功利，鲁人重礼义。人们常将齐鲁文化并提，使人误以为两者一体，忽视了齐、鲁文化实际上是两种不同类型的文化。

也有人从先民的原始宗教的发展来谈齐鲁文化及儒道的分野。先民有自然崇拜与祖先崇拜。商周统治者的祖先祭祀强化了祖先崇拜，形成了儒家文化；道家文化则源自东夷民族的自然崇拜。傅斯年在《周东封与殷遗民》一文中说：

> 商之宗教，其祖先崇拜在鲁独发展，而为儒学；其自然崇拜在齐独发展，而为五行、方士，各得一体，派衍有自。①

自然崇拜更为古老，所以中国文化与道教结下了不解之缘。鲁迅于1918 年 8 月 20 日给许寿裳的信中说："前曾言中国根柢全在道教，此说近颇广行。以此读史，有许多问题可以迎刃而解。"此说虽然有些夸张，但很有启发性。可以这么说，中国史前神话传说几乎都属于道教文化，如盘古开天地，回答了宇宙的起源问题，女娲捏泥造人，回答了人的起源问题，这些口耳相传的原始神话反映了自然崇拜（神不过是自然的人格化）。儒家礼文化改自然崇拜为祖先崇拜，提倡忠孝之道，但同时也保持对上天的敬畏之心。中国文化在先秦直至汉初都是以道家文化为根底，道家思想具有包容性，也因此造就了先秦文化的繁荣局面。只是到了儒学独尊以后，道家被贬抑而边缘化，加上佛教传入中国以后，本土道教的地位遭到排挤，儒家与佛教结盟，成功地改造了中国古代文化，主观主义倾向的儒佛结盟代替了客观主义倾向的道法结盟，成了汉以后中国文化的主流和特征。

二　齐文化的奠基

山东半岛的齐国，自古依靠鱼盐业为生，商业较为发达，不太重视繁琐的礼教。齐国的历史文化是带有道家色彩的商业文化。研究齐文化离不开姜子牙这位齐国和齐文化的奠基者。齐文化奠基者姜太公被誉为"本有道者"（《汉书·艺文志》），道家先驱人物，尚自然，简礼节，奠定了齐文化的基础。

---

① 傅斯年：《周东封与殷遗民》，《中央研究院历史语言研究所集刊》1932 年第 3 期。

（一）齐文化奠基者姜太公

姜子牙（约公元前？—约前1015年），亦称吕尚，姜姓、吕氏、名尚，号太公望，是东海边之人。其先祖曾做四岳之官，辅佐夏禹治理水土有大功，被封在吕地（今河南省南阳市），所以姜子牙又称吕尚。也有的被封在申地，姓姜。吕尚就是姜、吕远代后裔。姜子牙出生时，家境败落，早已沦为平民，所以姜子牙年轻的时候做过宰牛的屠夫，也开过酒店卖酒，穷困度日。姜子牙身居乱世，素有济世救民之抱负，经商之余，喜欢读书，勤奋钻研治国安邦之道，然而怀才不遇，到一把年纪还是碌碌无为。直到遇到周文王才大展宏图，据载："年七十而相周，九十而封齐。"（《说苑·尊贤》）

1. 太公钓鱼

姜子牙七十多岁时，得知西伯侯（即周文王）礼贤下士，决定西游投奔明主。他在西伯侯出行必经的渭水之滨磻溪垂钓待见，即"以渔钓奸周西伯"（《史记·齐太公世家》）。所谓"姜太公钓鱼，愿者上钩"的典故就是说的此事。西伯侯见到姜子牙钓鱼就问："子乐渔耶？"姜子牙回答："夫钓以求得也，其情深，可以观大矣。"（《六韬·文韬·文师》）西伯侯愿闻其详，姜子牙便从小饵钓小鱼，中饵钓中鱼，大饵钓大鱼的钓鱼实践中道出了一番钓鱼（用人）哲理：

> 夫鱼食其饵，乃牵于缗；人食其禄，乃服于君。故以饵取鱼，鱼可杀。以禄取人，人可竭。以家取国，国可拔。以国取天下，天下可毕。（《六韬·文韬·文师》）

这段话一方面向周文王暗示自己是一条"大鱼"，另一方面也向文王初步显示了自己的功利主义治国思想。姜太公钓鱼一来是吸引西伯侯的注意，得到会见的机会；二来是试探西伯侯的心理，是否值得自己投靠。所以这是一个相互考察的过程。《史记·齐太公世家》记载，西伯侯与姜子牙一番会谈之后，果然大喜过望，称姜子牙为"太公望"，"载与俱归，立为师"。文王死后，武王更尊为"师尚父"。

2. 太公封齐

公元前11世纪，姜子牙精心辅佐文王、武王兴周伐纣，成就大业，功劳最大。"迁九鼎,脩周政,与天下更始。师尚父谋居多。"(《史记·齐太公世家》)伐纣成功后,武王于是大封功臣,而姜子牙为首封。"封尚父于营丘,曰齐。"(《史记·周本纪》)姜太公为齐国的始封君。

3. 道家先驱

《汉书·艺文志》将姜太公列入道家:

> 《太公》二百三十七篇。吕望为周师尚父,本有道者。或有近世又以为太公术者所增加也。《谋》八十一篇,《言》七十一篇,《兵》八十五篇。

《隋书·经籍志》将姜太公列入兵家:

> 《太公六韬》五卷,梁六卷。周文王师姜望撰。

这些书一般认为成书于战国时代,应是稷下黄老学者托名姜太公所作,不大可能是姜子牙本人所作,但也一定程度上反映了姜子牙的某些思想。姜太公为道家和兵家的先驱,其用兵之道体现了道家谋略。严格意义上的道家形成于春秋战国之际,以老子为宗。姜太公先于老子几百年,而具有道家无为顺变思想,所以称其为道家先驱,其不论用兵还是治国都体现了道家思想。

(二)太公治齐:因俗简礼

姜太公治齐,采取安抚策略,以民为本,因其俗简其礼,与民休息,取得了良好的效果。从有关史书记载及《六韬》一书可窥见姜子牙的治国思想。

1. 因其俗,简其礼

姜子牙受封齐国之时,齐国为东夷不起眼的小国,一些当地少数民族部落的首领不接受姜子牙的统治,其中势力较大的莱侯带头造反,"与之争营丘"(《史记·齐太公世家》)。姜太公不依靠暴力镇压的手段,而是主要通过休养生息来安抚少数民族,很快取得了齐初的社会稳定。姜太公的治国政策可以概括为"因其俗,简其礼"(《史记·齐太公世家》)。

据《史记·鲁周公世家》记载，姜太公封于齐国后，过了五个月就向摄政的周公报政。周公感到惊讶，怎么这么快就报政？姜太公回答说：

> 吾简其君臣礼，从其俗为也。

而周公之子伯禽受封鲁国，三年之后才报政周公，周公很疑惑，怎么这么迟才来报政？伯禽回答说："变其俗，革其礼，丧三年然后除之，故迟。"齐鲁不同的治国政策，一个奉行道家无为之政，一个遵循儒家礼仪治国，其效果大不相同。政事简易，民必归之；礼仪繁琐，民不近之。于是周公感叹："呜呼，鲁后世其北面事齐矣！"

在姜太公看来，如果在齐地强力推行周礼，容易产生民族矛盾，不利于治国安邦。所以姜太公没有在齐国推行繁琐的周礼，而是保持齐地的习俗，赢得了齐民的支持。齐地原本瘠薄，多盐碱地，没有中原农业发达。《汉书·地理志》载："齐地负海潟卤，少五谷，而人民寡。"姜太公因地制宜，没有以农业为主，而是注重工商业的发展。齐地位于东海之滨，素有鱼盐之利，因此姜太公减轻工商业的赋税，鼓励鱼盐业的发展。齐民发自内心拥护姜太公，周边人民不断来归，齐发展成为诸侯大国。

诚如司马迁所言："太公至国，修政，因其俗，简其礼，通商工之业，便鱼盐之利，而人民多归齐，齐为大国。"(《史记·齐太公世家》)姜子牙的治理不仅打下了齐国成为大国的物质基础，也为齐国重商主义经济政策和无为主义治国理念奠定了思想基础。

2.《六韬》中的治国思想

《六韬》又名《太公六韬》，托名姜太公，一般认为是战国后期黄老学者研究太公治国用兵思想并加以发挥的作品，但也一定程度上反映了姜子牙初步具有道家无为和法家功利的思想，与史料记载的姜子牙其人其事比较吻合，因此可作为研究姜子牙思想的资料。《六韬》以道家思想为理论基础，主张虚静自守、从民所欲，同时又引用黄帝之书，通过周文王、武王与吕望对话的形式，论述治国用兵的理论、原则，重视功利、赏罚，对法家、兵家都有很大的影响，被誉为是兵家权谋类的始祖。司马迁在《史记·齐太公世家》中称："后世之言兵及周之阴权皆宗太公为本谋。"北宋神宗元丰年间，《六韬》被列为《武经七书》之一，始为世人所重视。1972 年出土的银雀山汉墓竹简中有与今本《六韬》部分篇章相合的，说明《六韬》非后世伪书，对于研究先秦治国用兵思想具有重要价值。《六韬》虽然具有杂糅性，但以黄老思想为宗。

（1）天下非一人之天下思想

《六韬·文韬·文师》在先秦著作中难能可贵地讨论了君主与天下的关系，提出天下非一人之天下：

> 天下非一人之天下，乃天下之天下。

面对春秋战国礼崩乐坏、瓦釜雷鸣的乱世，儒道法墨等先秦诸子百家争鸣，纷纷开出治世良方。儒家提出以礼治国，法家要求以法治国，道家要求无为而治，墨家要求一同天下之。虽然药方各不相同，但有一点是共同的，他们都从家天下这个前提事实出发，没有怀疑过天下为私。诚如司马谈所说："天下一致而百虑，同归而殊涂。"（《史记·太史公自序》）孔子虽然说过，"大道之行也，天下为公"（《礼记·礼运》），但认为那已是上古的黄金时代，一去不复返了，人类社会已经进入家天下的时代。可见，诸子所讨论的都是在家天下的前提下如何治世安民的问题。所以，《六韬》作为先秦著作，以"天下乃天下之天下"来立论，是非常有创见的。这是对家天下的否定，带有天下为公的性质。

既然天下非一人之天下，那么谁应该是君主呢？

> 天下者非一人之天下，惟有道者处之。（《六韬·武韬·顺启》）

我们知道，家天下是世袭制，自从大禹把帝位传给了儿子，家天下产生了。世袭制的弊端显而易见，就是不管儿子品行能力如何，帝位都是他的。所以，天下非一人之天下，君主就理应是"有道者"处之，无道者则去之。以此推理，君主的产生就应该是禅让制或选举制，而不是世袭制。当然，《六韬》还没明确走到公天下这一步，仍然处于民本主义的范畴，只是要求君主以民为本，为天下谋公利。

（2）民本位思想

《六韬》治国的价值追求是富民利民。《说苑·政理》记载，文王问姜子牙如何治理天下？姜子牙回答说："王国富民，霸国富士；仅存之国，富大夫；亡道之国，富仓府；是谓上溢而下漏。"

文王问太公如何富民利民呢？姜子牙回答：

> 利而勿害，成而勿败，生而勿杀，与而勿夺，乐而勿苦，喜而勿怒。（《六韬·文韬·国务》）

文王说愿闻其详，太公解释说："民不失务则利之。农不失时则成之。薄赋敛则与之。俭宫室台榭则乐之。吏清不苛扰则喜之。"（《六韬·文韬·国务》）可见，姜子牙要求君主虚静无为，轻徭薄赋，让人民安居乐业。

《六韬》将富民利民摆在治国的第一位，反映了姜子牙的民本位思想，这正是他采取"因俗简礼"的治国政策的出发点。

（3）无为思想

《六韬·文韬·盈虚》主张君主无为："削心约志，从事乎无为。"君主要做到"安徐而静，柔节先定，善与而不争，虚心平志，待物以正。"（《六韬·文韬·大礼》）因而姜子牙提出了一套与儒家重教化不同的治国思想，即因循无为：

> 与天下共其生，而天下静矣。太上因之，其次化之，夫民化而从政，是以天无为而成事，民无与而自富，此圣人之德也。（《六韬·武韬·文启》）

《六韬·武韬·发启》认为"万物皆道"；君主只要守道无为，天下自然安定。君主发布政令要合乎民俗，"陈其政教，顺其民俗"；君主切记不可扰民，"上劳则刑繁，刑繁则民忧，民忧则流亡"。

（4）功利思想

在人性论上，《六韬·文韬·文师》认为人性好利：

> 凡人恶死而乐生，好德而归利。

这里"德"通"得"，"好德而归利"的意思是"喜欢得到而趋利"，所以不同于儒家言必称仁义，姜子牙讲功利。《六韬·武韬·发启》认为"天下皆有分肉之心"，人人都追求富贵，而厌恶危害。《六韬·武韬·文伐》认为"人臣无不重贵与富，恶危与咎"。人心如此，无利不能收服人心，"欲锢其心，必厚赂之"。

在仁和利的关系上，姜子牙认为利是仁的基础："是故人君必从事于富，不富无以为仁，不施无以合亲。"（《六韬·文韬·守土》）所以姜子牙反复告诫统治者要与民共利："利天下者，天下启之；害天下者，天下闭之"（《六韬·武韬·发启》）；"无取于民者，取民者也"（《六韬·武韬·发启》）；"同天下之利者，则得天下；擅天下之利者，则失天下"（《六韬·文韬·文师》）。所以，姜太公始终把利民摆在治国的第一位："心以启智，智以启财，财以启众，众以启贤。贤之有启，以王天下。"（《六韬·武韬·三疑》）孔孟都不谈利，只谈仁义，要求君主爱民；而姜太公则从人性民心出发，直接谈功利，君主治天下，要从功利出发，让人人得利，天下自然安定。所以，在姜子牙看来，治国就是要为民谋利，而不是空谈仁义。

姜子牙因而认为利天下就是道的要求。《六韬·文韬·文师》说：

> 能生利者，道也。道之所在，天下归之。

可见姜子牙将利与道看作一致的，使得无为主义与功利主义能在齐国并行无碍。

三　齐文化的精神

齐文化是中国历史上唯一具有商业文明性质的地域文化，经济上重商，政治上无为，文化上包容，因俗明法，尊贤尚功，兼有道家无为主义与法家功利主义的萌芽，形成了与鲁国儒家文化、晋国法家文化明显不同的文化，具有鲜明的地域特征。姜子牙是齐文化的代表人物，道家的先驱。

（一）因循无为

司马迁在《史记·货殖列传》对道儒法诸家治国理念的高下进行了评价：

> 故善者因之，其次利道之，其次教诲之，其次整齐之，最下者与之争。

意思是说，最好的办法是任其自然，其次是因势利导，其次是加以教化，再次是制定法律规章加以约束，最坏的做法是与民争利。单纯法治是下策，教化德治是中策，无为而治才是上策。

姜太公治理齐国的方针是"因其俗，简其礼"。可见，姜太公这一治国思想是黄老学派"无为而治"思想的源头，即因任无为，辅之以礼法。

"因其俗，简其礼"的治齐方针很快取得了良好的效果。《史记·鲁周公世家》记载，姜太公赴齐地五个月后，便报政于周公。周公曰："何疾也？"太公曰："吾简其君臣礼，从其俗为也。"可以说，姜太公的治国方针，是齐国后来强盛的根本原因。

（二）重商主义

与晋秦法家及儒家的重农抑商不同，齐文化重商。《管子·轻重甲》鲜明地表达了重商主义观点：

> 物之所生，不若其所聚。

姜太公建立齐国后，顺应齐人重商之习俗，"通商工之业，便鱼盐之利"（《史记·齐太公世家》），与诸侯各国发展商贸经济，从而使得齐国民富国强。《史记·货殖列传》称赞说：

故太公望封于营丘，地潟卤，人民寡，于是太公劝其女功，极技巧。通鱼盐，则人物归之，襁至而辐凑。故齐冠带衣履天下，海岱之间敛袂而往朝焉。

姜太公的治国思想本是道家的萌芽，他主张上应天道，下顺民心。齐民"阔达多匿知"，见多识广，重商逐利，与周礼重农轻商、重义轻利明显不同，而姜太公并无意像鲁国那样大兴周礼教化，而是重在富民，农工商并重。"大农、大工、大商，谓之三宝。"（《六韬·文韬》）因地制宜地发展工商业，鼓励鱼盐贸易，使得齐国的国力发展远远走在固守周礼的鲁国前面。齐国历代有为的君主在经济上都基本遵从姜太公以来的重商主义，国家富裕，成为齐国争霸的必要物质基础。

姜太公的重商主义为管仲所继承，针对儒家一向将商业视为末作而加以贬抑，管仲鲜明地主张"事末作而民兴之"（《管子·侈靡》）。齐桓公的治国之政，正是以重商主义为基础，在管仲的辅佐下，颁布一系列法令，"设轻重鱼盐之利"（《史记·齐太公世家》），减轻赋税，发展工商业，并救济贫民，任用贤能，国力迅速增强，使得齐国成为春秋首霸。

因为经济上重商，必然带来价值观上重利，而重利无疑是法家思想的一个重要理论基础。因此重商主义是齐法家产生的一个重要文化源头。

（三）重信明法

姜子牙用兵重在赏罚，《六韬·龙韬·将威》提出"杀贵大、赏贵小"的鲜明思想：

将以诛大为威，以赏小为明；以罚审为禁止而令行。故杀一人而三军震者，杀之。赏一人而万人说者，赏之。杀贵大，赏贵小。

"杀贵大、赏贵小"说得多好啊！杀贵于敢杀权贵之臣；赏贵于能赏卑贱之卒。社会上层人士能够得到惩罚，下层庶人能够得到赏赐，才能令行禁止。"杀贵大"起到杀一儆百的作用，如商鞅刑太子傅震动权贵，树立了法律的权威；"赏贵小"，起到激励大众的作用，如赵鞅铁之战解放奴隶的军功令，令士气高昂，反败为胜。这与儒家"刑不上大夫，礼不下庶人"（《礼记·曲礼上》）的思想刚好相反，体现了一种平等适用法律的法家思想。

治国也是一样要信赏必罚。姜太公建立齐国后重视以法治国，颁布系列顺应民心的法令。姜子牙主张信赏必罚，"凡用赏者贵信，用罚者贵必"（《六韬·文韬·赏罚》）。司寇营汤阳奉阴违，主张以所谓"仁义"治齐，歪曲法令，姜子牙便令人把营汤斩首，以正政令；东海上有被时人称为"贤人"的狂矞、华士兄弟，惑乱民心，就下令诛杀他们，齐国大治。

齐桓公不背曹沫之盟。齐桓公五年，攻伐鲁国，鲁国抵挡不住。鲁庄公请求献遂邑求和，桓公允许，准备与鲁会盟签约。会盟时，鲁国大臣曹沫突然拔出匕首劫持桓公于坛上，要求"反鲁之侵地"（《史记·齐太公世家》），桓公只好答应。曹沫便丢掉匕首回到自己的位置。桓公见威胁解除，心生反悔，打算不归还鲁地，还要杀曹沫泄怒。管仲说："夫劫许之而倍信杀之，愈一小快耳，而弃信于诸侯，失天下之援，不可。"（《史记·齐太公世家》）桓公于是归还了所侵占的鲁地。"诸侯闻之，皆信齐而欲附焉。"齐桓公以信示天下，主持公道，小国纷纷依附，于是逐渐成为春秋霸主。

法家重信，因为重信是明法的前提。管仲重信明法，对齐法家的形成具有重要影响。

（四）尊贤尚功

周礼的用人之道是尊尊亲亲，看重出身，重用贵族亲戚，而姜子牙则尊贤尚功。文王问姜子牙如何用人，姜子牙回答说："将相分职，而各以官名举人，按名督实，选才考能，令实当其名，名当其实，则得举贤之道也。"（《六韬·文韬·举贤》）

《汉书·地理志》中曾记载过这样一个故事，在武王分封之后，周公曾与姜太公聊起如何治理各自的封地，姜太公的回答是："举贤而上功"，而周公的答案是"尊尊亲亲"。这两个人的执政思路不同，因此他们对于对方的执政方式也很不理解。姜太公认为鲁国"尊尊亲亲"政策会致国势日益衰落；而周公则认为齐国的"尊贤尚功"会使得很多人会因为功绩而逐渐飞扬跋扈，导致被他姓篡夺君位。

重用人才（即古代的"士"）是各国诸侯治国一般都应该遵守的一条普遍规则。然而，各诸侯国起用人才的标准往往并不相同。有儒家思想倾向的人往往看重有贤德、识礼仪的人为人才；有法家倾向的人则更看重人的能力。齐国重用贤能属于后者，更看重的是人的能力。这从齐桓公的用人就能得到很好的说明。鲍叔牙与管仲是齐桓公霸业的左右手，鲍叔牙的贤超过了管仲，但管仲的能远在鲍叔牙之上。齐桓公上位前与管仲有一箭之仇，上位后欲杀管仲而后快，鲍叔牙向齐桓公力荐管仲，"君将治齐，即高傒与叔牙足也。君且欲霸王，非管夷吾不可"（《史记·齐太公世家》）。桓公果不计前嫌，拜管仲为相治理齐国。此段鲍叔牙之荐的历史故事，即显露了鲍叔牙的忠心之贤，更突出了管仲的非凡之能。齐桓公有此贤能二人辅佐，岂能不成春秋霸主？

管仲临死之际，齐桓公来看他，并请教用人之策。管仲向齐桓公举荐有功有能的大臣隰朋而没有举荐对他有恩的忠臣鲍叔牙接替他的相位。管仲认为，鲍叔牙有德，是个君子，然而其能力有限，喜欢感情用事，因而"不可以为政"（《管子·戒》），不能担当宰相大任。而隰朋这个人则有德又有能，"于国有所不知政，于家有所不知事，则必朋乎"（《管子·戒》），所以是继承相位的不二人选。

在推荐谁接替相位这个问题上，管仲唯才是举，而管仲人才标准是能力和德行兼顾，尊贤尚功。在两个热门人物鲍叔牙和隰朋之间，管仲承认鲍叔牙有德但能力不及相位，因而极力举荐隰朋。管仲同时反对桓公任用无功的易牙、开方和竖刁三个奸臣。《史记·齐太公世家》记载：

> 管仲病，桓公问曰："群臣谁可相者？"管仲曰："知臣莫如君。"公曰："易牙如何？"对曰："杀子以適君，非人情，不可。"公曰："开方如何？"对曰："倍亲以適君，非人情，难近。"公曰："竖刁如何？"对曰："自宫以適君，非人情，难亲。"管仲死，而桓公不用管仲言，卒近用三子，三子专权。

法家一般主张赏有功，罚有过。齐文化重用贤能，把能力放在第一位优先考量，故具有法家倾向。

第二节　齐法家的实践源头

齐法家先驱管仲任齐相，辅佐齐桓公长达四十一年。管仲在任内大兴改革，即管仲修法，富民强国，使齐国成为春秋首霸。齐法家先驱管仲的变法实践是齐法家思想的实践源头。此外，晋秦法家的变法运动也对齐法家思想产生了影响。

一　齐法家先驱管仲

管仲（约公元前 723—前 645 年），姬姓，管氏，字仲，名夷吾，谥敬，世人尊称为管子，颍上人（今安徽颍上县），周穆王的后代。春秋时期法家先驱人物，是中国古代著名的政治家、经济学家。

1. 管鲍之交

管仲早年生活贫困，其父是齐国大夫，后来家道中衰。为了谋生，与好友鲍叔牙合伙经商，鲍叔牙出资本，利润二人分成，且管仲因家里贫困而常多分，鲍叔牙却没有怨言。今江苏洪泽湖边的管仲镇，原名管公店，为纪念春秋时期齐国上卿管仲而得名，相传颍上人管仲和鲍叔牙曾在此经商，设有店铺。① 今境内有一座"分金亭"，据说"管鲍分金"的典故发生于此。管仲由于经商，见过许多世面，接触各式各样的人物，从而积累了丰富的社会经验，增长了才干，为其后来务实致用的辅政道路打下了基础。

司马迁在《史记·管晏列传》中说："管仲贫困，常欺鲍叔，鲍叔终善遇之，不以为言。"鲍叔牙视管仲为贤能，只不过时机未到，终非等闲之辈。后甘做人梯，将相位拱手相让，向齐桓公力荐管仲为相，成就齐桓公霸业。可以说，没有鲍叔牙就没有管仲。所以，管仲视鲍叔牙为人生难得的知音，"生我者父母，知我者鲍子也"。后人多称赞鲍叔牙的胸襟，"天下不多管仲之贤而多鲍叔能知人也"。

---

① 盱眙县地方志编纂委员会：《盱眙年鉴》（2020），广陵书社 2020 年版，第 265—266页。

2. 管仲拜相

齐僖公三十三年（公元前 698 年），开始辅佐公子纠。齐桓公元年（公元前 685 年），得到鲍叔牙推荐，担任国相，辅佐齐桓公成为春秋五霸之首。

公元前 698 年，齐僖公驾崩，留下三子，太子诸儿、公子纠和公子小白。太子诸儿即位，即齐襄公。这个齐襄公昏聩无能，诛杀不当，行事荒诞，竟"醉杀鲁桓公，通其夫人"（《史记·齐太公世家》），而这个鲁桓公夫人文姜还是他的亲妹。当时，管仲和鲍叔牙分别辅佐公子纠和公子小白，他们预感到齐国将会发生大乱，恐祸及自身。管仲和召忽就保护公子纠逃到鲁国去躲避，公子纠的母亲是鲁君的女儿；鲍叔牙保护公子小白逃到了莒国。齐国果然发生内乱，齐襄公的堂兄弟公子无知密谋篡位，借机刺杀齐襄公以自立，而雍林人曾与无知结怨，借无知游雍林时袭杀了无知。

齐国一时无君，流亡在外的公子纠和公子小白见机会来了，争先恐后想赶回齐国夺取国君的宝座。小白与齐国正卿大夫高傒交善，得到消息先行一步。鲁庄公后一步得到消息，万分焦急，立即派兵护送公子纠回国，可是发现已经难以赶上公子小白了。管仲于是决定自请率领小队人马先行，快马加鞭，到莒国通往齐国的路上去截击公子小白。管仲很快追上公子小白的大队车马，二话不说，拈弓搭箭，"射中小白带钩"（《史记·齐太公世家》）；小白急中生智，"详死以误管仲"（《史记·齐太公世家》）。管仲信以为真，回报鲁君。经此一惊，公子小白与鲍叔牙更加警惕，加速向齐国挺进。"鲁送纠者行益迟，六日至齐，则小白已入，高傒立之，是为桓公。"（《史记·齐太公世家》）

桓公得先入立，欲除后患，发兵攻打鲁国。鲁兵败走，齐兵拦住鲁兵归道。齐派出使者威胁鲁国："子纠兄弟，弗忍诛，请鲁自杀之。召忽、管仲雠也，请得而甘心醢之。不然，将围鲁。"（《史记·齐太公世家》）要求鲁国把管仲交出来。鲁人惧怕齐军入侵，只得照办，杀了公子纠，把管仲关入囚车送回齐国。桓公发兵攻鲁，本想杀了管仲，以报一箭之仇。鲍叔牙力荐桓公重用管仲："君将治齐，即高傒与叔牙足也。君且欲霸王，非管夷吾不可。"（《史记·齐太公世家》）齐桓公元年，桓公听从了鲍叔牙的建议，不计前嫌，拜管仲为相，"厚礼以为大夫，任政"（《史记·齐太公世家》），终于成就了一番霸业。

二　管仲变法

管仲在诸侯国中率先实行一系列封建化的变法，辅佐齐桓公成为春秋首霸。司马迁概括管仲治国之道是，"通货积财，富国强兵，与俗同好恶"（《史记·管晏列传》），说得非常中肯。管仲"与俗同好恶"的治国思想正是对姜太公"因其俗"思想的一脉相承；同时管仲又突出了"富国强兵"的法家思想，而这正反映了战国时期诸侯争霸的时代需要。管仲辅佐齐桓公成为春秋首霸，所运用的智慧正是将姜太公的道家思想与重视功利的法治思想相结合。齐桓公有志于争霸，重用贤能，不计前嫌拜管仲为相，修齐政治，采取了一系列开明的内政外交政策，在诸侯国中率先进行了封建化变革。对内发展经济，改革行政体制，增强了称霸的实力；对外"尊王攘夷"，缔结盟约，赢得了一些诸侯小国对齐国的尊崇与归顺。

（一）经济改革

管仲认识到争霸的基础是经济实力，所以把发展经济放在治国的优先地位。重点还是发展鱼盐业和制陶、冶炼等传统手工业而不是农业。管仲执政以后，开始了一系列变法改革，"与俗同好恶"，发展农工商。

首先，农业方面，强农固本，改革农税。"相地而衰征"，按土地等级征税，鼓励耕织，客观上打破了井田制的界限，承认了私田的合法性。

其次，工商业方面，因地制宜，发展鱼盐业。充分利用齐国的滨海地利条件，提出"官山海"之策。管仲"设轻重鱼盐之利，以赡贫穷，禄贤能，齐人皆说"（《史记·齐太公世家》）。采取出口不纳税政策，鼓励鱼盐贸易，"通齐国之鱼盐东莱，使关市几而不正，廛而不税，以为诸侯利，诸侯称宽焉"（《管子·匡君小匡》）。齐国加强了对盐业的专营，向中原输出鱼盐，输进粮食，富甲东方，具备了争霸的物质基础。齐都一时各国商贾云集，除了商业，服务业也很发达，管仲甚至开办了中国第一个官妓行业。据《韩非子·难二》记载："昔者桓公宫中二市，妇闾二百。"

最后，鼓励消费和轻重调节。管仲不仅重视生产，还重视消费拉动经济，善于运用轻重调节，使经济平稳发展。管仲采用"贱有实，敬无用"（《管子·侈靡》）的轻重政策，鼓励奢侈品消费，甚至提出"雕卵""雕橑"的奇异思想：

> 雕卵然后瀹之，雕橑然后爨之。（《管子·侈靡》）

这种奇异的奢侈浪费观点与儒家勤俭持家的思想是背道而驰的。儒家重农抑商，视农为本商为末，而管仲独具慧眼看到了商业的好处，重视商业并鼓励培养贵族消费者阶层：

> 地重人载，毁敝而养不足，事末作而民兴之，是以下名而上实也，圣人者，省诸本而游诸乐，大昏也，博夜也。（《管子·侈靡》）

（二）行政改革

一是"叁国伍鄙"的行政区划。管仲为齐国进行了地方自治的制度设计，即"叁其国而伍其鄙"（《管子·小匡》）。"叁其国"就是把国都临淄地区划分为三部分（相当于今天城市的三个区）；"伍其鄙"就是把国都以外的部分划分为五个地区（相当于秦的郡，但享有较高有自治权）。在国都三区共设二十一乡，其中公室管理十一乡，高子、国子分别管理五乡，三乡一帅，国都三区同时建立三军。在五鄙地区设立设乡（管民事）、属（管军事），三乡为一属，五属设五大夫。军政分开，即"武政听属，文政听乡"（《管子·小匡》）。"叁国伍鄙"制度勾画了一幅文武分政的地方自治图景。与商君的"郡县"制度有所不同，郡县制度重在加强中央对地方的集权统治，而齐法家重在地方自治，"武政听属，文政听乡"，五鄙享有地方自治权，而且军政分开。可见，三国五鄙的属乡制介于分封制与郡县制之间，是与齐国商业经济相适应的行政管理体制。

二是"分业定居"。把国民按职业划分成四个阶层，且各阶层分开居住。管仲认为："士农工商四民者，国之石民也，不可使杂处，杂处则其言咙，其事乱。"（《管子·小匡》）例如，国都三区共二十一个乡，其中"商工之乡六，士农之乡十五"（《管子·小匡》）。而且还按照行业划分设立官职："市立三乡，工立三族，泽立三虞，山立三衡。"（《管子·小匡》）"三乡"管理市场；"三族"管理手工业；"三虞"管理渔业；"三衡"管理山林。这与我们今天的所谓商务部、工业部、农渔部、林业部等名称何其类似呀！可见齐国当时商品经济之发达。

（三）和平争霸

周初，管蔡作乱，周成王赋予姜太公征伐大权，"五侯九伯，若实征之，以夹辅周室"（《史记·齐太公世家》）。按周礼，礼乐征伐自天子出。齐国对其他诸侯发动战争是要经过周天子许可的。但周成王的这种战争授权实际上是对姜太公的特别授权，被管仲解释为永久性的，不免有些牵强附会。无论如何，齐国在对外扩张中打着"尊王攘夷"的旗号，使师出有名，可以减少其他诸侯国的反对和干涉。例如，齐桓公二十三年，山戎伐燕，燕国向齐国求救。齐桓公发兵救燕，攻打山戎，至孤竹而还。燕庄公感激涕零，一直把齐桓公送到了齐国边境。按周礼，"非天子，诸侯相送不出境"（《史记·齐太公世家》）。燕庄公以天子之礼送齐桓公。齐桓公竟"割燕君所至与燕"（《史记·齐太公世家》），并命燕君纳贡于周，充分表现了其"尊王攘夷"的豁达胸襟和诚意，赢得了诸侯的尊敬。所以，《史记·齐太公世家》记载："诸侯闻之，皆从齐。"再例如，齐桓公三十年（公元前656年）为争夺蔡国而伐楚。这次"尊王攘夷"纯粹是旗号。楚成王兴师问道，何来伐楚？管仲对以昔日成王授权，责以楚国不向周天子纳贡。楚使屈完不卑不亢，一方面表示恢复纳贡于周，同时表达坚决捍卫楚国国界的决心，迫使齐军盟约退兵。

最后，通过外交会盟的形式，九合诸侯，一匡天下。齐桓公三十五年（公元前651年），齐桓公举行葵丘会盟，连周天子也派人参加。盟约的主要内容是尊王攘夷、维护礼制、互助合作，齐桓公得到了很多诸侯小国的拥戴，成了名正言顺的盟主。齐桓公称霸之心溢于言表。他向诸侯发表演说："寡人兵车之会三，乘车之会六，九合诸侯，一匡天下。昔三代受命，有何以异于此乎？"（《史记·齐太公世家》）话说齐桓公成为霸主，毕竟举着"尊王攘夷"的旗帜，总体上是遵循和平的外交方针的。所以，孔子对管仲评价很高："桓公九合诸侯，不以兵

车，管仲之力也。"（《论语·宪问》）

管仲在齐国执政四十余年，内政外修，变法维新，富民强国，功绩卓著。与后来的吴起、商鞅变法相比，管仲的变法温和得多，是对姜太公所定的"因俗简礼"国策的继承和发展，称为管仲改革比较适宜。由于管仲率先在齐国实行一系列封建化的变法改革，初步具有功利主义法治思想，因而被称为法家先驱。梁启超在《管子传》中认为，不仅是中国，从世界范围来看，法治主义亦肇始于管仲。他说："其最初发明此法治主义，以成一家言者谁乎？则我国之管子也！"① 不过，因为《管子》并非管仲所著，所以管仲只能称作齐法家先驱，但齐法家法治思想的正式形成则晚得多，是在管仲之后的战国时期，也就是《管子》成书的时期。

三　晋秦法家的变法运动

战国时代，晋秦法家掀起的风起云涌的变法运动也对齐法家产生了影响。魏国经过李悝变法，成为战国首雄；楚国吴起变法虽然由于奴隶主贵族的复辟而夭折，但也取得了一定成效；秦国的商鞅变法与齐国邹忌变法差不多同时。这些变法运动也引起了齐法家的思考。

齐法家一面吸收了晋秦法家的功利主义法治思想，同时也反对晋秦法家的重刑主义。晋秦法家迷信重刑主义可以达到以刑去刑的效果，而齐法家认为刑罚是外在的强制服从，而统治重在攻心，民心不服则法令达不到效果，甚至会被推翻。

《管子·牧民》认为重刑主义达不到治国目的，必须从民所欲，反对严刑峻法：

> 故刑罚不足以畏其意，杀戮不足以服其心。

苛政重刑只能导致国家危亡：

---

① 梁启超：《管子传》，《梁启超评历史人物》（先秦卷），华中科技大学出版社 2018 年版，第 145 页。

上苛则下不听，下不听而强以刑罚，则为人上者众谋矣。为人上而众谋之，虽欲毋危，不可得也。(《管子·法法》)

齐法家吸取了晋秦法家的经验教训，将道法结合起来，以道论法，主张实行无为主义法治。

第三节　齐法家的理论渊源

齐法家主张法治，但与晋秦法家单纯功利主义法治思想不同，齐法家法治理论的指导思想却是道家的无为主义思想。只不过道家的无为而治更多停留在观念层面，没有一套切实可行的操作方案；而法家的法治正是践行道家无为而治的行动方案，即守法而治。道家的守道无为与法家的守法而为具有天然的吻合性，在春秋战国礼崩乐坏的历史背景下，两者走向结合，是历史的必然。稷下黄老学者为法治寻找哲理支持，引入道家"无为而治"思想，主张"道生法"，开启了道法结合的路径，促进了齐法家思想的形成。齐法家是由道家演化而来的。道家由老子创立于春秋末年，首倡无为，战国前期发生分化，杨朱庄周将无为思想引向人生领域，稷下黄老则将无为思想引向政治领域。老子贵无，杨子贵己，庄子齐一，稷下黄老将贵齐思想引向法治——齐于法，而不是儒家所说的圣人。

一　老子的道家思想：贵无

稷下学以黄老为宗，所以老子道家思想是稷下黄老思想的理论源头，老子无为而治的思想构成齐法家以法治国思想的理论基础。

(一)老子其人其书

老子(约公元前580—前500年)，姓李，名耳，字聃，楚国苦县(今河南鹿邑东)人(一说今安徽涡阳人)，春秋末年的思想家，道家创始人，中国古代最伟大的哲学家之一。曾做过周王朝的守藏史，后辞官归隐。相传著有《道德经》五千言，为道家经典。今本《道德经》或认为成书于战国，但我们认为当属战国道家门徒在传经过程中有所损益而已(这种现象在诸子文献中很常见)，不宜否定老子五千言，也不失为研究老子思想的权威依据。

1. 老孔相会

据《史记·老子韩非列传》记载，孔子曾到周都，慕名拜访了时任守藏史的老子，向其请教礼的问题。老子接见了孔子，孔子先是自陈了一番对古代先贤礼制的见解，然后请老子指点迷津。老子认为，孔子所说的先贤言论都已久远，未必适合当下社会，治世做事都要因时而行。临别，老子以虚静无为之道告诫孔子：

> 君子盛德，容貌若愚。去子之骄气与多欲，态色与淫志，是皆无益于子之身。

孔子走后，对弟子说：

> 吾今日见老子，其犹龙邪！

孔子问礼于老子，中国古代两个最伟大的思想家得以幸会，成为中国思想史上为人津津乐道的一个传奇故事。孔子积极入世改造天下的儒家抱负与老子消极出世顺应自然的道家心态形成鲜明对照。老子的洒脱略高一筹，孔子的谦逊也不失大度。虽然老子以类似长者教训后生的口吻对孔子说话，但孔子还是心有所悟，对老子大加称赞，认为老子思想超凡脱俗，非世人所能企及。孔子当年欣赏而未必能接受老子思想，孔子晚年研究《易》，颇有心得，应该说是受到了老子思想的影响。

孔子问礼于老子本是司马迁在《史记》中言之凿凿的记载，但也引出了后世儒家一个难解的心结，自宋代开始就不断有学者对其质疑。后世儒生尊孔抑老，感情上接受不了孔子向老子请教的故事，因此往往予以否认，认为是司马迁以讹传讹，不是真实的历史事件，但并没有足够的证据以推翻司马迁的记载，因而这件事成了一桩历史悬案。

到了五四时期，这一历史悬案又加码了。争议的起因是新文化运动的旗手之一胡适在其书《中国哲学史大纲》中破天荒地将老子置于孔子之前，写中国哲学史从老子开始，有贬抑孔子独尊地位之意，以致触犯了众怒。胡适坚持认为，"孔子曾见过老子"①，并推断大概此事在孔子 34 岁与 41 岁之间，老子约略大于孔子 20 岁，而《史记》中孔子问礼于老子的记载也是大体可信的。对此，儒学大师梁启超率先表示反对，顾颉刚、冯友兰等学术名流也纷纷质疑胡适在其书中将老子置于孔子之前的做法。钱穆更是在他的大作《先秦诸子系年》中做出了猛烈的抨击。钱穆认为，孔子没有见过老聃，"孔子所见老子即老莱子"②。他认为，孔子周游列国到楚国时其学生子路遇见的楚国隐士就是老莱子，孔子想见而实际上没见着，大概司马迁将老子和老莱子混为一谈，又将孔子适周联系到一起，而误记孔子见了老子。胡适对此强硬回应说，"我反对老聃在孔子之后的说法，因为这种说法的证据不足。如果证据足了，我为什么反对？反正老子并不是我的老子"③。

其实，在这场争论中，老孔孰先孰后已不那么重要，而胡适的重要贡献在于打破中国思想史界长期以来儒学独尊的沉闷局面，将孔子置于诸子之中，平等看待诸子，不可谓不是思想界的一场革命，这种敢为天下先的精神是难能可贵的。蔡元培先生是开明地意识到这一点，他在为胡适此书所作的序文中称赞胡适有"平等的眼光"，"古代评判哲学的，不是墨非儒就是儒非墨。……适之先生此编，对于老子以后的诸子，各有各的长处，各有各的短处，都还他一个本来面目，是很平等的"④。

2. 著书出关

《史记·老子韩非列传》记载了老子《道德经》一书的由来，为老子出关时不得已而作。

老子修习道德，精通历史，知道周朝已成衰败之势，天下将大乱，遂辞官西去以避乱世。至函谷关，关令尹喜久闻老子大名，不舍得老子离去，提出过关的条件：

子将隐矣，强为我著书。

---

① 胡适：《中国哲学史大纲》，崇文书局 2015 年版，第 26 页。
② 钱穆：《先秦诸子系年》，商务印书馆 2005 年版，第 245 页。
③ 见冯友兰《三松堂自序》，人民出版社 2008 年版，第 206 页。
④ 参见胡适《中国哲学史大纲·序》，崇文书局 2015 年版，第 2 页。

老子本无意著书立说，但为了过关，只得答应这个条件。便在函谷关停留了几天，整理自己修道所得：

> 于是老子乃著书上下篇，言道德之意五千余言而去。

老子交给尹喜一篇五千字左右的著作，分上下篇，然后就骑着大青牛西去函谷关，做了隐士，最后无人知其下落。据说，这篇著作就是后来传世的《道德经》。关令尹喜可谓为民族文化立了一大功，他虽然放走了老子但想办法留下了他的深邃思想，使得老子的思想没有随老子其人一起隐居起来，否则，将是民族文化的重大遗憾。据《汉书·艺文志》记载，"老子过关，喜去吏而从之"。也就是说，在老子过关时，这个关令尹喜不仅是放走老子而已，竟然随他而去了。尹喜也是道家中人，其有道家著作《关尹子》九篇，亡佚，可能是传老子之意。可见，老子过关这件传奇故事到汉朝时已有不同版本流传。

《汉书·艺文志》将《老子》列入李耳名下：

> 《老子邻氏经传》四篇。姓李，名耳，邻氏传其学。

《隋书·经籍志》同样将《老子》列入李耳名下：

> 《老子道德经》二卷。周柱下史李耳撰。汉文帝时河上公注。

根据以上史籍记载，《道德经》为老子作品，本不是问题。然而，到了中华民国时期，《道德经》这部道家经典究竟是否为老子所著，与老子身世一样，成了激烈争议的问题，形成了"早出说"和"晚出说"两派意见。胡适、唐兰等坚持"早出说"，认为老子其人其书早于孔子；梁启超、钱穆、顾颉刚、冯友兰等坚持"晚出说"，认为老子其书为战国后期作品，晚于孔子。两派且互不相让，争论延续几十年，各持己见，谁也说服不了谁。晚出说，人多势众，占据上风；胡适势单力薄，但不肯屈服。1933 年，胡适撰文说，"我到今天还不感觉我应把老子这个人或《老子》这部书挪移到战国后期去"①，但表达了对三十年前这桩疑案在寻得充分证据之前"展缓判决"的态度。1958 年，胡适为其《中国哲学史大纲》重印本写的一个《自记》中还念念不忘这桩旧案，他说："我忽然明白：这个老子年代的问题原来不是一个考据方法的问题，原来只是一个宗教信仰的问题！"②这也反映了胡适思想中还保留有新文化运动时期批孔的痕迹，表明其与尊孔派的立场不同。正如司马迁早就在《史记》中指出的：

> 世之学老子者则绌儒学，儒学亦绌老子。"道不同不相为谋"，岂谓是邪？③

胡适信奉西方自由主义哲学，与老学有联结之处；梁启超、冯友兰、钱穆等国学情愫浓厚，与孔学实难割舍。胡适在上述《自记》中说："像冯友兰先生一类的学者，他们诚心相信，中国哲学史当然要认孔子是开山老祖，……在这个诚心的宗教信仰里，孔子之前当然不应该有个老子。"④然而，胡适自己又何尝不是如此？胡适的尊老抑孔，带有浓烈的反传统气息，亦即冯友兰《三松堂自序》所谓"五四时代的革命精神"⑤。在冯友兰看来，胡适的"革命精神"，首先表现在他悍然以老子为先，重写中国哲学史。"道不同不相为谋"，胡与钱、冯的学术官司甚至影响了他们之间的感情，是为憾事。社会科学不同于自然科学，每个学者都有其价值取向，很难做到纯粹客观的价值无涉。没有绝对的真理或真相，而每一种学术观点必能找到证据支持，也能找到证据反驳，信与不信，悉听尊便。所以，胡适一直倡导的"大胆假设、小心求证"的实证主义方法，对于社会科学来说还是不够的，社会科学

---

① 胡适：《中国思想史》，华东师范大学出版社 2015 年版，第 76 页。

② 转引自陈勇、杨俊楠《钱穆与老子其人其书的考证》，《厦门大学学报》（哲学社会科学版）2018 年第 4 期。

③ 《史记·老子韩非列传》。

④ 转引自陈勇、杨俊楠《钱穆与老子其人其书的考证》，《厦门大学学报》（哲学社会科学版）2018 年第 4 期。

⑤ 冯友兰：《三松堂自序》，人民出版社 2008 年版，第 206 页。

离不开一些前提假设，很多是无法完全证实的。如经济学"理性人"的假设，可能是一个统计学意义上的大概率事件，并非不可证非的绝对真理，但却是该学科所建基的必要基础。自然科学强调数理思维，一是一、二是二，不能模棱两可；社会科学注重辩证思维，一分为二、合二为一，并非非此即彼，非黑即白，即老子所说的"玄之又玄"，这也是其比自然科学更吸引人的魅力所在。但这不等于说社会科学研究可以天马行空，语不惊人死不休，想怎么说就怎么说，胡适后来也修正了他早年"大胆假设、小心求证"的研究方法，提出"有一分证据，说一分话"，态度趋于保守，做学问更加谨慎。

如今这桩民国疑案有了重大进展，出土文物似乎更支持胡适"早出说"。1993 年郭店楚墓出土《老子》竹书抄本，说明《老子》成书至少不晚于楚墓下葬时间的约前 4 世纪晚期。这也说明胡适对存疑问题"展缓判决"的态度是可取的，体现了实事求是的科学精神。

孔子对中国文化的影响固然是无人能比的，但就中国哲学来说，老子显然是第一位的哲学家。现在看来，老子其人先于孔子不多存疑，老子其书可能为老子亲作，或为老子口述，弟子关尹等所记，与《论语》成书时间大致相当。孔子问礼于老子为史籍所记载，没有充足证据不必否定，相反，这两位思想大师的对话更彰显了中国文化源头的多样性，是中国人的精神财富，不必是此非彼。

郭沫若对胡适、钱穆两派观点进行折中，对老子早出说做了让步，但同时又坚持《道德经》晚出说："人在前，书在后，书之中保存有一部分老聃的微言大义，如此而已。"[1] 这种折中观点看上去似乎有理，但还是缺乏证据，难以令人信服。郭沫若提出，《道德经》为战国稷下先生环渊所作。郭沫若认为，《史记》中提到的环渊"著上下篇"即《道德经》上下篇。[2] 这一说法看上去有些牵强附会，不能因《史记》记载老子著有上下篇，环渊也著有上下篇，就认为是指同一本书；退一步讲，即使是指同一本书，也不能因为环渊著有上下篇就否定老子也著有上下篇。但郭沫若的这一大胆猜测倒是给了我们启发，很可能这两个

---

① 郭沫若：《十批判书》，东方出版社 1996 年版，第 148 页。
② 郭沫若：《十批判书》，东方出版社 1996 年版，第 145 页。

上下篇正是《道德经》的两个版本：老子上下篇是春秋末年《道德经》的原始版，环渊上下篇是战国时期经环渊整理的《道德经》的一种传本，就像孔子的《春秋》有多种传本一样。这样，有关史料的记载就没有矛盾。到了秦汉之际，又有重要的河上公注本。

虽然老子著书出关这个故事可能有演绎的成分，但司马迁既然将其写进《史记》，一定有其依据，相信不会完全是子虚乌有的事情。老子所留下的《道德经》很可能是《道德经》的原始版本，为尹喜所传，至战国时已颇有影响。从田氏代齐打出黄老旗号招贤纳士来看，笔者的推测是今本《道德经》很可能是楚人环渊携老子早期版本入齐稷下（类似于商鞅携《法经》入秦），并加以整理以适应田齐统治者崇道的需要，而仍然托名老子以保持权威性，这就不难解释其带有战国作品的思想痕迹。逻辑分析，《道德经》不大可能完全是战国新作，因为老子思想在田氏代齐时应当已有相当影响，否则田齐统治者也不会放弃当时的儒、墨显学而打出老子的"旗号"。既然打出老子旗号，就可能对老子思想的各种传本进行整理修编以适合田齐官方的需要，这可能就是今本老子的由来。所以，《道德经》原本既然有《史记》《汉书》背书，无确凿证据不宜否定，虽然今本老子可能不是老子原本，但主旨应是一致的。总之，不论老子是否今本《道德经》的原始作者，《道德经》无疑反映了老子的思想，老子称为道家之祖是当之无愧的。

综上所述，可以大致勾画出一个老学传承的线索：

老聃《道德经》—尹喜《关尹子》—邻氏《老子邻氏经传》—环渊《上下篇》—河上公《老子道德经》注本。可能正是这个春秋末年的上下篇和战国前期的上下篇两个版本，造成了早出派与晚出派之争。环渊应是《道德经》传于稷下的一个重要人物，推进了稷下黄老学的发展。

（二）老子的哲学思想：自然之道

老子提出以"道"为本体的宇宙观，主张"法自然"。老子的思想主要体现在《老子》（又称《道德经》）一书中。

1. "道生万物"的本体论

老子治国主张是"无为而治"，而这一思想是从其哲学本体"道"推衍出来的结论。

"道"是老子宇宙观先验唯心主义的假设。它先于有形世界存在的无形存在，是有形的赋形者，是事物运动变化背后的规定者。道难以名状，但《老子》很多章节还是大体描述了老子哲学的"道"概念：

> 有物混成，先天地生。……吾不知其名，强字之曰"道"，强为之名曰"大"。大曰"逝"，逝曰"远"，远曰"反"。(《老子》第二十五章)

道的根本属性是虚无。道和无在老子哲学里是同一层级的概念，是本体。老子说：

> 道可道，非常道。名可名，非常名。无，名天地之始；有，名万物之母。(《老子》第一章)

在老子哲学里，老子使用"道"这一概念，先验地解释了万物的起源。道是万物的总根源，道派生了万物，为天地母。所以，老子说：

> 道生一，一生二，二生三，三生万物。(《老子》第四十二章)

这句话如何理解呢？首先，去掉中间一二三，头尾直接相连，就是道生万物，这是老子的宇宙观。这与老子说的"天下万物生于有，有生于无"(《老子》第四十章)是一致的。万物是有，道是无，有生于无，万物是由道派生的。道生万物是老子哲学的先验立论，是老子全部思想的出发点，出发是为了归宿，既然道生万物(包括人在内)，老子哲学的归宿点是人法道、道法自然(人法地，地法天，天法道，道法自然)。

其次，万物是如何生成的呢？也就是说，从无到有是怎样发生的呢？这可能是老子哲学最难理解，最难解释的了。这显然需要一些环节(今天的宇宙大爆炸理论似乎抄袭了老子的"无中生有"，但省略了中间环节)。这些中间环节，老子用了高度抽象的"一二三万"四个数字，理解了这四个数字，也就理解了无中生有的过程。无中生有的过程可以理解为大道显现自己的过程，从一到二，从二到三，从三到万。这里一是无，欲要显现自己的道；万是有，由道显现出来的万物，其中每一物都是道的一个侧面，综合万物的本质复归于道（这正是庄子的齐万物思想）。因此，二和三是无中生有的关键。为了理解二和三，我们先说一下人这个万物之灵是怎样生的呢？人显然都是父母生的，每个人都有自己的父母，父母还有自己的父母，这样追踪下去，最初的父、母是谁生的？在老子看来，最初造人的显然不是父母（否则这个问题就没完没了），而是道（老子用神秘的道终结了人们的追问）。那么，道是怎样创生万物的呢？第一步，"一生二"，道内部开始了阴阳两种力量的分化。第二步，"二生三"，阴阳两种力量的相互作用生成万物。所以，"二"指阴阳，还属于无的分化，"三"才是有的开始。所以，老子说："万物负阴而抱阳，冲气以为和。"（《老子》第四十二章）万物由道而生，而道由阴阳两种力量构成，故万物的内部都由不同组合的阴阳力量主宰，从而显现出不同的特征。

2. 阴阳互动的辩证法思想

宇宙万物是由道派生的，道永恒不变，然而万物为何又是变动不居的？老子使用由"道"衍生的"阴阳"两种力量的对立统一解释了万物运动变化的总规律，即阴阳律。道不仅派生了万物，它还作为万物的对立面而存在。道与万物是对立统一的关系：一与多的对立统一；无与有的对立统一；不变与变动的对立统一。万物是多种多样的，而在道这一点是齐一的。万物是有，而道是无，有生于无，有中有无。唯万物为有，故万物短暂，变动不居；唯道为无，故能永恒。然而道虽永恒，但其也借有来显现自己。老子指出，"道"通过其阴阳两种相对力量主宰万物的运动变化。道生二，即阴阳，阴阳的结合和变化派生万物。

万物运动变化都是阴与阳的对立统一。老子说：

反者道之动；弱者道之用。（《老子》第四十章）

这两句话高度概括了道的特性和作用。"反者道之动"是说道的特性是循环往复地不断运动。而万物运动的原因是阴阳两种力量的相互作用，即老子所说的"万物负阴而抱阳"，老子把推动万物生成变化的原因高度抽象为阴阳两种力量。在老子看来，阴阳这两种力量属性有所不同，阴是一种阴柔虚静、自然无为的保守力量；阳是一种阳刚活跃、积极有为的变革力量，而大道贵阴，以静制动，以柔克刚。否则的话，宇宙就会混乱不堪。所以说，"弱者道之用"。

事物的变化都是阴阳两种力量相互作用的种种表现：

有无相生，难易相成，长短相形，高下相盈，音声相和，前后相随。恒也。（《老子》第二章）

明道若昧；进道若退；夷道若纇；上德若谷；大白若辱；广德若不足；建德若偷；质真若渝；大方无隅；大器晚成；大音希声；大象无形；道隐无名。夫唯道，善贷且成。（《老子》第四十一章）

所以，阴阳互动律告诉人们物极必反的道理。"故物或损之而益，或益之而损。"（《老子》第四十二章）明白了这一道理，就可以加以运用，从而使事物朝着有利于人们预期的方向发展：

将欲歙之，必固张之；将欲弱之，必固强之；将欲废之，必固兴之；将欲取之，必固与之。是谓微明。（《老子》第三十六章）

故坚强者死之徒，柔弱者生之徒。是以兵强则灭，木强则折。强大处下，柔弱处上。（《老子》第七十六章）

柔弱胜刚强、祸福相依、损益相成这些道理都是由事物变化之道决定的。所以，老子说，"知和曰常，知常曰明"，阴阳和合是近乎道的常理，懂得阴阳互动律的人就是聪明人。

3. 不可知论

老子在认识论上是怀疑论者，他认为宇宙的本质是不可知的，但为了叙述的方便，他又不得不给创生万物的宇宙本体取个名字。所以，他说：

> 寂兮寥兮，独立而不改，周行而不殆，可以为天地母。吾不知其名，强字之曰"道"。（《老子》第二十五章）

老子勉强将宇宙本体或本源称之为"道"，但同时认为道是玄妙深奥而不可知的：

> 道可道，非常道。名可名，非常名。……玄之又玄，众妙之门。（《老子》第一章）

虽然老子是怀疑论者，但老子也不是完全否认人的认识能力。尽管老子认为本体论意义上的常道是不可知的，但现象意义上的道理人们还是可以认知的。人们对道的本质不可知，但对道的一些特征和属性还是能够观察和体悟的。所以，老子说，"知和曰常，知常曰明"，也就是说，能够体悟到道具有阴阳和合属性的人就算是聪明人了。老子又说："知不知，尚矣；不知知，病也。"（《老子》第七十一章）真正聪明的人知道自己知识有限，而浅陋的人自以为什么都知道。

老子承认有能体悟道的聪明人，但否认有能认识世界本质的全知全能——圣智。基于不可知论，他反对儒家的圣智论，所以提出"绝圣去智"。

4. 性朴论

万物是由道派生的，受道的主宰，所以人也不例外。在老子看来，人性是道性的一部分，是道性在人身的显现。"道常无名，朴"（《老子》第三十二章），朴是道的属性，也是人的本性。道性虚静自然，故人性素朴无为。所以，老子说：

> 见素抱朴，少思寡欲，绝学无忧。（《老子》第十九章）

老子反对儒家提倡的圣智、仁义和法家提倡的功利，这些都是文饰了的人性，而不是本真的人性，因此不足以治理国家。他说：

> 绝圣弃智，民利百倍；绝仁弃义，民复孝慈；绝巧弃利，盗贼

无有。此三者以为文，不足。(《老子》第十九章)

因此，老子认为，只有绝圣弃智，放弃教化和争夺，回到人的素朴本性，寡欲不争，社会才能安宁，人人没有烦恼。老子说："为天下谷，常德乃足，复归于朴。"(《老子》第二十八章)

(三) 老子的治国思想：无为而治

老子说："故道大，天大，地大，人亦大。域中有四大，而人居其一焉。"(《老子》第二十五章) 老子将道、天、地、人并称四大，足见其对人的重视。道是老子哲学的出发点，但老子言道，目的在于人，治国安民才是老子哲学的归宿点。从道出发，老子提出了无为而治的治国主张。

1. "法自然" 的自然法思想

既然道是万事万物运动变化的根源，因而体悟道对于人类活动具有方法论意义。循道成功，违道必败，从而使得道对人类行为具有指导价值。万物变化既然是由道主宰的，人类的行为就应该是循道无为。用现代术语来讲，道就是人类活动应该遵循的自然法。老子总结了人、天、地、道之间的关系：

人法地，地法天，天法道，道法自然。(《老子》第二十五章)

道创造了天地，创生了人，人是由道派生的，所以人要效法道，而道性自然，故人的行为要法自然，即顺应自然，不能妄为。自然与人为是一对相对概念，自然是道的属性，虚静无为，人为就是积极作为，不愿受自然之道的束缚。老子反对人为，提倡顺应自然，故提出"法自然"。要做到法自然，首先要做到的就是不争：

天之道，利而不害；圣人之道，为而不争。(《老子》第八十一章)

所以，无为不争可以看作自然法的重要内容。老子反复强调说："天之道，不争而善胜"(《老子》第七十三章)；"善为士者，不武；

善战者，不怒；善胜敌者，不与；善用人者，为之下。是谓不争之德"（《老子》第六十八章）。老子并想象地拿水来比喻，水性最接近道性，谦下不争：

> 上善若水。水善利万物而不争，处众人之所恶，故几于道。（《老子》第八章）

法自然就是要求虚静无为，谦卑不争，就像水向下流一样，由此形成道家不尚名利而崇尚无为不争的价值观和因循守静的方法论。老子说："致虚极，守静笃。"（《老子》第十六章）老子要求人们守住虚静，守住虚静也就是守住了大道的根本，"重为轻根，静为躁君"（《老子》第二十六章）。如果不懂得这一点，妄作会带来凶险。

无为不争，除了是由道的属性决定的，同时也是由于人的智能有限性决定的。老子说：

> 故飘风不终朝，骤雨不终日。孰为此者？天地。天地尚不能久，而况于人乎？（《老子》第二十三章）

老子视无为不争为处世立世的法宝，能够保全自己，成就自我。为此，老子首先主张示人以弱，不要逞强。人要善于隐藏自己，不能过于显露刚强的一面，就像鱼不能脱离深渊，国家利器不可以轻易示人。所以老子认为"柔弱胜刚强"（《老子》第三十六章）；"天下之至柔，驰骋天下之至坚。无有入无间，吾是以知无为之有益"（《老子》第四十三章）。其次，老子主张不为天下先："我有三宝，持而保之。一曰慈，二曰俭，三曰不敢为天下先。慈故能勇；俭故能广；不敢为天下先，故能成器长。"（《老子》第六十七章）因此，老子得出结论，不争胜过争：

> 以其不争，故天下莫能与之争。（《老子》第六十六章）

最后，老子要求功成身退，告诫人们不要留恋功名：

功遂身退，天之道也。（《老子》第九章）

不过，老子所说的无为不争也并不是完全被动的无所作为，就像石头那样推一下动一下，而是顺道而为，随机应变，看见石头飞来了当然要躲开。老子说：

为学日益，为道日损。损之又损，以至于无为。无为而无不为。（《老子》第四十八章）

要做到无为，首先要学习，努力认识大道的属性，当体悟到大道以后，就要删繁就简，去除细枝末节的片面知识，守住大道的根本，达到无为的境界，从而与道为一，成就自己，这就是"无为而无不为"。

2. 无为而治的治国主张：无治主义

老子虚静无为的自然之道应用到政治上，就是治国要法道，实行无为而治，即无治主义："爱国治民，能无为乎?"（《老子》第十章）因为万事万物都是由道主宰的，社会也有其自我运行法则，因此君主治国必须无为放任，从民所欲，不干预社会，从而社会能够循道自化，即"我无为而民自化"。所以，老子说：

以无事取天下。……我无为，而民自化；我好静，而民自正；我无事，而民自富；我无欲，而民自朴。（《老子》第五十七章）

老子认为，道虽朴素无华，但不可违背，"道常无名，朴。虽小，天下莫能臣。侯王若能守之，万物将自宾"（《老子》第三十二章）。老子说，"治大国，若烹小鲜"（《老子》第六十章），也就是不折腾。老子相信，"道常无为而无不为。侯王若能守之，万物将自化"（《老子》第三十七章）。只要君主守道无为，就能轻松地治理好国家：

是以圣人之治，虚其心，实其腹，弱其志，强其骨。常使民无

知无欲。使夫智者不敢为也。为无为，则无不治。(《老子》第三章)

高明的君主垂拱而天下治，老百姓都感觉不到君主的存在，反而认为一切本该如此：

> 太上，不知有之；其次，亲而誉之；其次，畏之；其次，侮之。信不足焉，有不信焉。悠兮其贵言。功成事遂，百姓皆谓："我自然"。(《老子》第十七章)

君主要做到无为而治，就必须"去奢、去欲、去智"：

> 将欲取天下而为之，吾见其故天下神器，不可为也，不可执也。为者败之，执者失之。故物或行或随；或嘘或吹；或强或羸；或载或隳。是以圣人去甚，去奢，去泰。(《老子》第二十九章)

老子认为，"祸莫大于不知足；咎莫大于欲得"(《老子》第四十六章)。老子看到奢、欲、智造成了天下纷争，是祸乱的根源，所以主张去奢、去欲、去智，绝圣去智，绝学无忧，回到无为不争的大道。

但是，无为而治并不意味着无所作为就能治理好国家，而是要因势循道，做到"政善治，事善能，动善时"(《老子》第八章)，达到无为而无不为的效果。所以，这种无为，还是非常需要细心和恒心才能做到，需要未雨绸缪，"为之于未有，治之于未乱"(《老子》第六十四章)。所以，老子说：

> 为无为，事无事，味无味。图难于其易，为大于其细；天下难事，必作于易，天下大事，必作于细。是以圣人终不为大，故能成其大。(《老子》第六十三章)

老子"无为而治"的思想体系为齐法家所接受，并加以改造，成为齐法家法治的基本指导思想。

3. 民本位价值观

在君和民的关系上，老子站在人民的立场上，老子要求君主无为，从而让人民自化，尊重人民的自主权，相信人民能安排好自己的事情。老子说：

> 我无为，而民自化；我好静，而民自正；我无事，而民自富；我无欲，而民自朴。（《老子》第五十七章）

老子重视民生，要求君主减轻赋税，反对君主有为多欲，损害民生福祉：

> 民之饥，以其上食税之多，是以饥。民之难治，以其上之有为，是以难治。（《老子》第七十五章）

基于素朴的人性论，老子提出了"小国寡民"的社会自治理想，希望人民过上安居乐业的生活：

> 小国寡民。……邻国相望，鸡犬之声相闻，民至老死，不相往来。（《老子》第八十章）

这小国寡民仿佛回到了周初分封的成百上千的小国时代，甚至可以说是回到了更远的原始部落时代。民复结绳而用之，老死不相往来，有舟楫而不用，有甲兵而不战，没有文饰说教，没有机巧争夺，人们过着平静祥和的生活。老子的小国寡民的社会理想，显然是对东周时代诸侯兼并、巧取豪夺的社会现实的强烈不满与批判，但这种回到过去的消极无为思想也是违背历史潮流的，因而除了归隐山林以外，老子面对现实也只能束手无策。

4. 反对"德治""人治""重刑"

老子主张遵循自然法，无为而治，反对一切人为制定的礼制，反对人定的法律。因此反对礼治，也反对法治。如果君主积极有为地干涉社会，逆道而行，势必引起社会动乱。

老子反对德治。老子认为，天地对待人和万物是一样的，没有什么仁与不仁的区别，所以君主治理老百姓，也不要感情用事，用所谓仁爱治国，反而使人相争，所以老子说："不尚贤，使民不争。"（《老子》第三章）老子进而批评德治、礼治是违反了自然无为之道，是祸乱的根源：

> 大道废，有仁义；智慧出，有大伪；六亲不和，有孝慈；国家昏乱，有忠臣。（《老子》第十八章）

> 故失道而后德，失德而后仁，失仁而后义，失义而后礼。夫礼者，忠信之薄，而乱之首。（《老子》第三十八章）

老子同时反对人治。老子认为，人治就是凭智巧治国，而人的智力是有限的，所以，老子要求"绝圣弃智"（《老子》第十九章）。老子也反对教化，让人民远离智巧，回归素朴状态。

> 古之善为道者，非以明民，将以愚之。民之难治，以其智多。故以智治国，国之贼。（《老子》第六十五章）

老子主张按自然法行事，同时反对严刑峻法的法治。老子认为，"法令滋彰，盗贼多有"（《老子》第五十七章）。用法令来干扰人的自然行为，适得其反。老子特别指出，依靠严刑峻法是治理不好国家的，滥杀是得不到民心的，反而会激起人民的反抗："民不畏威，则大威至。"（《老子》第七十二章）所以，要慎杀。他说：

> 民不畏死，奈何以死惧之？……夫代司杀者杀，是谓代大匠斫，夫代大匠斫者，希有不伤其手矣。（《老子》第七十四章）

二 道家的分化：性命与政治

倡导道法自然、主张虚静无为的老子学说在战国前期沿着两条路向发生分化：一是沿着性命哲学方向发展出了杨朱"贵己"、庄子"齐一"的人生哲学；二是沿着政治哲学方向发展出了"道生法"的稷下黄老学派。黄老学派的一支后来直接发展成齐法家。当然，杨朱、庄子的主旨虽然是人生哲学，但也涉及政治哲学。在人生哲学方面，他们主张全真保性，尚自然，反名教，对稷下先生不仕精神产生了影响；在政治方面，他们与黄老一样主张无为而治，让人民休养生息。杨朱在稷下黄老学派之前，庄子与稷下黄老学派大致同时。这里先介绍一下杨朱、庄子的哲学思想以作为黄老思想参照，稷下黄老思想将另述。

（一）杨朱贵己顺性

杨朱（约公元前450—约前370年，一说约公元前395—约前335年），杨姓，字子居，魏国人，中国战国初期伟大的思想家、哲学家。杨朱学派在战国时代独树一帜，与儒墨相抗衡。在战国初期，有"天下之言不归杨则归墨"（《孟子·滕文公下》）的现象，可见其学说影响之大。

杨朱主张"贵己重生"，是道家杨朱学派的创始人。杨朱著作早佚失，仅留存于《列子·杨朱》篇，同时其思想散见于先秦诸子文献中。《孟子·尽心上》说："杨子取为我，拔一毛而利天下，不为也。"《吕氏春秋·审分览·不二》说："阳生贵己。"（阳生指杨子）《韩非子·显学》说："今有人于此，义不入危城，不处军旅，不以天下大利易其胫一毛，……轻物重生之士也。"汉初的《淮南子·氾论》也说："全性保真，不以物累形，杨子之所立也。"

关于杨朱学说，一般认为其源出《老子》，乃自成一家。《老子》第十三章说："贵以身为天下，若可寄天下。爱以身为天下，若可托天下。"杨朱思想的核心精神是"贵己"，或曰"为我"，相当于今天所说的个人主义。后世多斥杨朱之说"自私""堕落"，其实杨朱之言，有其时代性质。杨朱贵己思想是对西周以来礼教的反叛，适应时代思想解放的潮流，批判儒家仁义学说的虚伪性，将人们从旧礼教的束缚中解放出来，所以一时受到追捧。儒家讲"仁义"，宣传忠孝，是为维护奴隶主阶级的旧礼制服务的，广大民众事实上沦为诸侯争霸的炮灰。贵己就是不为统治阶级争霸卖命，全性保真，希望建立一种人人自为，互不干涉的新的社会秩序。这与老子的小国寡民，无为而治的社会理想是一致的。

1. 道德观：贵己为我

杨朱轻物贵己，全性保真。马王堆帛书本老子曰："至虚，极也；守情，表也。"所贵者乃情，很符合老子的原意。杨朱认为：

> 古之人，损一毫利天下，不与也；悉天下奉一身，不取也。（《列子·杨朱》）

这就是成语"一毛不拔"的出处。成语的"一毛不拔"带有贬义，有人把它当作杨朱思想，这是对杨朱思想的片面理解。杨朱在"一毛不拔"的同时，也提出"不取天下"。也就是说，一毛不拔是相互的，即每个人"自己一毛不拔，同时也不拔别人一毛"。由此可见，杨朱"贵己"思想的完整表述是"不利天下，不取天下"，即不损己而利天下，也不损天下而利己，具有深刻的道德涵义、法理涵义和现实涵义。其道德涵义包括两个方面：一是人人为己，自己是最重要的，要爱惜自己的生命和自由，不做他人奴役的工具，不受他人意志的强迫；二是不损害他人，他人是另一个平等的自己，也不能为了自己的利益而损害他人的利益。其法理涵义是个人权利意识的觉醒，个人权利非经自己同意不可侵犯。其现实涵义则剑指贵族特权和诸侯争霸，劳民伤财，从而为民众利益代言。

所以，杨朱贵己思想既不是儒家高大上的利他主义，也不是墨家的互爱主义，更不是极端利己主义，而是合理的利己主义，这才是杨朱贵己思想的全面涵义。杨朱贵己思想无疑对齐法家功利主义思想产生了影响。

2. 政治观：顺性而治

从"贵己"思想出发，杨朱的政治主张是建立一个个人主义的社会。《列子·杨朱》集中阐述了杨朱治国思想：

人人不损一毫，人人不利天下，天下治矣。(《列子·杨朱》)

杨朱反对儒家的法先王。他认为舍弃当今的人而去赞誉古代的先王，是赞誉枯槁的死人骨头。因此，他主张建立新的社会。这种政治主张是从"贵己为我"学说衍生出来的。即"人人不损一毫，人人不利天下，天下治矣"。

在杨朱看来，治理社会不是不需要贤人，但反对儒家的道德教化。杨朱认为天下自治，无须圣贤教化。这与老子的"我无为而民自化"(《老子》第五十七章)思想一致。道家口中所说的贤人往往不是儒家所谓圣人。在杨朱看来，道德是自发的，而不是灌注的。《庄子·山木》记载：

阳子之宋，宿于逆旅。逆旅人有妾二人，其一人美，其一人恶。恶者贵而美者贱。阳子问其故，逆旅小子对曰："其美者自美，吾不知其美也；其恶者自恶，吾不知其恶也。"阳子曰："弟子记之！行贤而去自贤之行，安往而不爱哉！"

杨子提出"行贤而去自贤之行("行"字当为"心"字之误)"，即行为贤德而不自以为贤德，这和老子"上德不德"(《老子》第三十八章)的思想是一致的。《庄子》记载这个故事，表明庄子也是受到了杨朱的影响。

杨朱也反对法家的严刑峻法。杨朱认为子产治郑是依靠刑罚强制，不过是治外。"子产相郑，专国之政，三年，善者服其化，恶者畏其禁，郑国以治。诸侯惮之。"(《列子·杨朱》)

杨朱主张道治，道治是治内，即顺性而治。从"贵己"出发，杨朱造构了他的治国学说：

善治外者，物未必治；善治内者，物未必乱。以若之治外，其法可以暂行于一国，而未合于人心；以我之治内，可推之于天下。(《列子·杨朱》)

可见，杨朱主张道治，顺应人心，让人人自为。在他看来，道治高于儒家的德治，也高于法家的法治，这与老子"失道而后德，失德而后仁，失仁而后义，失义而后礼"（《老子》第三十八章）的思想是一致的。

总之，杨朱顺性而治的思想与老子无为而治的思想是一脉相承的。杨朱主张建立人人为己而又不侵犯他人的自治社会。但是，这种社会在封建等级特权社会里是根本不可能存在的，它只不过是美好幻想而已。杨朱虽然明察儒家名教思想的弊端，但其个人主义思想并不符合当时社会的实际情况，是根本行不通的。但杨朱"顺性而治"的治内思想显然对齐法家"令顺民心"的法律思想产生了影响。

（二）庄周与道齐一

庄子（约公元前369—前286年），姓庄，名周，宋国蒙（今河南商丘东北）人，战国时期思想家，道家继老子之后的主要代表人物，与老子合称老庄。庄子曾做过管理漆园的小吏，后辞官隐居，寄情山水，著书立说，成为一位大隐士。据传庄子隐居南华山，死后葬于南华山，被尊奉为南华真人，《庄子》一书被道教奉为《南华真经》。庄子人生观受到列子影响，贵生保真，而更追求精神的自由；庄子政治观承接老子，由大道虚静无为出发，主张君主顺应大道，无为而治。

1. 无为自由的价值观

庄子由万物同一于道，进而认为物我为一，从而由"齐万物"的宇宙观推演出"齐生死"的人生观。这种人生观超然豁达，摆脱物质羁绊，重视精神自由，从而物我两忘、天人合一。庄子说：

天地与我并生，而万物与我为一。（《庄子·齐物论》）

可见，庄子主张忘小我，见大我，与天地为一。与天地合一，就能齐生死，"不知说生，不知恶死"（《庄子·大宗师》）。那么生和死又有什么区别呢？"死生，命也"（《庄子·大宗师》），生死都不过是大道的一环，又何在乎生，在乎死？

齐生死是人生自由的第一步。生不足喜，死不足惧，能够看淡生死的人又何在乎世俗的功名利禄、人情冷暖、善恶是非？庄子说：

　　　　且夫得者，时也；失者，顺也。安时而处顺，哀乐不能入也，
　　此古之所谓县解也，而不能自解者，物有结之。（《庄子·大
　　宗师》）

　　因此，庄子认为，人生不求有为有用，但求无为自由，做到无欲无
所待。他说：

　　　　山木，自寇也；膏火，自煎也。……人皆知有用之用，而莫知
　　无用之用也。（《庄子·人世间》）

　　人们总是追求有为有用，但这往往伤及自己，这是因为人们不知道
无用之用。《庄子·山木》说了这样一个故事。一次，庄子与弟子游
山，遇见一棵参天大树，伐木者歇息树下。庄子问伐木者为什么不砍
它？伐木者回答，因为这种木材没有用。庄子对弟子说，这棵树以其无
用得以保存下来。下山后，庄子师徒到朋友家借宿。朋友叫来童仆杀鹅
款待。童仆问主人，是杀那只会叫的鹅，还是不会叫的鹅？主人回答，
杀那只不会叫的。庄子的弟子很纳闷，就请教庄子说，昨天山中之木以
无用得存，今天主人家的鹅以不会鸣叫而死，请问先生如何解释？庄子
笑着回答说：

　　　　周将处乎材与不材之间。材与不材之间，似之而非也，故未免
　　乎累。若夫乘道德而浮游则不然，……物物而不物于物，则胡可得
　　而累邪！（《庄子·山木》）

　　庄子认为，这是处在有用无用之间的缘故，有用无用之间，似是而
非，难免受累。只有完全忘掉自我，不在乎世人的称赞或诽谤，"乘道
德而浮游"，与时俱化，不偏执一端，顺应自然，与道同在，不为外物
所役使，又怎么会受到牵累呢！可见，庄子所说的无用即无为，是要脱
离世俗的有用有为，达到人生适意自由的境界。
　　所以，庄子无欲无所待，隐居山水之间，以游无穷。他说：

  自埋于民，自藏于畔。……方且与世违，而心不屑与之俱，是陆沉者也。（《庄子·则阳》）

  人生自然无为，游于天地间，与道为一，无所期待，这是真正的人生之乐，可以颐养天年。也就是庄子所津津乐道的"游世"观："人能虚己以游世，其孰能害之！"（《庄子·山木》）这种游世超凡脱俗，甚至达到了神仙的境界：

  不食五谷，吸风饮露；乘云气，御飞龙，而游乎四海之外。（《庄子·逍遥游》）

2. 社会理想：无政府主义

  基于自由无为的价值观，庄子反对政府干涉个人自由，所以庄子的理想社会是无政府主义的，要求回归与禽兽混居的原初民时代。他说：

  夫至德之世，同与禽兽居，族与万物并。恶乎知君子小人哉！同乎无知，其德不离；同乎无欲，是谓素朴。素朴而民性得矣。（《庄子·马蹄》）

  这里，庄子勾画了一幅"同与禽兽居"的自然状态，"至德之世，不尚贤，不使能，上如标枝，民如野鹿"（《庄子·天地》）。民性素朴，自耕自织，没有君子小人之别。这是人类的黄金时代，没有人提倡所谓仁义道德，但人们的行为自然而然，合乎天道。所以，在庄子看来，远古时代才是人类的美好时代：

  神农之世，卧则居居，起则于于。民知其母，不知其父，与麋鹿共处，耕而食，织而衣，无有相害之心。此至德之隆也。（《庄子·盗跖》）

  尚古非今，这也是庄子消极避世的一个原因吧。所以庄子将当世的纷争混乱归咎于儒家圣人治国的仁义说教：

> 及至圣人，屈折礼乐以匡天下之形，县跂仁义以慰天下之心，而民乃始踶跂好知，争归于利，不可止也。此亦圣人之过也。（《庄子·马蹄》）

3. 无为而治的治国主张

对于国家治理，庄子主张无为而治。庄子认为，只有顺其自然地宽宥天下，没有人为地治理天下，所以治国莫如无为。他说：

> 故君子不得已而临莅天下，莫若无为。无为也，而后安其性命之情。（《庄子·在宥》）

所谓无为，就是任物因民，"贱而不可不任者，物也；卑而不可不因者，民也"（《庄子·在宥》）。所以，庄子主张自由放任主义，君主无为，让人民保持其本性，就能治理好国家。人民虽然地位低下，但君主治国却要顺从人民。从这个意义上说，国家是无须治理的。儒家总是想用仁义礼仪来治理国家，反而欲治弥乱。所以庄子继承了老子"绝圣弃智"的思想，反对"好知"，认为无道而好知是祸乱的根源。他说：

> 上诚好知而无道，则天下大乱矣！（《庄子·胠箧》）

庄子认为圣智扰乱了人心，造成天下大乱。"罪在于好知（智）"，使人失去了本性，真所谓知识越多越反动。只有绝圣弃智，人民才能恢复朴素的本性，天下才能大治。庄子说：

> 故绝圣弃知，大盗乃止；擿玉毁珠，小盗不起；……殚残天下之圣法，而民始可与论议。（《庄子·胠箧》）

4. 批评儒家圣人德治思想

庄子批评儒家举贤任智必然使民相争，是当下祸乱的根源，必然贻害后世，导致"人与人相食"的现象。庄子似乎已遇见到礼教吃人的本质，这与二千年后的鲁迅的见解是何其相似！

> 举贤则民相轧，任知则民相盗。……大乱之本，必生于尧、舜之间，其末存乎千世之后。千世之后，其必有人与人相食者也。（《庄子·庚桑楚》）

庄子揭露圣人的虚伪性，所谓圣人本质上就是大盗，仁义就是巧夺的借口而已。胜者为王，败者为寇，仁义不过是胜者的遮羞布罢了。面对诸侯争霸的乱世，庄子激烈地批判诸侯打着儒家仁义的旗号窃取仁义之名：

> 圣人不死，大盗不止。……为之仁义以矫之，则并与仁义而窃之。何以知其然邪？彼窃钩者诛，窃国者为诸侯，诸侯之门而仁义存焉。（《庄子·胠箧》）

庄子指出圣智的过错就是矫揉造作地提出仁义礼乐，违背人素朴的自然本性，扰乱了人心，天下从此纷乱：

> 及至圣人，蹩躠为仁，踶跂为义，而天下始疑矣。……道德不废，安取仁义！性情不离，安用礼乐！（《庄子·马蹄》）

因此，庄子甚至发出强烈的怒吼："掊击圣人，纵舍盗贼，而天下始治矣。"（《庄子·胠箧》）显示了庄子对儒学圣贤仁义之说的厌弃与决绝。春秋末年，在孔子及其弟子的推动下，儒家学说盛行；而到了战国前期，儒家学说开始分析，诸子并起，百家分化，正统儒学受到广泛质疑。先有道家，后有法家，对儒家德治礼治思想展开了猛烈的批判。道家反对人为的教化，主张回归自然，无为而治。司马迁说庄子，"故其著书十余万言，……以诋訾孔子之徒，以明老子之术"（《史记·老子韩非列传》）。

5.《庄子》中的黄老思想

老子主张无为而无不为。庄子极大地发挥了老子无为思想的消极一面，针砭儒家的仁义道德，要求回到未开化的原初民社会。然而历史是回不去的，庄子后学认识到了这一点，故在无为的前提下，也开始重视有所为，以便将庄子之学运用到现实国家治理中去。当然，这无疑也是受到了稷下黄老学的影响。如《庄子·在宥》就包含了这样的思想。

首先，无为与有为相结合的思想：

> 物者莫足为也，而不可不为。（《庄子·在宥》）

其次，君无为而臣有为的思想：

> 何谓道？有天道，有人道。无为而尊者，天道也；有为而累者，人道也。主者，天道也；臣者，人道也。（《庄子·在宥》）

最后，道德礼法综合运用的思想：

> 故圣人观于天而不助，成于德而不累，出于道而不谋，会于仁而不恃，薄于义而不积，应于礼而不讳，接于事而不辞，齐于法而不乱。（《庄子·在宥》）

庄子治国思想过于消极无为，不需要一切的圣智和知识，摒弃所有的法度和礼仪，回归原初民淳朴的状态，而黄老学派具有一定的综合性，崇尚自然道德的同时而纳入礼法。战国中后期，源自道家的黄老思想成为时代思想潮流。庄子后学也自觉不自觉地投入这一思想潮流中去，故而有上述道德礼法综合运用的思想，显然已超出作为隐者的庄子的思想范围。

三　《黄帝四经》的黄老思想：道生法

老庄是出世的道家，尚"无为"，顺"自然"，是道家的正宗。稷下学者将老子思想与黄帝治国经验结合起来形成黄老学派。稷下黄老学派将老子无为之道运用于治国领域，治国安民，是入世的道家。他们试图将形而上的道家思想转化为治国安邦的形而下实操，故在道法之间架起一座桥梁，从而促进了齐法家的产生。《黄帝四经》集中反映了黄老思想。

（一）黄老学派及其代表作

老庄主张无为而治的道治，反对人为的礼治和法治，这在诸侯争霸的乱世无疑具有深刻意义；但他同时指出了一条"绝圣弃智，返璞归真"的治国道路，回归小国寡民的上古社会。其治国道路不免过于消极出世，也违背了历史发展的大趋势，因而是不可行的。

黄老学派虽然衣钵老子道论，但其治国思想与老子庄子相比已经有了明显的变化，黄老是道家的务实派。面对礼崩乐坏、诸侯争霸的战国乱世，黄老学派显然已不满足于老子道家消极遁世的态度，而是胸怀大志，救国济世，积极干预世事了。黄老学派接受了老子"无为而治"的思想，但剔除其"绝圣弃智"的消极方面，将其引向"道法结合"的积极方面。这就不难解释一些黄老学派人物兼有道家和法家的思想，成为法家人物的先驱。

黄老学派的思想集中体现在《黄帝四经》一书中，《汉书·艺文志》曾经著录此书，但汉以后就失传了。《汉书·艺文志》中有很多黄帝书，《黄帝四经》列入道家篇：

《黄帝四经》四篇。（《汉书·艺文志》）

《隋书·经籍志》中已不见《黄帝四经》，黄帝书也大为减少，仅见于兵家有少量黄帝书。由此可见，汉初黄老学风行，黄老书甚多。"汉时，曹参始荐盖公能言黄老，文帝宗之。自是相传，道学众矣。"（《隋书·经籍志》）然而汉武帝独尊儒术以后，到隋唐时先秦黄帝书已大量散失（不过老庄的书还很多）。有的失传，也有的流入墓葬。失传的太可惜了，而流入墓葬的还有重见天日之时。庆幸的是，《黄帝四经》属于后者，使我们得以重见这一稷下文化遗产。

现存《黄帝四经》是1973年马王堆汉墓出土的帛书，当时被整理组称作《老子乙本卷前古佚书》，后经专家研究鉴定，认为此书即为失传已久的《黄帝四经》。一般认为《黄帝四经》乃稷下学者假托黄帝之名所作，成书时期当晚于《老子》，早于《管子》。它体现了道家学说由老子一派演变成黄老学派，对齐法家的思想产生了直接的影响。

（二）黄老学派的"道生法"思想

与老子反对法治不同，黄老学派并不一般地反对法治，而是主张引道入法，以道率法，将老子的"道生万物"引申到社会领域为"道生法"，在中国法律史上首次探讨了人定法（法令）与自然法（道）的关系，认为人定法应该符合自然法。黄老学派将自然之道与人定之法结合，从而在社会领域实现了"无为"向"无不为"的转化。

1. 道法关系

大道无形，创生万物。"虚无形，其寂冥冥，万物之所从生。"（《黄帝四经·经法·道法》）"故同出冥冥，或以死，或以生；或以败，或以成。祸福同道，莫知其所从生。见知之道，唯虚无有。"（《黄帝四经·经法·道法》）

道不仅创生万物，并主宰万物：

> 恒无之初，迵同大虚。虚同为一，恒一而止。……万物得之以生，百事得之以成。（《黄帝四经·道原》）

道生万物，无形生有形，道化入有形之中。有形必有名，形是事物的外在表现，名是人对事物及其规则的内在认识，是人对道的主观把握。名虽然是人定的，但其内容是由道决定的，不是任意的。万物都是形和名的统一：

> 虚无有，秋毫成之，必有形名；形名立，则黑白之分已。（《黄帝四经·经法·道法》）

由于形和名都是由道决定的，那么社会领域的名分地位等也是由道决定的。道生法，道是万物运行的自然法则，法是人对社会之道的认识，即名分、职位等社会关系的人定规则。《黄帝四经》说：

其明者以为法，而微道是行。行法循道，是为牝牡。牝牡相求，会刚与柔。柔刚相成，牝牡若形。（《黄帝四经·十大经·观》）

道法关系好比阴阳晦明，道体为晦，道显为明，明则有名，有名即法，所以道为本，法为名，两者结合，"行法循道"。法为阳，道为阴；法为刚，道为柔。所以，人定法度必须合乎自然之道：

天地有恒常，万民有恒事，贵贱有恒位，畜臣有恒道，使民有恒度。（《黄帝四经·经法·道法》）

2. 天道（自然法则）的内容

《黄帝四经·经法·论》说："天执一，明三，定二，建八正，行七法，然后施于四极，而四极之中无不听命矣。"这是对天道内容的总概括。"一"指大道，"三"指日月星，"二"指阴阳。天依凭大道而产生日月星，日月星的运转而产生阴阳，阴阳变化则建八正、行七法。

八正就是四时、外内、动静：

天天则得其神，重地则得其根。顺四时之度而民不有疾。处外内之位，应动静之化，则事得于内而举得于外。

八正是天地运行的总规则，遵循天道就是要求"顺四时""处外内之位""应动静之化"。

七法指明以正、适、信、极而反、必、顺正、有常：

明以正者，天之道也；适者，天度也；信者，天之期也；极而反者，天之性也；必者，天之命也；顺正者，天之稽也；有常者，天之所以为物命也：此之谓七法。

七法就是天道为万物所定下的七条自然法则，包括确定性、适度性、信实性、物极必反、必然性、顺应性、有常性。正是这些自然法则的作用，事物的存亡兴坏是有规律的，是可以认知的。

《黄帝四经》进而指出人定法不得违逆自然法：

> 顺天者昌，逆天者亡。毋逆天道，则不失所守。（《黄帝四经·十大经·姓争》）

> 是故王公慎令，民知所由。天有恒日，民自则之。（《黄帝四经·十大经·三禁》）

3. 人性论

道家本是主张性朴论，但到了黄老学派这里，人性论已演变为功利主义人性观，与法家思想接近。《黄帝四经·称》说：

> 不受禄者，天子弗臣也；禄泊者，弗与犯难。故以人之自为，不以人之为我也。

这段话说得很明白，人性趋利避害，人与人之间都是利益交换关系，重赏之下必有勇夫，无利不可交付重任，所以人性是自利的，道德是靠不住的。这完全是法家的观点了，与《慎子·因循》的论述几乎一致：

> 是故先王见不受禄者不臣，禄不厚者，不与入难。人不得其所以自为也，则上不取用焉。故用人之自为，不用人之为我。

可见，黄老学与齐法家不仅人性论相近，而且他们的著作往往也出自相同作者之手，所以没有泾渭分明的界限。

4. 道法结合

《黄帝四经》在主张天道主宰万物的同时，也承认人定法的作用。社会的有序运行，仅仅依靠道是不够的，必须实行法治。不同于老庄认为人性素朴，黄老学派已承认欲望是人的本性，"生有害，曰欲，曰不知足"（《黄帝四经·经法·道法》）。而人的欲望必然导致相争，因此，以法治来规范人的行为成为必要。那么，法和道是什么关系呢？黄老学派认为，法必须合乎道：

> 道生法。法者，引得失以绳，而明曲直者也。故执道者，生法而弗敢犯也，法立而弗敢废也。（《黄帝四经·经法·道法》）

道生法，也就是依据自然法则制定法，然后依据法律治理国家，信赏必罚，这就是实行法治：

> 法度者，正之至也。而以法度治者，不可乱也。（《黄帝四经·经法·君正》）

> 有仪而仪则不过，恃表而望则不惑，案法而治则不乱。（《黄帝四经·称》）

执道循法，把道法结合起来治理国家：

> 执道循理，必从本始，顺为经纪。禁伐当罪，必中天理。背约则窘，达刑则伤。（《黄帝四经·经法·四度》）

> 抱道执度，天下可一也。（《黄帝四经·道原》）

《黄帝四经》认为："名实相应则定，名实不相应则争。名自命也，物自正也，事之定也。"（《黄帝四经·经法·论》）因此，指出推行法治的方法是"审合形名"：

> 天下有事，必审其名。名理者，循名究理之所之，是必为福，非必为灾。是非有分，以法断之；虚静谨听，以法为符。（《黄帝四经·经法·名理》）

可见，法治就是审合形名，名实相符则赏；名实不符则罚。所以，人的行为是非终于有了明确的判断标准，就是法律。这与老庄的是非无定论已经有了很大的区别。老庄认为是非不定，所以不需要法律，只需要无为而治；黄老学派则认为要依据不明确的道来正名立法，确定是非标准，以明确的标准来衡量人的行为，实行法治，从而从社会有序安定。所以，黄老学派的无为中已经包含很大的有为因素——循名究理，要发挥人的能动性，去发现事物本身的道理，制定法律规则来治理国家。当然，这种人的能动性是第二性的，事物是大道支配的，人不过是努力去认识事物受大道支配的规律性。

5. 无为与有为结合

老子以虚静为本，强调无为，以静制动，以不变之道应万变之物。黄老学派更加强调对道的因循和运用，从而治理社会，建立功业，即将无为与有为结合起来：

> 夫作争者凶，不争者亦无成功。（《黄帝四经·十大经·五正》）

> 静作得时，天地与之；静作失时，天地夺之。（《黄帝四经·十大经·姓争》）

老子主张无为而治，办法是绝圣弃智；而黄老学派主张任用贤能，文治武功。

> 王天下者，轻县国而重士，故国重而身安；贱财而贵有知，故功德而财生；贱身而贵有道，故身贵而令行。（《黄帝四经·经法·六分》）

无为与有为相结合是黄老学派对老庄思想的重大发展。老庄从大道无为出发，得出"无为无不为"的结论，认为治国只要因循大道，摒弃智识，国家就能自然治理好。但这种从无为到无不为的转化，缺乏中间环节的媒介和助推，是很难直接转化的。因此，黄老学派则补上了这个中间环节，无为到无不为的转化需要人的有为来助推，即需要人去认识大道，至少是去认识接近大道的理，进而依据道理制定规则，然后运用规则治理国家，才能实现社会大治，从而将老庄的消极无为思想发展为黄老学派的积极无为思想。所以，黄老学派力图将无为与有为相结合，将道法结合起来治理国家。这无疑将道家思想引向了正确的发展方向，同时也使道家人物在归隐山林之外还有了一个新的发展领域——置身治理国家。

（三）黄老学派的治国主张

在"道生法"的法律观基础上，黄老主张德刑结合，无为而治。

1. 黄老学派主张德刑结合

黄老主张德刑结合，但黄老所讲的德一般指自然道德（顺民心），而非儒家的教化道德（礼义）。

黄老学派主张以民为本，德刑结合。"参于天地，合于民心。文武并立，命之曰上同。"（《黄帝四经·经法·四度》）

首先，《黄帝四经》提出民本位价值观：

> 一年从其俗，二年用其德，三年而民有得。四年而发号令，五年而以刑正，六年而民畏敬，七年而可以正。……俗者，顺民心也。（《黄帝四经·经法·君正》）

治国要将从其俗、顺民心放在首要地位，而将发号令、以刑正放在次要地位。因此，君主发布法令，要上合乎天道，下同于民心：

> 若号令发，必厩而上九，壹道同心，上下不坼，民无它志，然后可以守战矣。……衣食足而刑罚必也。（《黄帝四经·经法·君正》）

所谓德，就是顺民心。顺民心，就要富民养民，"省苛事，节赋敛"（《黄帝四经·经法·君正》），富民养民就要轻徭薄赋。《黄帝四经》说：

> 赋敛有度则民富。（《黄帝四经·经法·君正》）

其次，黄老学派主张德刑结合。虽然德是第一位的，但也不能轻视刑罚的作用，"凡谌之极，在刑与德"（《黄帝四经·十大经·观》），治国要将德与刑结合起来。《黄帝四经》说：

> 天有死生之时，国有死生之正。因天之生也以养生，谓之文；因天之杀也以伐死，谓之武：文武并行，则天下从矣。（《黄帝四经·经法·君正》）

从天有阴阳出发，黄老学派认为德刑结合的方式是刑阴德阳，二者相辅相成：

> 天德皇皇，非刑不行；缪缪天刑，非德必倾。刑德相养，逆顺若成。刑晦而德明，刑阴而德阳，刑微而德彰。（《黄帝四经·十大经·姓争》）

"刑阴而德阳"的提出，实际上已将刑与德相提并论，二者对于治国来说缺一不可。黄老学派这种德刑并用的学说与老庄无为而治的思想相比，已经变得有为得多了，适应了战国时期统治者富国强兵的需要。因此，这种思想必然催生齐法家的法治思想，以道率法，以法治国。

另外，黄老学派反对重刑主义，"诛禁不当，反受其殃"（《黄帝四经·经法·国次》）。反对诛禁不当，滥杀无辜。对当时战国战场上坑杀降卒的行为也提出批评，认为其必将祸及自身：

> 大杀服民，戮降人，刑无罪，祸皆反自及也。所伐当罪，其福五之；所伐不当，其祸十之。（《黄帝四经·经法·亡论》）

2. 黄老学派主张君臣分工

黄老学派讨论君臣关系时，重视"君臣当位"，君主掌握法度大权，臣子各司其职，积极执行法令治理国家。也就是君臣职权要明确分工，不可僭越。显然，在黄老学派那里，不再主张单纯的"民自化"，更加强调君主通过大臣来治理国家，民众已经成了大臣以法治理的对象。

（1）君处上位而无为

君主居上位，而以虚静无为为本。"畏天、爱地、亲民，立无命，执虚信。"（《黄帝四经·十大经·立命》）"形恒自定，是我愈静；事恒自施，是我无为。"（《黄帝四经·十大经·名刑》）

君主在上，示民无为，才能使万民无争，万物自定，从而治理好国家。所以《黄帝四经·道原》说：

> 无好无恶，上用而民不迷惑。上虚下静而道得其正。信能无欲，可为民命；信无事，则万物周遍：分之以其分，而万民不争；授之以其名，而万物自定。不为治劝，不为乱解。……夫为一而不化。得道之本，握少以知多；得事之要，操正以正畸。前知太古，后精明。抱道执度，天下可一也。

君主虽居上位，但不可盛气凌人，反而要谦虚为怀，礼贤下士：

> 以强下弱，何国不克；以贵下贱，何人不得；以贤下不肖，何事不治。（《黄帝四经·经法·四度》）

（2）君臣上下各得其位

在君臣关系上，《黄帝四经》认为君臣易位危害极大：

> 其子父，其臣主，虽强大不王。（《黄帝四经·经法·六分》）

只有君臣当位，才能安定国家：

> 主不失其位则国有本，臣失其处则下无根，国忧而存。主惠臣忠者，其国安。主主臣臣，上下不圻者，其国强。主执度，臣循理者，其国霸昌。主得位臣辐属者王。（《黄帝四经·经法·六分》）

因此，《黄帝四经·经法·四度》认为，顺、逆之分的关键是处理好君臣上下的关系。"君臣易位谓之逆"；"君臣当位谓之静"。只有君臣上下关系正位，才能赏罚得当，才能治理好国家。所以，《黄帝四经·十大经·观》说："君臣上下，交得其志。"

黄老学派君臣各得其位的思想为齐法家所继承，发展为君无为而臣有为的思想。例如，齐法家慎到认为君臣分工是"臣事事而君无事"（《慎子·民杂》）。

第二章

稷下争鸣与齐法家的形成

  齐法家形成的路径是由道入法，在稷下学宫百家争鸣中形成的。稷下学士运用黄老思想研究管仲治国经验形成齐法家思想。稷下学宫是战国百家争鸣的主场所，黄老是稷下主流。稷下学者祖述黄老，传道家无为之道；墨者等各派门徒纷纷来归，推动黄老学不断向前发展；慎到、田骈、尹文等以道论法，将无为主义与功利主义相结合，主张无为法治，形成了齐法家思想。齐法家上接黄老下启荀子，《管子》成书是齐法家形成的标志。

第一节　齐法家产生的时代背景

  春秋时期，礼崩乐坏，诸侯争霸，周天子逐渐失去其至高无上的权威。在诸侯国内部也是如此，卿大夫争权，弑君犯上，时有发生。春秋战国之际，晋国韩、赵、魏三家分晋，"灭晋侯，而三分其地"（《史记·晋世家》）。齐国的田氏代齐，大夫田常杀齐简公，姜齐政权最终落入田氏手中。从三家分晋到田氏代齐，周礼式微，历史进入战国时代。春秋以来的"礼崩乐坏"意味着以周礼为代表的旧的礼治秩序不可避免地走向衰败；同时，以新兴地主阶级的法治秩序代替腐朽的农奴主贵族的礼治秩序成为时代主题。在战国大变革时代，周礼相对薄弱的国家即西边的三晋和东边的齐国率先进行封建化变革，引领时代潮流的法家应运而生。在礼治走向法治的时代巨变面前，晋秦法家掀起轰轰烈烈的变法运动，齐法家则探寻法治的理据——天道、人性，从而将道法结合起来。

一　田氏代齐

齐国公室内乱不断，卿大夫内斗争权，两者相互利用，导致齐国在桓公之后不断走向衰弱。在这种王室与卿大夫的权力混战中，田氏家族经过几代经营，"大斗出小斗进"，通过争取民心与士人，不断崛起。经过田常弑君和田和废君事件，最终取代姜姓而为诸侯，史称田氏代齐。田氏代齐的过程经历了以下几个重要事件。

（一）田氏先祖陈完奔齐

陈完为陈厉公之子，为避陈国公室内乱，由陈奔齐，改姓田。齐桓公收留了它，"使为工正"（《史记·田敬仲完世家》），给了他一个不大的官。陈完之后，田氏不断发展家业，逐渐成为齐国望族。

（二）田乞为相

到齐景公时，齐景公奢靡，不问民众疾苦，田氏子孙田乞为大夫，暗中施恩于民：

> 田釐子乞事齐景公为大夫，其收赋税于民以小斗受之，其禀予民以大斗，行阴德于民，而景公弗禁。（《史记·田敬仲完世家》）

小斗进，大斗出，可谓中国慈善业的始祖，因此颇得民心，田氏家族益盛，民心思归田氏。晏子感叹："齐国之政其卒归于田氏矣。"（《史记·田敬仲完世家》）景公死，田乞杀太子荼，另立景公之子阳生为齐君（即齐悼公），田乞为相，专齐政，迈出了田氏代齐的第一步。

（三）田常弑君

田乞死，他的儿子田常相简公，复修田乞之政，"以大斗出贷，以小斗收"（《史记·田敬仲完世家》）。齐人唱歌赞道："妪乎采芑，归乎田成子！"（《史记·田敬仲完世家》）田氏势力益强。田常在与监止的争权斗争中弑杀齐简公，另立齐平公为傀儡，而大权独揽。史载：

> 田常言于齐平公曰："德施人之所欲，君其行之；刑罚人之所恶，臣请行之。"行之五年，齐国之政皆归田常。（《史记·田敬仲完世家》）

田常独揽刑罚大权以后，铲除异己，平公失势。田常利用手中的权力杀了齐国鲍、晏、监止几大家族及公室有权势的人，并私自割据齐国安平以东至琅琊为自己的封邑，地盘比齐平公食邑更大。由此削弱了政敌的力量，又壮大了自己的力量，迈出了田氏代齐的第二步。

（四）田和称侯

至齐康公时，康公昏庸淫乱，田常曾孙田和"迁康公于海上"（《史记·田敬仲完世家》），废了康公，自立为诸侯，并请魏文侯帮忙向周天子请求予以承认。史载：

> 魏文侯乃使使言周天子及诸侯，请立齐相田和为诸侯。周天子许之。康公之十九年，田和立为齐侯，列于周室，纪元年。（《史记·田敬仲完世家》）

康公十九年（公元前386年），在魏文侯的帮助下，田和称侯得到了周天子的承认，终于完成了田氏代齐，齐国历史正式开启了田齐时代。田氏代齐与三家分晋一样，同为春秋战国时代转换之际的标志性事件，战国历史由此进入战国时期。

对于这次"篡位"，各诸侯未加干涉，周天子予以承认，甚至很少有人以"篡位"称呼此一事件。对此庄子认为，田氏打着仁义的旗号干着窃国大盗的勾当，这恰好说明儒家推崇所谓仁义的虚伪性。他辛辣地评论道："彼窃钩者诛；窃国者为诸侯，诸侯之门而仁义存焉。"（《庄子·外篇·胠箧第十》）

纵观田氏代齐的过程，一方面，桓公之后齐国公室由于内斗和昏聩糜烂而腐败，不得民心，其衰败是必然的；另一方面，田氏家族励精图治，奋发有为，爱民养士，争取民心，田氏代齐在内有了民意基础，而且田氏团结诸侯，在外交上也做足了功夫。尤其值得一提的是，田氏代齐总体上是一个和平演变的过程，这在春秋战国瓦釜雷鸣的年代显得更加难能可贵。虽然田氏两弑其君，但没有发生三家分晋那样连绵不断、血流成河的内战，而主要是通过善举来争取民心、扩大势力和赢得支持，最后水到渠成，"迁康公于海上"（《史记·田敬仲完世家》），可谓一场不流血的革命。春秋时期晏婴曾预言："齐政卒归田氏。田氏虽无大德，以公权私，有德于民，民爱之。"（《史记·齐太公世家》）此可谓，得民心者得天下。可惜姜太公的后人忘记了太公的教诲："同天下之利者，则得天下。"（《六韬·文韬》）田氏行的正是姜太公之道。以此观之，田氏代齐有其必然性。

二 稷下学宫的兴起

稷下学宫是威宣之治的文化符号，促进了战国时代的文化繁荣，是中国文化史上的重大事件。它的兴起是战国的时代之风和齐国的特殊原因相结合的产物。

（一）战国敬士之风

诸侯们明白，争霸天下首先是争夺人才。在诸侯争霸、弱肉强食的战国时代，大国吞并小国，强国侵略弱国，不时地上演。这是一个靠实力说话和生存的年代，强大就意味着生存，弱小就意味着灭亡。随着春秋末年私学的兴起，打破了知识垄断，涌现出了一个新兴知识分子阶层——布衣士人，各诸侯国新兴地主阶级争相笼络这个阶层为富强国家服务。国家的富强离不开人才，尤其是在战国之时，谁拥有了人才，谁就有了在诸侯争霸中胜出的资本。因此，各诸侯纷纷争夺人才。

与诸侯敬士之风相连的是士人的迁徙权。战国时代，人们还没有选举权，但其时有另一种天赋的自然民主权利——迁徙权。人为了生存可以自由迁徙，就像鸟儿能够随着气候变迁而南北流动。尤其是士人，不仅仅是为了生存，更多是为了实现自己的抱负，而选择"用脚投票"，能够在各诸侯国间自由流动。诸侯中谁重视人才，人才就留在其国；谁不重视人才，人才就离开其国。因此，各国为了笼络士人，礼遇有加，且允许其来去自由。

其时，不仅齐国尊贤养士，而且各国都争抢人才，敬重人才。战国时期，诸侯争霸，强者兼并弱者，国家与国家之间的竞争表面上是实力的竞争，背后是人才的竞争，得人才者得天下，失人才者国家危。各国为了救亡图存客观上都需要人才，所以各国君主一般都重视人才，特别是那些觊觎天下的雄主不惜重金权位争抢人才，因此大兴敬士之风。

战国初期，魏文侯开敬士先河。魏文侯"师子夏，友田子方，敬段干木"（《吕氏春秋·举难》）开西河之学，《后汉书·徐防传》李贤注说，"教弟子三百人"，重用李悝，实行变法，使得魏国率先崛起为战国七雄之首。紧随其后招贤纳士的是楚悼王和秦孝公。楚悼王重用吴起，实行变法，短短几年间，吴起率军南征北扩，饮马中原，可惜楚悼王死后，变法夭折。然后是秦孝公一纸《求贤令》招来商鞅，商鞅变法，富国强兵，使秦国从边陲弱国一跃而成为虎视天下的强国。

战国中期，更有燕昭王筑黄金台敬士而四子毕至的佳话：

> 燕王常置郭隗上坐南面，居三年，苏子闻之，从周归燕；邹衍闻之，从齐归燕；乐毅闻之，从赵归燕；屈景闻之，从楚归燕。四子毕至，果以弱燕并强齐。（《说苑·君道》）

四子毕至，对于燕国来说是人才流入，对于齐国来说是人才流失，这一进一失，形成鲜明反差，导致"弱燕并强齐"，足见人才对国家兴亡的重要作用。四子毕至及五国伐齐，可以说是影响战国时局走向的重大事件，导致唯一能与秦国相抗衡的东方大国齐国衰落，从此秦国吞并六国之势已锐不可当。

为什么诸侯敬士而不杀士？

战国时期各国普遍实行人才自由流动政策，士人得以用脚投票，合则留不合则去。其时士人与君主双向选择，来去自由。一方面，君主根据自己的需要和偏好来选用人才，不需要的则不予重用，任其去留；另一方面，良禽择木而栖，士人要选择能发挥自己才干的国家和尊重士人的君主效力。例如吴起，一生中曾在鲁、魏、楚等国为官，一不如意就跳槽。魏文侯死后，其受到排挤，不为武侯重用，便另投明主，为楚悼王所用。又如商鞅，在魏国没有得到重用，听说秦孝公颁布《求贤令》，于是西入秦，求见秦孝公，终于被委以重任，后大败魏国，使魏惠王悔恨不已。这就造成了人才的自由流动和士人身价的水涨船高，产生了"士人无祖国"的现象，士人为他国效力而攻打自己母国的现象在战国时期屡见不鲜，而并不被骂为国奸。所以，春秋战国可谓是士人的天堂。

杀士会毁坏诸侯的名声，导致士人流出不流入，久之，国家必然衰败。杀士始自秦始皇，秦始皇焚书坑儒，大开杀戒，以实行思想专制。秦始皇杀士，天下士人离心，为秦二世而亡埋下了伏笔。然而，因焚书坑儒而臭名昭著的秦始皇也并不是一开始就是以士为敌的，他是由爱士而转向杀士的。在焚书坑儒之前，秦始皇也曾下过《逐客令》，由于李斯力谏而收回成命。在秦灭六国之际，秦始皇还大兴学舍，笼络各国博士前来兴学。然而一些儒生不仅不歌颂秦始皇的丰功伟绩，言必称周公，甚至于公开批评秦始皇，已经爬上权力顶峰的秦始皇终因儒生与其政见不同，为防止儒生妨碍其统一大业，于是下了狠手以控制思想舆论。战国时的思想自由到此画下了句号。讨论一下秦始皇的这一转变，对深入理解其焚书坑儒政策也是有意义的。

迁徙权甚至比选举权更有利于社会发展，举起的手，远没有能走的脚更可以反映人们的真实意向。如果说选举权是一种赞成权的话，迁徙权是一种否定权。人们用脚投票，选择更适合自己的地方生活。中国封建社会不仅没有选举权，连迁徙权也基本被剥夺了。人们的迁徙权随着大一统而受到了极大限制，封建统治者通过户籍制度将人们捆绑在自己出生的土地上，这是中国家族制度和封建礼教统治的根基所在，同时也极大抑制了中国社会的发展进步。

（二）稷下学宫兴起的原因

稷下学宫的兴起除了上述各国诸侯为了争霸而争夺士人的一般原因以外，还有田齐政权的特殊原因。齐威王的一段铭文透露了其中的玄机：

> 高祖黄帝，迩嗣桓、文，朝问诸侯，合扬厥德。①

这大概是齐威王的即位（时为侯）誓词吧，表明了要祖述黄帝，复兴桓公霸业的决心，所以其大兴稷下学宫。

首先，执政合法性的需要。田氏代齐后，虽然国号未改，但王室已

---

① 转引自郭沫若《十批判书》，东方出版社1996年版，第142页。

改，这在封建社会实属篡位。为了摆脱篡逆的骂名，也为了笼络民心，巩固政权，他们抬出了田陈的祖先黄帝，想借黄帝在历史上的英名，为自己正名；同时又抬出同乡老子，田齐统治者的故乡与老子的故乡都是陈国，因而又打出老子的旗号。黄帝垂拱而天下治，老子的治国学说是"无为之道"，而齐国从立国起就有重"道"的传统，这些因素恰好有暗合之处。田齐统治者于是将同乡老子的道家学说与齐国本土的道家文化传统加以整合发挥，借用祖先黄帝和同乡老子的招牌，推行一种讲究通权达变、积极无为的新道——黄老之学。

田氏祖述黄老，不仅与上古帝王黄帝、道家鼻祖老子扯上关系，沾亲带故，文饰自己的新政权，而且黄老思想为田齐提供了治国的思想指导，成为田齐官方哲学。

其次，总结管仲治国经验的需要。齐国在姜子牙之后，积弊日久，有所衰落。进入春秋以后，齐桓公重用管仲实现变法改革，相地征税，通工商鱼盐之利，实行轻重调节，恢复了姜太公让利于民的政策，使得齐国复兴。在此基础上，对外尊王攘夷，九合诸侯一匡天下，成为春秋五霸之首。尤其可贵的是，齐桓公称霸是采取和平主义方式的，对此，连儒家的孔子都表示称赞，"桓公九合诸侯，不以兵车，管仲之力也。如其仁！如其仁！"（《论语·宪问》）管仲辅助齐桓公开创的霸业是齐国人的骄傲，也是现成的样板。因此，总结管仲治国经验，复兴齐国，既是田齐政权的强烈愿望，又是人无我有的有利条件。

田齐新生政权非常开明，不惜以优厚的待遇吸引各国人才，建立智囊团，允许他们"不治而议论"（《史记·田敬仲完世家》），为田齐富民强国献计献策。

（三）稷下学宫兴起的过程

稷下之学又称稷下学宫，战国时期田齐的官办高等学府，始建于齐桓公田午，它基本与田齐政权相始终，随着秦灭齐而消亡，历时大约一百五十年。"稷"是齐都临淄的西门，"稷下"即齐都临淄城稷门附近，齐国君主在此设立学宫，招揽天下贤士。学宫因处稷下而称"稷下学宫"。古代齐国在齐都临淄设立的"稷下学宫"，具有学术机构和政治智库的双重属性，兼具教育和议政双重功能，允许他们"不治而议论"，不任职而论国事。它是我国最早的官办大学，是诸子百家争鸣的最重要场所之一，成为战国时期各诸侯国学术文化交流中心，也是齐文化的研究、发展和传播中心。

1. 初立时期

稷下学宫始建于齐桓公田午（公元前374—公357年在位）执政时期。徐干《中论·亡国》说："齐桓公立稷下之宫，设大夫之号，招致贤人而尊宠之。"齐桓公田午弑其君田剡而自立，为田齐第三任国君。当时，由于齐国积弊已久，新生的田氏政权也有待巩固，齐桓公有意振兴齐国，而人才又十分匮乏。于是桓公午继承齐国尊贤纳士的历史传统，设立稷下学宫，招揽天下贤士而聚之。此时的稷下学宫规模较小，尚属初创阶段。

2. 发展时期

齐威王（公元前356—前320年在位）即位后力图革新政治，发展经济，为此选贤任能，广开言路，扩建了稷下学宫。随着国力的增强，稷下学宫进入了一个蓬勃发展的新阶段，乃至达到了贤士云集、诸子驰说的盛况。淳于髡、宋钘等主要活动在这个时期。

史载齐威王与魏惠王论宝。一次，齐威王与魏惠王会猎，双方讨论起了国宝的话题。魏惠王为了炫耀故意问齐王，齐国也有宝物吗？齐威王回答说，没有。魏惠王说，就像寡人这样的小国也有能照亮前后十二辆车的夜明珠十颗，怎么可能齐国这样的大国却没有宝物呢？齐威王回答说：

> 寡人之所以为宝与王异。……将以照千里，岂特十二乘哉！（《史记·田敬仲完世家》）

齐威王所说的宝物与魏王有什么不同呢？原来齐威王以"人才"为宝。他列举了自己的大臣檀子、盼子、黔夫、种首等个个都是卫国治民的贤能，他们才是齐国的国宝。齐威王说，派大臣檀子镇守南城，楚国不敢来犯。派大臣盼子镇守高唐，赵国人不敢越黄河一步。派官吏黔夫镇守徐州，燕国人就到北门来祈祷神灵保佑不受攻伐。还有个大臣叫种首的，派他戒备盗贼，结果就道不拾遗。这些都将光照千里，岂只是十二辆车呢！魏惠王听了这些话心中惭愧，告辞而去。按老子的说法，国家利器不可以轻易示人。可这个自大的魏惠王本想炫耀一下自己的国宝，没想到齐威王以人才为宝，借以警告魏惠王不要对齐国有觊觎之心，弄得魏惠王悻悻而去。齐威王尊贤纳士，各国士人慕名而来，所以稷下学宫就是在这时得到了很大的发展。

3. 鼎盛时期

公元前319年，齐宣王（公元前319—前301年在位）即位。齐宣王在位期间，齐国政治稳定，经济繁荣，借助强盛的国力，一心想恢复桓公霸业。为此，他扩大稷下学宫规模广招天下贤士而尊宠之。据说，淳于髡一次向齐宣王推荐贤士七人，齐宣王有些不高兴，怀疑淳于髡有私心，把阿猫阿狗都推荐上来讨俸禄。他对淳于髡说，听说杰出人士是比较稀少的，先生您一天就向我推荐七人，这么看来贤士岂不是很普遍吗？淳于髡回答说：“不然，夫鸟同翼者而聚居，兽同足者而俱行。……夫物各有畴，今髡，贤者之畴也。王求士于髡，譬若挹水于河，而取火于燧也。”（《战国策·齐策三》）物以类聚，人以群分。淳于髡是齐国有名的贤士，交游甚广，与他交往的人都非同一般，所以一次举贤七人也不足为怪。

齐宣王大办稷下学宫，给稷下先生们极高的政治地位和礼遇。“自如淳于髡以下，皆命曰列大夫，为开第康庄之衢，高门大屋，尊宠之。览天下诸侯宾客，言齐能致天下贤士也。”（《史记·孟子荀卿列传》）

《史记·田敬仲完世家》中说：

> 宣王喜文学游说之士，自如邹衍、淳于髡、田骈、接子、慎到、环渊之徒七十六人，皆次列第为上大夫，不治而议论，是以稷下学士复盛，且数百千人。

也就是说，继齐威王之后，齐宣王时稷下学宫再度兴盛起来，而达到鼎盛时期，成为各国名士云集之所。他们“不治而议论”，享受官方士大夫待遇的专职学者由此而产生。其中位列大夫的先生76人，到此游学的学士规模近千人。稷下学宫成为战国时代名副其实的学术文化中心。

据说田骈因为成为不做官的稷下大夫，待遇胜过做官的大夫，而遭时人妒忌。据《战国策》记载，有齐人见到田骈，就对田骈说，听说先生高谈阔论，设为稷下不做官的大夫，他愿意跟随先生做个仆役。田骈问他从哪里听说的？这个齐人说，他是从邻家女那里知道的。他邻人的女儿，口口声声表示不嫁，到了三十岁生有七个儿子，虽然不嫁，却胜过嫁人的。接着他话锋一转，批评田骈的不宦：

> 今先生设为不宦，訾养千锺，徒百人，不宦则然矣，而富过毕也。（《战国策·齐四》）

齐人嘲讽稷下大夫不仕胜过出仕，就像一个誓言不嫁的女人所生孩子却多过出嫁的女人。嘲讽也好，妒忌也好，但齐国尊贤的名声传播开来，吸引更多的贤人学士来到齐国稷下，齐国遂成为战国中期的学术文化中心，百家争鸣的主场所。

到了齐湣王（公元前300—前284年在位）后期，由于其穷兵黩武，专横独断，齐国由盛转衰，诸多稷下先生极力劝谏，均遭拒绝，因而纷纷离齐而去，稷下学宫出现了自建立以来从未有过的冷清萧条。后来，燕国将领乐毅攻入临淄，齐湣王逃至莒地（今山东莒县），被杀身亡。稷下学宫也惨遭浩劫，被迫停办。齐襄王（公元前283—前265年在位）复国后，采取措施恢复稷下学宫。由于当时齐国已元气大伤，即使荀子复归稷下学宫，并三次担任稷下学宫的祭酒，主持学宫，稷下学宫再不复当年盛况。襄王死后，齐王建（公元前264—前221年在位）继位。由于当时齐国国势渐衰，政局混乱，虽然稷下学宫存在了一段时间，但已毫无生气。公元前221年，齐国为秦所灭，稷下学宫随之终结。

稷下学宫，学派林立，曾容纳了当时诸子百家中的几乎各个学派，包括道家、儒家、法家等战国主流学派，以及名家、阴阳家、墨家、兵家、农家等。汇集了天下贤士多达千人左右，其中著名的学者如孟轲（一说不列稷下先生）、告子、淳于髡、彭蒙、慎到、田骈、环渊、接予、季真、宋钘、尹文、颜斶、兒说、田巴、鲁仲连、邹衍、邹奭、荀况等。稷下学者以黄老学派居多，儒家的孟子与荀子都到过稷下。特别是稷下学宫后期的荀子，曾经"三为祭酒"，主持学宫，相当于今天的校长。当时，稷下学宫奉行学术自由，凡稷下学者，不论来自齐国还是他国，无论其学术派别、思想观点、政治倾向，都可以自由发表自己的学术见解，从而使稷下学宫成为当时东方学术中心。这些学者互相争辩、彼此吸收，造就了战国学术思想的繁荣局面。诸子百家是中华文明的源头，是中国人的精神家园。兴办稷下学宫是田齐统治者对中华文明的一大贡献。

第二节　稷下学宫的百家争鸣

百家争鸣或称诸子百家，最早出自《庄子·天下》篇所言"百家之学"，班固在《汉书·艺文志》中列出："凡诸子百八十九家，四千三百二十四篇。"所谓"诸子百家"，是指学者人数之多，但按学派进行归类，主要有儒家、墨家、道家、法家、名家、阴阳家六家，加上纵横家、农家、小说家、杂家构成所谓十家。后人又把小说家以外的九家，称为"九流"。俗称"十家九流"就是从这里来的。春秋战国时代，社会处于大变革时期，产生了各种思想流派，如儒、法、道、墨等，他们著书讲学，互相论战，出现了学术上的繁荣景象，后世称为"百家争鸣"。"百家争鸣"反映了战国社会大转型时期激烈的政治斗争，尤其是新兴地主阶级和没落奴隶主之间的思想斗争。战国中期，齐国稷下学宫是诸子百家汇集的场所和东方文化中心，成为百家争鸣的主阵地，是中国多元文化的象征，具有深刻的历史影响，尤其是造就了齐法家。

一　诸子百家的由来

《庄子·天下》篇最早提出"百家之学"，并对先秦学术流派进行了初步划分，涉及儒、墨、道、名诸家，但主要是谈道家，贬低其余。该篇先将先秦学术划分为"道术"与"方术"两种类型，各种方术源自古代的道术。所谓道术，是指古代圣哲对统一宇宙万物的大道的全面体认的学问。文中说："圣有所生，王有所成，皆原于一。"所谓方术，是指因时因地的需要而对大道某一方面的认识。"天下大乱，贤圣不明，道德不一。天下多得一察焉以自好。"可见，方术是由道术分化而来。"后世之学者，不幸不见天地之纯，古人之大体。道术将为天下裂。"从道术到方术的发展符合学科发展的一般规律性，即由综合到具体。远古道术具有综合性特征，表现为"一"，而随着学术的发展和精细化，必然有分科的出现，所以方术具有专门性特征，表现为"百家众技"。

《庄子·天下》篇中的道术主要指春秋时期形成的包含在诗、书、礼、乐、易、春秋六部经典中的学问。"《诗》以道志，《书》以道事，《礼》以道行，《乐》以道和，《易》以道阴阳，《春秋》以道名分。"这六种学问天下通用而散布中国，为百家所称引或阐发。可见庄子之时，六经为各派共同的学问源头，并非儒家专利，包括儒家在内的百家都是从中分析出来的，即"道术将为天下裂"。

《庄子·天下》篇中的方术列举了六个学派，涉及道、儒、法、名、墨五家：

> 以道为门，……；以仁为恩，……；以法为分，以名为表，……；以事为常。

这段话可以说是最早对诸子学派的定义："以道为门"是指道家；"以仁为恩"是指儒家；"以法为分，以名为表"是指法家和名家，二者几乎是一体的；"以事为常"是指墨家。

理出了各家特征之后，《庄子·天下》接着分析各家的代表人物及其主要观点。关于儒家，未列名，但指出"邹鲁之士、缙绅先生多能明之"，显然指孔孟；关于墨家，墨翟、禽滑厘这一派"泛爱兼利而非斗"；关于名家，"桓团、公孙龙辩者之徒，……惠施日以其知与之辩，特与天下之辩者为怪，此其柢也"。辩者即后来所说的名家，以善辩闻名，但"逐万物而不反"。

《庄子·天下》重点谈论了道家，而道家有四派。宋钘、尹文这一派"接万物以别宥为始"；彭蒙、田骈、慎到这一派"齐万物以为首"；关尹、老聃这一派"建之以常无有，主之以太一"；庄周这一派"独与天地精神往来，而不敖倪于万物"。他们的共同特征是齐于道，但又各有区别，属于道家四派：宋钘、尹文有墨家倾向；彭蒙、田骈、慎到有法家倾向；真正属于道家的只有关尹、老聃和庄周，老聃讲造物之理，而庄周明人生之道，乃世之博大真人。

可见，《庄子·天下》篇是以人物为代表来分析百家之学，涉及后世人们所说的儒、墨、道、名、法诸家，最为推崇道家，且对道家做了四派的细分。

《荀子·非十二子》继庄子之后对当时战国的学术流派做了初步划分，提出"六说"。荀子的六说大致涉及五家：道、墨、法、名、儒，与《庄子·天下》相近。"六说"代表人物列二人，计十二子，并对各说的学术观点逐一加以批评。"纵情性，安恣睢"的它嚣、魏牟和"忍情性，綦谿利跂"的陈仲、史鳅为道家的纵欲派和禁欲派；"上功用，大俭约而慢差等"的墨翟、宋钘属于墨家人物；"尚法而无法，下修而好作"的慎到、田骈为法家人物；"不法先王，不是礼义，而好治怪说"的惠施、邓析为名家人物。

荀子还将儒家细分成五派加以评价。荀子批判了"略法先王而不知其统"的子思、孟轲；"弟佗其冠，神襌其辞，禹行而舜趋"的张氏之贱儒；"正其衣冠，齐其颜色，嚾然而终日不言"的子夏氏之贱儒；"偷儒惮事，无廉耻而耆饮食，必曰君子固不用力"的子游氏之贱儒；唯独肯定"仲尼、子弓之义"。荀子试图弘扬孔子之义以息十二子之说。"如是则天下之害除，仁人之事毕，圣王之迹著矣。"可惜荀子的划分还是以人物为代表来划分的，并没有明确提出各家的概念。荀子划分各家的尝试对后来的汉代学者产生了明显的影响。

汉代学者司马谈在其《论六家之要指》（《史记·太史公自序》）一文中首次正式对先秦诸子百家进行学术分类，将其明确划分为六家，即"阴阳、儒、墨、名、法、道"，并总结和评价了各家的要义来加以区分。说儒家，"博而寡要，劳而少功，是以其事难尽从；然其序君臣父子之礼，列夫妇长幼之别，不可易也"。即儒家重义轻利。说法家，"严而少恩；然其正君臣上下之分，不可改矣"。即法家重刑重权。说道家，"因阴阳之大顺，采儒墨之善，撮名法之要，与时迁移，应物变化，立俗施事，无所不宜，指约而易操，事少而功多"。司马谈"六家"的划分仅比荀子的"六说"多了阴阳一家，可见其明显受到了荀子"六说"的影响。

班固在《汉书·艺文志》中依据刘歆的《七略》进一步将诸子百家划分为十家，在司马谈的基础上增加了四家：纵横家、杂家、农家、小说家。班固在分别探讨各家起源的基础上，总结了诸子百家产生的时代原因：

> 诸子十家，其可观者九家而已。皆起于王道既微，诸侯力政，时君世主，好恶殊方，是以九家之术蜂出并作，各引一端，崇其所善，以此驰说，取合诸侯。（《汉书·艺文志》）

诸子百家产生于礼崩乐坏、诸侯争霸的大变革时代，虽各引一端，但殊途同归，皆为救世之说，且相互影响、共同发展。尤其，值得注意的是，诸子百家的学术源头同出于《六经》，庄子和班固（或说刘歆）都持此说，这是很有道理的。儒家以《六经》为经典，而重礼孝，自不必说；阴阳家和道家应该出自于《易》，"一阴一阳谓之道"，探索宇宙起源；墨家、法家和名家主要是对《礼》的批判和正名中产生的，追求治国救世之策。可见，各家乃《六经》的支与流而已。

二　稷下先生及学术流派简介

稷下学宫是战国中期百家争鸣的主要场所，汇集了当时众多的学术流派和许多著名学者。儒、墨、道、阴阳、名、法等学派都有代表人物在稷下或著书立说，或传经布道。虽说是百家争鸣，但是以黄老道家学派为主流，或以黄老学为理论渊源。黄老学是官方学说，兼容各家，就像我们今天的马克思主义哲学是各门人文科学的指导思想一样。

《史记·田敬仲完世家》记载："宣王喜文学游说之士，自如邹衍、淳于髡、田骈、接子、慎到、环渊之徒七十六人，皆次列第为上大夫，不治而议论。"《史记·孟子荀卿列传》记载："自邹衍与齐之稷下先生，如淳于髡、慎到、环渊、接子、田骈、邹奭之徒，各著书言治乱之事"；又说"齐襄王时，而荀卿最为老师"。可见，稷下学宫鼎盛时期有位列大夫的稷下先生 76 人，其中最著名的有邹衍、淳于髡、田骈、接子、慎到、环渊 6 人；加上稷下学宫后期的邹奭、荀子总计 8 人；再加上刘向《别录》提到的"俱游稷下"①的宋钘、尹文，共 10 人。这 10 人是对"不治而议论"的稷下先生的最可靠认定。

此外，综合郭沫若、钱穆等学者的考证，或多或少有迹可查的还应加上较早游稷下的彭蒙、告子，辩于稷下的儿说、田巴，与接子相对的季真，以及儒家的颜斶（一说王斗）、鲁仲连等 7 人，因此，有重要影响的稷下学士总计 17 人。钱穆《稷下学士名表》列出的稷下先生也是 17 人：淳于髡、孟轲（？）、彭蒙、宋钘、尹文、慎到、接子、季真（？）、田骈、环渊、王斗、儿说（？）、荀况、邹衍、邹奭、田巴、鲁仲连。②不过，钱穆提出的这 17 人名单中，应去掉孟轲，换成告子，这样就更适宜了。白奚《稷下诸子生卒约数年表》给出的稷下诸子名单是 18 人，在钱穆名单的基础上增加了邹忌，但邹忌是田齐三朝重臣，不宜列入"不治而议论"的稷下学士名单，应去掉邹忌、孟轲，加上季真，这样还是 17 人。

另外，稷下学宫初创时期学者多不可考，实属遗憾。这里冒昧在 17 人名单上补上彭蒙之师和黔娄 2 人，算是"大胆假设"吧。依据《汉书·艺文志》著录道家类："《黔娄子》四篇。齐隐士，守道不诎，威王下之"，补上黔娄。尽管史料不多，但班固的自注还算说得明白，黔娄为齐国隐士，得道高人，守道不诎，齐威王礼遇他，且有著作，符合稷下道家的特征。彭蒙之师更是隐者中的隐者，连名字都没有的无名英雄，但却是得道高人，传彭蒙不言之教："古之道人，至于莫之是、莫之非而已矣。其风窢然，恶可而言？"（《庄子·天下》）郭沫若说他"或者也就是杨朱的弟子"③，可能是传杨朱之学于齐地第一人，虽不能肯定其是稷下学者，但其与彭蒙田骈等人有师承关系则是事实，姑且列上。故列出 17＋2 人，2 人相当于候补代表供研究者参考。

综上所述，兼顾派系与活动年代，兹列出一个稷下先生名表 17 人及其派系如附表 1。从国别分布看，齐国 11 人，宋国 3 人，赵国 2 人，楚国 1 人；从派系分布看，黄老道家 9 人（含齐法家），名家 2 人，阴

---

① 转引自郭沫若《十批判书》，东方出版社 1996 年版，第 144 页。
② 钱穆：《先秦诸子系年》，商务印书馆 2005 年版，第 273 页。
③ 郭沫若：《十批判书》，东方出版社 1996 年版，第 147 页。

阳家 2 人，杂家 1 人，儒家 3 人；稷下学士著作丰盛，"慎到，赵人。田骈、接子，齐人。环渊，楚人。皆学黄老道德之术，因发明序其指意。故慎到著十二论，环渊著上下篇，而田骈、接子皆有所论焉"。（《史记·孟子荀卿列传》）有集体著作如《黄帝四经》《管子》《司马法》等，大多也著有个人著作，可惜个人著作多已亡佚，遗存下来的主要有《慎子》《尹文子》《荀子》等，弥足珍贵。稷下学士当中有些有明显的师承关系，有的虽然没有明显师承关系，但也相互争辩，相互吸收，融合发展。由此可见，稷下学宫不愧是战国时期的学术文化中心，百家争鸣的主场所，创造了古代学术的辉煌；然而，最大的成就还是孕育出了齐法家——这一与晋秦法家商韩不同的法家，丰富了法家思想宝库。

稷下先生总体上皆宗黄老道学（齐国官方哲学），然各有阐发，于是产生了各派的分化。尽管当时的派系分野还不是很明确，但学术倾向性还是有的，因此可以大致作个划分。属于黄老道家阵营的有彭蒙、告子、环渊、季真、接子、宋钘（兼墨家）、尹文（兼名法）、慎到（兼法家）、田骈（兼法家）等；属于阴阳家的邹衍、邹奭；属于名家的有兒说、田巴；淳于髡或说是杂家（存疑）；属于儒家的有颜斶、鲁仲连、荀子。另外，儒家的孟子是否稷下先生则存有争议。下面对各学派代表人物做个简要介绍。

（一）杂家：淳于髡（存疑，或说法家）

稷下本无杂家学派，而称淳于髡为杂家实乃后人称之，指其"学无所主"。其实，稷下学本身就具有杂合性的特征，淳于髡是否真的学无所主存有争议。本书归为法家。淳于髡为稷下先生之首，可惜无书留下。

（二）黄老学派：祖述黄老

田齐统治者推崇黄老，各地道家学者纷纷来归，形成黄老学派。黄老学派是稷下学宫受官方支持的主流学派，以发挥黄帝、老子思想为务，即"祖述黄帝、老子"①，"因发明序其指意"（《史记·孟子荀卿列传》）。《黄帝四经》是黄老学派的集体著作，集中反映了黄老思想，

① 郭沫若：《十批判书》，东方出版社 1996 年版，第 142 页。

前文已有论述。黄老学总体上看，是对老子道家学说的发挥，以老子为宗，黄帝其实只是挂名而已，就像儒家以孔子为宗，却要祖述尧舜，所以儒道两家都争相把古圣王瓜分到自己的门下以增强自家学说的权威性。

郭沫若在《稷下黄老学派的批判》一文中大致勾画了一个以老子为宗的道家思想的传承线索："杨子是老聃的弟子"，"彭蒙之师或者也就是杨朱的弟子"，"彭蒙之师、彭蒙、宋钘、环渊、庄周"等皆宗老聃。① 另外，"学于彭蒙"（《庄子·天下》）的田骈是彭蒙的弟子，慎到也是彭蒙的学生辈，尹文应是宋钘的学生辈。道家创自老聃，兴于稷下，中间是杨朱。从老子之道到稷下黄老学的传播路径大致有两条：一是经由北方道家杨朱、彭蒙之师、彭蒙传于稷下；二是由南方楚地道家环渊传于稷下。前者贵齐，后者归无，汇于稷下，与齐文化结合，形成稷下黄老学派。

稷下黄老学派主要代表人物有 9 人，大致可分为三支：环渊、季真、接子为一支；告子、宋钘、尹文为一支；彭蒙、慎到、田骈为一支。这些稷下学者皆本老子无为之道，并发挥了老子之学而推之于治国，可归于黄老学派，只是学术重点各有不同而已。环渊祖述黄老，传道家无为之道，季真、接子承之；告子、宋钘由墨归道，告子发挥道家性朴论，宋钘关心民众疾苦与道家民本主义吻合，尹文进而由道入名法；彭蒙、慎到、田骈以道论法，走向法家。稷下黄老学术的发展逻辑大致如此。

郭沫若从宋钘、尹文谈起，把环渊一派放到最后，显然受到《道德经》晚出说影响，给人以稷下学源于墨家和老子晚出的错觉，从而不能使人准确认识稷下学的发展逻辑。本书从逻辑上判断，稷下学祖述黄、老，环渊一支贡献最大，彭蒙之师也有贡献，传老子之道于稷下；同时，告子、宋钘等墨者门徒纷纷来归（逃墨归杨），共兴黄老；最后彭蒙、慎到、田骈这一支发展出以法治国的思想，这比较符合稷下学"由道入法"的发展逻辑。其实，郭沫若最终也承认老子是不容抹杀的："老聃与杨朱的存在如被抹杀，则彭蒙之师、彭蒙、宋钘、环渊、

_____

① 郭沫若：《十批判书》，东方出版社 1996 年版，第 147 页。

庄周等派别不同的道家便全无归属。"① 此话不假，正像儒家虽然门派众多但不能没有孔子一样，道家没有老子就没有了灵魂。郭沫若虽然对老子早出说做了让步，但同时又坚持《道德经》晚出说："人在前，书在后，书之中保存有一部分老聃的微言大义，如此而已。"② 这种折中观点看上去似乎有理，但对老子似有轻视之意，如今，随着郭店楚墓竹简的出土，《道德经》晚出说差不多不攻自破。所以，从《道德经》早出说出发，我们按照"由道入法"的逻辑顺序来重新解读稷下黄老学派的三支，或许与事实顺序有所出入，但仍然不失其学理价值。

其一，环渊、接子、季真一支：稷下论道。

1. 环渊：传道入齐

环渊（公元前380—前310年），战国中期楚国人，自楚至齐，对传播《道德经》贡献颇大，可能是携老子《道德经》到稷下的关键人物，并对其加以整理和传播。《史记》明确提到环渊是齐宣王时"不治而议论"的稷下大夫之一，且"著上下篇"。但其活动时间应不限于齐宣王时期，差不多与淳于髡同时，同为稷下学宫威宣时期人物。《盐铁论·论儒》说："及闵王奋二世之余烈，……矜功不休，百姓不堪。诸儒谏不从，各分散。慎到、接子亡去，田骈如薛，而孙卿适楚。"未提环渊、淳于髡，盖齐湣王即位时，二者都已死去，可以佐证。

关于环渊的具体身份，历来争议颇大，主要观点有两种：一种是郭沫若提出的环渊即关尹说，另一种则否定此说。

（1）环渊是关尹吗？

《史记·孟子荀卿列传》载："环渊著上下篇"；《汉书·艺文志》载："《关尹子》九篇。名喜，为关吏，老子过关，喜去吏而从之。"可见，环渊与关尹著书不同，他们不是同一人原本不是问题。

然而，郭沫若肯定地提出"关尹即环渊"③，他说：

《道德经》晚出是不成问题的，在我认为就是环渊所著的"上

---

① 郭沫若：《十批判书》，东方出版社1996年版，第147页。
② 郭沫若：《十批判书》，东方出版社1996年版，第148页。
③ 郭沫若：《十批判书》，东方出版社1996年版，第145页。

下篇"。环渊音变为关尹。①

此后，学界对环渊的身份和著作存有很大争议，这是稷下学研究需要解决的一个重要问题，关系着稷下学的走向。

郭沫若在《稷下黄老学派的批判》中说：

> 道家三派即宋钘、尹文派，田骈、慎到派，环渊、老聃派，这是根据《庄子·天下篇》的序述次第，然其发展次第也大抵这样。天下篇序当时天下的道术，先儒，次墨，次道，而终之以惠施、桓团、公孙龙，明明是按照发展的先后来说的。故尔道家诸派的述说先后也必然是发展的先后。②

郭沫若这一关于诸子学和稷下学发展顺序的观点值得商榷。按郭老的说法，诸子学的发展顺序是儒、墨、道、名；稷下学的发展顺序是宋钘尹文派、慎到田骈派、环渊派；又说环渊就是关尹，且是《道德经》的作者，这无疑又落入老子和《道德经》晚出说的窠臼。他的意思是说，老子学说是在儒墨之后发展出来的，是由战国中期的环渊完成的。这实际上是忽视了道家与黄老的区别，黄老学说是下稷下兴起的，但道家学说并不晚于儒墨，春秋末年已由老子创立。

而且，《庄子·天下篇》的"序述次第"并不等于"发展次第"。纵观天下篇的思想，是崇道的，先序述儒、墨后细说自家几派，主要是为了衬托道家的老庄。谈到墨翟禽滑厘派，批评其苦行只能导致天下大乱："乱之上也，治之下也。"谈到宋钘尹文派，批评其不过是禁欲非攻罢了："其小大精粗，其行适至是而止。"谈到田骈慎到派，批评其不懂得大道："彭蒙、田骈、慎到不知道。"然后谈到关尹、老聃派，只有赞扬，没有批评，止不住的赞扬："可谓至极，关尹、老聃乎，古之博大真人哉！"谈到自家的庄周，也是毫不谦虚地赞扬："独与天地精神往来。"可见，天下篇这个"序述次第"与"发展次第"并没有必

---

① 郭沫若：《十批判书》，东方出版社1996年版，第145页。
② 郭沫若：《十批判书》，东方出版社1996年版，第149页。

然关系。

《庄子·天下篇》与《荀子·非十二子》的写作手法一样，都是先批评别家以抬高本门本派，无关乎学术发展顺序（这不能不说有些遗憾）。

《荀子·非十二子》先逐个批评道、墨、法、名、孟儒"六说"。"纵情性，安恣睢"的它嚣、魏牟和"忍情性，綦谿利跂"的陈仲、史鳝为道家的纵欲派和禁欲派；"上功用，大俭约而僈差等"的墨翟、宋钘属于墨家人物；"尚法而无法，下修而好作"的慎到、田骈为法家人物；"不法先王，不是礼义，而好治怪说"的惠施、邓析为名家人物。然后，做完了这些铺垫后，荀子最后唯一肯定"仲尼、子弓之义"。荀子试图弘扬孔子之义以息十二子之说。而抬高孔子的真正目的是宣扬自己的学说："上则法舜、禹之制，下则法仲尼、子弓之义，以务息十二子之说。如是则天下之害除，仁人之事毕，圣王之迹著矣。"即把法制与仁义结合起来治理国家，这正是荀学的要义。荀子以孔子正宗自居，所以连孟子也要打压，可谓同门相斥。可见，叙述顺序与发展顺序没有关系，但按发展顺序的话岂非孔子在先？

诚然，郭老对稷下黄老三派的划分是一大创见，推进了稷下学的研究，但是郭沫若对稷下黄老学的发展顺序的看法，论证不足，本书不能认可。我们坚持老子和《道德经》"早出说"的立场，否认《道德经》是环渊所作，不认可环渊就是关尹说，还是回到《史记·孟子荀卿列传》的观点上来：环渊就是"学黄老道德之术"，著"上下篇"，发挥老子"指意"的稷下先生。稷下学的发展顺序，就是上承老子，由道入名法，下启荀、韩，不要弄得雾里看花。否认环渊即关尹说，不必陷入繁琐的考证中去，劳而无功，有助于删繁就简，正本清源，推进稷下学研究的深入发展，有助于理解齐法家的形成逻辑。

再说，田齐统治者之所以要打出老子这块招牌，是为了给自己壮胆和粉饰，抬高自己取代姜齐的合法性，收买士人人心，足见老子在当时已很有名气和影响力，甚至不在孔子之下。郭沫若为了自圆其说，一方面承认老子其人先出，另一方面认为老子其书后出，这种折中观点也是站不住脚的。因为老子职位不过周王室一个小小藏书吏，如果老子没有《道德经》这本书，田齐也不会尊崇老子的，所以老子和《道德经》早出说是难以撼动的。郭沫若《十批判书》的思想倾向是崇儒抑道批法的，说《道德经》晚出，非老子所作，固有贬低《道德经》和老子之意，钱穆、冯友兰亦如此；胡适早已指出这点，先入为主的思想倾向性影响文人的判断，然后去找有利于自己的证据，哪怕是严谨的学者也难以完全逃过。司马迁所说"老子乃著书上下篇，言道德之意五千余言"（《史记·老子韩非列传》），是可信的，只不过老子弟子或后学在传经过程中有所损益罢了（古代传经是手抄，容易发生这种情况）。环渊整理传播老子《道德经》于齐是合乎逻辑的，司马迁说得很明白，环渊"学黄老道德之术，因发明序其指意"（《史记·孟子荀卿列传》），所著"上下篇"显然是"因发明序其指意"，也就是阐发老子学说的著作，很有可能是《道德经》的注本，当然也有可能是其他作品，但结合稷下学宫历史背景来理解，环渊自楚赴齐传老子学说于稷下无疑是可信的。郭沫若出于崇儒抑道，其对稷下黄老的批判如今看来要进行再批判。

从老子早出说出发，我们不认同环渊即关尹之说，但郭沫若关于稷下三派的划分还是很有启发意义的，环渊这一派可以说出自"天下篇"所说的关尹、老聃这一支楚地道家。一个合理的推测是，环渊不是关尹，但是老子、关尹的再传弟子。

（2）环渊是娟子吗？

《汉书·艺文志》道家类著录：

　　　　《蜎子》十三篇。名渊，楚人，老子弟子。

钱穆等人据此认为此娟子与环渊是同一个人，并详加考证，但这还是带来一个矛盾问题：若认为二者是同一人，环渊是老子弟子又难以自圆其说。环渊是战国中期稷下先生，若其是老子弟子，最后还是把老子拉到战国时代来了。而这不是又绕到老孔先后之争的历史悬案上了吗？如果非要认定为同一人，除非环渊是老子的再传弟子，倒也能自圆其说。所以，孔子情结比较强的人，总是能找到所谓证据把老子拉下来，孔老之争，差不多是中国文人一个难解的结。还是司马迁的那句话说得好："世之学老子者则绌儒学，儒学亦绌老子。'道不同不相为谋'，岂谓是邪?"(《史记·老子韩非列传》)胡适与钱穆之争表面上是学术问题,背后何尝没有理念相左的因素?甚至伤了文人之间的和气,谁也不服谁。

对这个问题,高华平认为:"环渊是一位约与孟子同辈、由楚之齐的稷下道家学者,他与蜎子(蜎渊、蜎、便蜎)、玄渊(涓子)并非一人。环渊到齐国稷下的原因是因为当时楚国'老学'的式微和北方道家杨朱学派的兴盛。环渊所著的'上下篇',应该就是新近出土的郭店楚简《性自命出》篇;而郭店一号楚墓的墓主也极有可能就是环渊。"①高华平结合考古发现对环渊的身份和著作认定有了新看法,对研究者很有参考意义,但还不能说是定论。若此说成立,环渊的年龄应向前推,可以佐证环渊较早传老子之道于稷下。

从老子早出说出发,由于年代差距,环渊不可能是老子亲传弟子;如果认为环渊即蜎子,环渊可能是老子、关尹的再传弟子,由楚入齐,传老子《道德经》于齐地第一人。若认为不是同一人,也无碍于他们是传播老学的人。

明人慎懋赏校本《慎子》内外篇记载有:环渊问灾殃、环渊问穷达、环渊问养性。②从环渊与慎到讨论的这些问题来看,涉及天灾、性、命等命题,多属于道家哲学内容,可见环渊以论道为主,发挥老子道德之意。虽然学界一般认为慎懋赏校本为伪书,上述有关环渊、慎子的问答尽管真假难辨,但也可以作为环渊在稷下传道的佐证。

综上所述,我们倾向认为,环渊即蜎子,是最早由楚入齐传《道德经》于稷下的人,年龄应比慎到、田骈大一些,约与淳于髡、彭蒙年岁相仿。郭沫若所说《道德经》是环渊所著证据不足,在环渊之前显然已有《道德经》这本书。从《汉书·艺文志》所列道家著作和郭店楚墓出土的《老子》甲乙丙版本来看,《道德经》在战国之时已有很多传本,可见《道德经》在当时已很有影响,环渊不过是传播者之一。田陈代齐以后,尚黄老之学,招贤纳士,故环渊携《道德经》入齐,在稷下传播老子之学。

---

① 高华平:《环渊新考》,《文学遗产》2012 年第 5 期。
② 《诸子百家丛书》《慎子》篇,上海古籍出版社 1990 年版,第 5、10、14 页。

环渊传老子无为之道于稷下，引起了稷下学士对老子无为思想的不同理解，因此有季真与接子的"莫为""或使"之辩。从逻辑上说，环渊应是季真、接子的老师辈，他们是稷下论道的一支。

2. 季真：莫为之道

季真（约公元前360—前290年），齐国人（存疑），与接子约同时，据《庄子集释》成玄英疏："季真接子，并齐之贤人，俱游稷下。"

季真持大道"莫为"说，盖其学说以为道本自然，故主张因循，反对人为干预。无书，《汉书·艺文志》不著录。

3. 接子：或使之道

接子（一作捷子，约公元前316—前280年），齐国人，稷下学者，道家人物。《史记·孟子荀卿列传》中说："接子，齐人。……学黄老道德之术，因发明序其指意。"

接子持"或使"说，认为大道主宰世界，主张认识大道，有所作为。接子与季真相对，曾辩于稷下。季真和接子就道性"莫为"与"或使"的争论，显然已经是对老子道家思想的深入研究和不同见解的相互争鸣，并推动着道家思想向实用方面转化，对稷下后期荀子的有为思想也有很大影响。

接子著作已亡佚。《汉书·艺文志》道家类著录：《捷子》二篇。

其二，告子、宋钘、尹文一支：逃墨归杨，再入名法。

4. 告子：性无善无恶说

告子（公元前410—前320年?），稷下早期学者，由墨归道。有关告子的史料记载较少，仅见于《墨子》《孟子》有关记述。据钱穆考证，《墨子》《孟子》书中的告子"为一人无疑"[1]，告子是墨子的弟子，又是孟子的前辈。无书留下，《汉书·艺文志》不著录。告子的年龄、国籍都难以查考，似乎是被历史遗忘的一个人，然而其人性论却是稷下学术史不可绕过的一笔。

告子曾为墨子弟子，又曾与孟子论辩，故其应年长于孟子及宋钘，宋钘与孟子同时。告子、宋钘大概都是由墨归道。郭沫若认为："他也

---

① 钱穆：《先秦诸子系年》，商务印书馆2005年版，第224页。

是黄老学派的一人，和宋钘、尹文当属于同一系统。"①

告子的国籍，以墨子弟子来看，盖为宋国人，后游稷下，离墨归道。《史记·孟子荀卿列传》中载："盖墨翟，宋之大夫。"从《墨子》全书来看，墨子及其弟子在宋国的活动较多，与宋国的关系最为密切，曾阻楚攻宋，而告子年轻时曾受教于墨子，所以推测告子可能与出自墨家的宋钘同为宋国人。告子、宋钘同游稷下亦有可能，孟子就与他们两人都曾见面辩论过义利问题。

告子对稷下学乃至中国哲学的一大贡献是其人性论，为中国历史上重要的人性论者。《孟子·告子上》记载了其晚年曾与孟子展开著名的人性论辩，当是中国第一场有记录的人性论辩。孟子持性善论，善寓于人的内心之中，即孟子所说的"固有"；告子提出人性"无善无不善"的性中说，又说"生之谓性"，善是后天习成的，借用孟子的话说叫"外铄"。告子人性论对荀子影响很大，荀子赞成"外铄"说，明确提出"人之性恶，其善者伪也"（《荀子·性恶》）。可见，先秦三大人性论，孟、荀针锋相对，告子居其间。

战国初期，随着诸侯争霸，思想日趋活跃，传统儒家进行了大分化，各种救世学说应运而生。汉儒徐防说过："诗书礼乐，定自孔子；发明章句，始于子夏。其后诸家分析，各有异说。"（《后汉书·徐防传》）墨家从儒家中分化而来后，儒、墨成为战国初期的显学。孟子说："杨朱墨翟之言，盈天下，天下之言，不归杨则归墨。杨氏为我，是无君也；墨氏兼爱，是无父也。无父无君。是禽兽也。"（《孟子·滕文公下》）道家的庄子痛批儒家尚贤："圣人不死，大盗不止。"（《庄子·胠箧》）墨子更是大批儒家的礼乐："儒之道足以丧天下者，四政焉。"（《墨子·公孟》）一是天鬼不说，二是厚葬久丧，三是弦歌鼓舞，四是贫富寿夭。这四个问题不解决，足以丧天下。可见，战国初期儒、墨、道相互攻讦，势不并立，而儒家尤其成为众矢之的。这也是儒家的孟子周游列国而不受待见的原因，其学说就当时来说不能救世。战国的大势是走向统一，就统治方法来说，是由人治礼治走向法治，这也是法家不断兴起的原因，而道家因时变的思想无疑为法家的兴起和风起云涌

---

① 郭沫若：《十批判书》，东方出版社1996年版，第244页。

的变法运动提供了理论支持。出自墨家的告子受墨家"兼爱"和道家"无为"思想影响，反对孟子的"仁义"学说也就不奇怪了。

稷下学宫兴起，老子道家由于受到田齐官方的支持而开始兴起（试想，如果田齐像鲁国那样奉行儒学，岂不是动摇自身篡位得权的合法性？）。随着稷下学宫的兴起，一些墨徒转而投靠了道家；道家后来又发展出名法；还有一些人最后又回到了儒家。所以，战国时期，百家争鸣，一些学者的思想也经常发生变化，学术思想改弦易辙在当时是常见的事。孟子曾说过："逃墨必归于杨，逃杨必归于儒。"（《孟子·尽心下》）告子应属于前者，逃墨归杨，但没有跨入儒门。

告子大概就是这样一个人，思想在墨道之间游走不定，最后离墨归道。告子年轻时曾投墨家，为墨子弟子，但不能完全接受墨子思想。墨家尚同，告子言论与墨子常有出入，得不到墨子肯定，墨家弟子甚至要求墨子"请弃之"，意即将其逐出师门。《墨子·公孟》记载，告子对墨子说自己能够治国为政（看来告子很有抱负），墨子不认可。他批评告子：

> 政者，口言之，身必行之。今子口言之，而身不行，是子之身乱也。子不能治子之身，恶能治国政？子姑亡，子之身乱之矣！（《墨子·公孟》）

墨子对告子的评价不高，认为告子言行不一。其实是因为告子的思想已经与墨子学说不同。虽然墨子没有将告子逐出师门，但告子很明显是主动离开了墨门而游稷下，欲治国为政。在稷下游学时，告子遇到了同在齐都的儒家大师孟子。从《孟子》的记载来看，二人多次讨论了人性论这一先秦重要学术问题，但意见不一，争论还很激烈，谁也说服不了谁。这说明告子也不能苟同儒家观点。如此看来，告子虽然与儒墨都有交往，思想也不断发生变化，但告子还是一个有独立思考的人，因而有了他自己的人性论重要观点。从告子的人性论看，与老子道家的人性素朴论相近，同时也承认后天教化的作用，属于黄老学派。

5. 宋钘（兼墨家）：禁欲寝兵

宋钘（约公元前370—前291年）是早期稷下黄老学者，宋国人。

宋钘与尹文齐名，据颜师古注引刘向《别录》，宋钘与尹文"俱游稷下"①。虽然二人都属于道家禁欲主义者，但还是具有不同的倾向性。宋钘关心民众疾苦，保留有较多的墨家痕迹，或许同告子一样都是由墨归道；而尹文是具有法家倾向的黄老学者。在《孟子》书中，宋钘写作宋牼，《庄子·天下》《荀子》写作宋钘，《韩非子》写作宋荣。

《汉书·艺文志》有《宋子》十八篇，列于小说家。原书已佚，清有马国翰辑佚本一卷。

《庄子·天下》说宋钘"以禁攻寝兵为外，以情欲寡浅为内"。内是道家无欲思想，外是墨家非攻主张，这内外之分，说明了宋钘内"道"外"墨"的思想特点。宋钘"愿天下之安宁，以活民命；人我之养，毕足而止"。宋钘以道家修养和墨家情怀游说诸侯，反对战争，希望天下太平。

《荀子·非十二子》则将宋钘归于墨家：

> 不知壹天下、建国家之权称，上功用，大俭约而僈差等，……
> 是墨翟、宋钘也。

《荀子·正论》也说："率其群徒，辨其谈说，明其譬称，将使人知情之欲寡也。"因为宋钘知道，战争的源头是人的欲望太多，所以宋钘继承道家去奢去欲的思想，劝诫君主寡欲。

大体上说，宋钘是由墨家归来的道家，两家思想融合，所以班固既不把宋钘放在道家，也不把宋钘放在墨家，而是干脆将其放到小说家里，并自注："其言黄老意"（《汉书·艺文志》），但承认其属于黄老学派。其民本思想与非功思想与道家都是吻合的，属于道家禁欲主义者。

宋钘与尹文俱游稷下，尹文应是宋钘的学生辈，由道入名法。

6. 尹文（兼名法，此处略）

其三，彭蒙、慎到、田骈一支：以道论法。

7. 彭蒙：贵齐之道

彭蒙（约公元前 380—前 310 年），战国时期齐国人，哲学家。曾

---

① 转引自郭沫若《十批判书》，东方出版社 1996 年版，第 144 页。

游学稷下，为稷下学宫早期道者，是田骈的老师，也是慎到的师辈。他是较早传老子杨朱道家思想于稷下的主要人物之一，对齐法家的形成影响很大，直接影响了慎到、田骈。成玄英《庄子注疏》说："齐之隐士，游稷下。"彭蒙论述了"道"与"法"的关系，认为"圣法者，自理出也"（《尹文子·大道下》），体现了黄老学派的"道生法"思想，所以彭蒙属于黄老道家。郭沫若说，"彭蒙之师或者也就是杨朱的弟子"①，即彭蒙出自杨朱。没有著作，《汉书·艺文志》不著录。

《庄子·天下》记载：

> 田骈亦然，学于彭蒙，得不教焉。彭蒙之师曰："古之道人，至于莫之是、莫之非而已矣。其风窢然，恶可而言？"

彭蒙深得道家不言之教，这个不言之教是什么呢？其实就是"齐万物以为首"（《庄子·天下》），可见其是一个与庄子思想相近的人。《吕氏春秋·审分览·不二》中的"陈骈贵齐"，其实"贵齐"这块招牌应属田骈的老师彭蒙，只是彭蒙是一个得道高人，述而不作，人们就把贵齐思想归于田骈了。慎到、田骈的"贵齐"思想传自彭蒙无疑。相比较起来，彭蒙道家色彩浓厚，弟子田骈则法家倾向明显。彭蒙执守大道，而慎到、田骈尚法，故离道家愈来愈远了，但坚守"贵齐"。所以，《庄子·天下》把彭蒙、慎到、田骈列为道家贵齐一派，而荀子则将慎到、田骈归于尚法一派；前者把彭蒙、慎到、田骈视为道家，而后者则把慎到、田骈视为法家，因而没有列入彭蒙。彭蒙与慎到、田骈都"贵齐"，不过，彭蒙是指齐于大道，而慎到、田骈则齐于法数。因此，从彭蒙到慎到、田骈的思想发展，可以看出道家无为思想向法家法治思想转变的轨迹。

彭蒙思想不仅影响了慎到、田骈，还影响了尹文。《尹文子》里有一些关于彭蒙言论的记载，说明尹文接受了彭蒙的影响。例如：

> 彭蒙曰："雉兔在野，众人逐之，分未定也；鸡豕满市，莫有

---

① 郭沫若：《十批判书》，东方出版社1996年版，第147—148页。

志者，分定故也。物奢则仁智相屈，分定则贪鄙不争。"（《尹文子·大道下》）

尹文认为："名定则物不竞，分明则私不行。"（《尹文子·大道下》）可见，尹文的名分思想受到了彭蒙的影响。甚至《商君书》里百人逐兔的类似记载可能也是出自彭蒙。可见，彭蒙对法家思想的形成起到了很大作用，只是由于其坚持不言之教，所以没有留下著作，不能窥见其思想全貌，这不能不说是一件憾事，但也说明其可能是一位真得道者，超然世俗之外的高人。

道家的传统是"不仕""不言"的无为精神，可是不言比不仕更难做到。老子不言不仕，辞官西去时所幸被关尹强迫留下"五千言"，成为中华民族的思想财富。庄子不仕，相国之职也不稀罕，游世独立，但还没有做到不言，因而留下独与天地精神相通的《庄子》。稷下黄老学者保持道家不仕的传统，但拿人俸禄，不能不言，所以"不治而议论"，著书立说，留下了丰富的文化遗产。与之相反，儒家传统"学而优则仕"（《论语·子张篇》），所以儒者积极有为，读书就是为了做官，治国平天下。不仕意味着学术与政治分开，那些一心想做官的人难以做大学问。孔子、孟子、荀子都是在治国抱负得不到施展时著书立说，开创了儒家之学。这也印证了孟子所说鱼与熊掌"二者不可得兼"（《孟子·告子上》）的道理吧。朱熹也说过："著书者，是不见用之人也。"（《朱子语类》卷第一百三十七　战国汉唐诸子）把做官和做学问都做得很好的人，古今中外都很少见。所以，道者追求立言，儒者追求立功，法者追求立制。道、儒、法相互争鸣，无为与有为相结合，是中华文化的精髓所在。

8. 慎到（兼法家，此处略）

9. 田骈（兼法家，此处略）

彭蒙、慎到、田骈这一支，是稷下由道入法的主要一支，以道论法，对齐法家思想形成贡献最大。

（三）名家：兒说、田巴

名家介于道家和法家之间，特别与法家关系密切。老子说："无名天地之始；有名万物之母。"（《老子》第一章）其指出了道与名的关系，无名即道，有名名实。郭沫若认为名家是"由道出发的名辩一派"①。名家的形名学说又为法家所吸收，循名责实，谓之法治。所以稷下道、名、法学说有着密切关系，尹文更是将三者合为一体。

名家有两类：一类是名实之辩，从这一派发展出循名责实的法家；另一类是名名之辩，从这一派发展出关于概念推理的逻辑学。名实（名形）之辩，通过辩明概念与其指称的对象之间的关系，意在正名，是认识和协调事物的重要方法；名名之辩，是脱离实际的抽象的诡辩，从概念到概念，玩弄文字游戏，曲折服务于特定目的，但也推动了逻辑学的发展。当然，这两类名辩也不是截然分开的。稷下名家有尹文、兒说、田巴等。尹文属于名实之辩，在概念与事物之间搭起连接，对法家的形成起了重要推动作用；兒说、田巴属于名名之辩，从抽象到抽象，推动逻辑思辨的发展。

兒说的名家思想对尹文名法思想的形成显然也有影响。尹文吸收了稷下名家概念辨析的方法，对名法的逻辑分类提出了一种新的说法"名有三科，法有四呈"（《尹文子·大道上》），尹文常将名法相提并论，可以说是最早对法律分类进行研究的人。

1. 兒说：白马非马

兒说（公元前375—前130），宋国人，游学于稷下，为稷下名家学者，以善于论辩闻名。"辩"与"说"同义，又作"儿辩""貌辩"，据郭沫若考察为同一人，因其久居齐国，所以又有"齐貌辩"之称。《韩非子·外储说左上》中载"兒说，宋人，善辩者也，持'白马非马也'，服齐稷下之辩者"。《战国策·齐策一》亦载"齐貌辨见宣王"，可见为齐宣王时人，先公孙龙。著名的"白马非马"说可能源自兒说，后为公孙龙所继承发挥。无书留下，《汉书·艺文志》不著录。

《战国策·齐策一》中载"齐貌辨之为人也多疵"，多疵就是指巧辩。齐宣王做太子时与其异母弟靖郭君田婴不和，两者剑拔弩张。齐宣王即位后，靖郭君逃到了封地薛。兒说冒死劝齐宣王与靖郭君言和，一番言辞打动了齐宣王，"宣王自迎靖郭君于郊，望之而泣。靖郭君至，因请相之"。

---

① 郭沫若：《十批判书》，东方出版社1996年版，第147页。

《淮南子·人间训》亦载"夫兒说之巧，于闭结无不解。非能闭结而尽解之也，不解不可解也"。也就是说，兒说善辩，其思想显然受庄子无是无非的齐万物思想影响，掌握了大道，游戏人间，所以还有什么闭结解不开的呢？当然，这是思想上的闭结，可以不解解之，回到现实生活中，恐怕就不是那么一回事了。举例说，吃饭是要有粮食的，无米能做饭吗？骑马过关是要交税的，兒说在自己的观念世界里可以白马非马不交税而过关，可是回到现实世界里他不交税能过得了关卡吗？

《韩非子·外储说左上》中记载，兒说"乘白马而过关，则顾白马之赋"。兒说曾骑着白马过关，按规定，马匹过关要交马税。兒说不想交税，或许是逞能，或许是没带钱，便夸夸其谈地辩说，"白马非马也"。可是他这次遇到的是比稷下学士固执的对手——只认钱的关吏，无论他怎么诡辩，不交税就是不给放行。韩非子因而评论道："故籍之虚辞，则能胜一国；考实按形，不能谩于一人。"韩非作为法家，讲究形名相符，循名责实，反对空谈概念，脱离现实，所以他批评兒说虽然辩才无人能敌，然而只要将其言说与实际相稽核，则骗不了一人。

2. 田巴：离兼白同异

田巴（约公元前340—前260年），齐国辩士。相传其辩于徂丘，议于稷下，无人能敌。据《太平御览·鲁连子》中记载，田巴"离坚白，合同异，一日而服千人"。由此可知，田巴可能是名家"离坚白，合同异"的首创者，后为公孙龙所发挥。无书留下，《汉书·艺文志》不著录。

田巴曾与儒家鲁仲连展开论辩，鲁仲连抓住其学说玩空谈概念的缺点，"夫危不能为安，亡不能为存"（《太平御览·鲁连子》），将田巴一举击败。田巴遂易业改行，不复辩论。田巴与鲁仲连的名、儒之辩，也从一个侧面反映了稷下学宫百家争鸣的场景。那是一个神奇的时代，中国文化的先知们，不管谁对谁错，思想可以自由交锋，创造了中国古代文化的多元和繁荣。

（四）阴阳家：邹衍、邹奭

阴阳家观天地四时，掌日月星辰，而究人事兴衰之理，有点类似于今天的天文学。稷下阴阳家有邹忌、邹奭，两人齐名，时人称赞："谈天衍，雕龙奭。"（《史记·孟子荀卿列传》）

《史记·太史公自序》中记载："《易》著天地阴阳四时五行，故长于变。"故阴阳，五行观点最早由《周易》提出。《易经·系辞上》说："一阴一阳之谓道，继之者善也，成之者性也。"即把阴阳和道等同。老子说："万物负阴而抱阳。"（《老子》第四十二章）道寓于阴阳之中。可见，阴阳家与道家较接近，解释世界的起源与变化，盖源自《易》。

阴阳家对齐法家影响不大，可能与阴阳家形成较晚有关。笔者突发奇想，其实用老子的阴阳思想也可以很好地阐释道法结合，道为阴，法为阳，老子贵阴，所以道主宰法，因道循法，完全可以说得过去。可能没有人这么阐发道法结合的思想。

阴阳家对汉初的大儒董仲舒产生了很大的影响，董仲舒运用阴阳学说改造荀子礼法思想。不同于道家，董仲舒贵阳，提出了"阳德阴刑"学说，认为"刑者德之辅，阴者阳之助也"（《春秋繁露·基义》），进一步促进了儒法结合，成为中国封建社会正统法律思想的特征。

1. 邹衍：五德终始与瀛海九州

邹衍（公元前330—前250年，一说约公元前324—前250年），又作驺衍，战国中期齐国人，阴阳家代表人物、五行说创始人，曾为燕昭王师。主要学说是大九州说和五德终始说，因他"尽言天事"，时人称他"谈天衍"，尊称邹子。

邹衍著述颇丰，但已亡佚。《史记·孟子荀卿列传》中载："深观阴阳消息而作怪迂之变，终始、大圣之篇十余万言。"《汉书·艺文志》阴阳家类著录：《邹子》四十九篇。已佚，有马国翰辑佚本。又录：《邹子终始》五十六篇。已佚。

邹子以五德循环终始之论显名于诸侯。邹衍认为，天地有土、木、金、火、水五行，五行运转支配着自然界和人类社会，人类社会都是按照五德（即五行之德）转移的次序进行循环的。土德后，木德继之；金德次之；火德次之；水德次之。"五德转移，治各有宜。"（《史记·孟子荀卿列传》）所以历史上每一王朝的兴替都体现了一种必然性。邹衍首次提出历史循环说来解释朝代兴替，故为有争霸野心的诸侯所利用。

邹衍认为天下有大九州，儒者所谓中国者，只是天下大九州之一。

大九州不是儒家所说的中国之内的小九州。"中国外如赤县神州者九，乃所谓九州也。于是有裨海环之，人民禽兽莫能相通者，如一区中者，乃为一州。"（《史记·孟子荀卿列传》）这样的大州有九个，每个都有大瀛海环绕其外，直到天地之际。

大九州说使中国人第一次有了世界视野，中国不过是大九州之一而已。除了没说地区是圆的之外，大九州说与今天的地球七大洲说颇相似，足见邹衍具有超人的地理知识，这在当时没有航海大发现的情况下是相当令人惊奇的天才设想。相形之下，当时中原人的中国—四夷天下观则显得很渺小，有井底之蛙之感。西方更是直到 1492 年哥伦布发现新大陆，才知道大洋彼岸的美洲。邹衍的九州说可见是多么地超前。

2. 邹奭：谈天说地

邹奭（约公元前 295—前 230 年），齐人，阴阳家，人称"雕龙奭"（《史记·孟子荀卿列传》）。与邹忌、邹衍并称三邹子，晚于邹衍。

《史记·孟子荀卿列传》中载："驺奭者，齐诸驺子，亦颇采驺衍之术以纪文。"可见，邹奭是邹衍学术的传承者，可能是邹衍弟子，谈天说地，更加以发挥。《汉书·艺文志》阴阳家类著录：《邹奭子》十二篇。今已亡佚。

（五）儒家：颜斶、鲁仲连、荀子

稷下儒家受黄老思想影响，已不同于孟子醇儒，具有融合性的特征，从儒道融合到儒法融合，既坚持仁义，又不否认功利，走向儒家现实派。代表人物有颜斶、鲁仲连、荀子等。荀子是稷下最后一位大师，稷下学的集大成者。

稷下学由黄老道家发展到道法结合，最后走向儒法结合。

1. 颜斶：士贵于王

颜斶（约公元前 350—前 280 年），齐国人，齐宣王时游于稷下，齐湣王时退隐不仕，曾面谏齐宣王尊贤贵士。无书留下，《汉书·艺文志》不著录。

《战国策·齐策四》记载了颜斶在齐王面前保持士的尊严的故事：

齐宣王见颜斶，曰："斶前！"斶亦曰："王前！"宣王不

悦。……王忿然作色曰："王者贵乎？士贵乎？"对曰："士贵耳，
王者不贵。"

颜斶受孟子影响很大，在王者面前保持儒家风骨，认为士贵于王，
并历数故圣王尊贤重士的故事佐证："是以尧有九佐，舜有七友，禹有
五丞，汤有三辅，自古及今而能虚成名于天下者，无有。"同时，又引
老子言加以论证："虽贵，必以贱为本；虽高，必以下为基。是以侯王
称孤寡不谷。"齐宣王采纳了颜斶贵士的主张。可见，颜斶为儒家，同
时也吸收了道家思想。

齐湣王时，不听谏言，颜斶（王蠋，似为同一人）退居乡野。《史
记·田单列传》记载：

王蠋曰："忠臣不事二君，贞女不更二夫。齐王不听吾谏，故
退而耕于野。国既破亡，吾不能存，……"遂经其颈于树枝，自奋
绝脰而死。

燕军伐齐时，逼迫颜斶领兵反齐，颜斶不肯卖国求荣，遂自杀殉
国。可见，颜斶具有儒家的忠君思想。

颜斶同时也有道家的不仕思想，他隐居乡野，怡然自乐。他曾对齐
宣王（或为齐湣王误）说：

斶愿得归，晚食以当肉，安步以当车，无罪以当贵，清静贞正
以自虞。(《战国策·齐策四》)

因此，颜斶一方面继承了孟子贤人治国的思想，谏言齐王重用贤
人；另一方面颜斶不同于孟子，他不愿意为官，这显然受了道家无为不
仕思想的影响。可见，颜斶的思想是儒道融合。

2. 鲁仲连：义利兼顾

鲁仲连（约公元前305—前245年），又作鲁连，尊称"鲁仲连子"
或"鲁连子"，齐国人，稷下学宫后期先生。主张合纵抗秦，解了邯郸
之围，曾助田单复国，修书劝降聊城燕军守将而令其自杀，功成归隐东

海。鲁仲连为儒家现实派，其思想受到道家、法家的影响，义利兼顾，与孟子醇儒不同，具有融合性的特征。《汉书·艺文志》儒家类著录：《鲁仲连子》十四篇。书已佚，有马国翰辑佚本一卷。

司马迁在《史记·鲁仲连邹阳列传》中评价鲁仲连，"轻爵禄，乐肆志"，"不肯仕宦任职，好持高节"。鲁仲连游说诸侯建功立业后，不受封、不领赏，淡然拂袖而去。"吾与富贵而诎于人，宁贫贱而轻世肆志焉。"可见鲁仲连亦有稷下道家不仕之风骨。

《史记·鲁仲连邹阳列传》记载了鲁仲连劝魏义不帝秦，而要助赵抗秦，最后迫使秦国退兵的故事。鲁仲连对晋国使者新垣衍说：

> 彼秦者，弃礼义而上首功之国也，权使其士，虏使其民。

从鲁仲连批判秦国重利轻义、对外扩张来看，他是反对秦国法家政策的，体现了鲁仲连的儒家立场。新垣衍说："先生恶能使梁助之？"鲁连曰：

> 梁未睹秦称帝之害故也。使梁睹秦称帝之害，则必助赵矣。

鲁仲连以史为鉴，细数各国帝秦的害处，将沦为臣虏、奴仆，甚至不得好死："且秦无已而帝，则且变易诸侯之大臣。彼将夺其所不肖而与其所贤，夺其所憎而与其所爱。彼又将使其子女谗妾为诸侯妃姬。"这些话击中了帝秦派的要害，从而使帝秦派放弃了苟且偷安的幻想，转变态度，联合抗秦。

从鲁仲连辩说抗秦的逻辑看，义利兼顾，站在儒家仁义的立场反对秦国侵略，同时采用了法家的利害分析方法劝说抗击秦国，而不是单纯的礼义说教，说明鲁仲连也具有功利思想。可见，鲁仲连的思想已反映了稷下学宫后期儒法相互融合的趋势，而这一趋势最终由荀子在理论上加以完成。

3. 荀况（此处略）：隆礼重法

4. 儒兵家《司马法》：以战止战

最后谈一谈兵家，兵家有儒兵家、道兵家和兵法家。儒家和道家总体立场上都是反战的，但立论不同，因此对战争的态度也有所不同。道家从大道无为出发，认为"夫兵者，不祥之器，物或恶之，故有道者不处"（《老子》第三十一章），因而一概反战，只认可备战，反对主动挑起战争，只能"不得已而用之"（《老子》第三十一章）。即便是防御战争也应适可而止，而且即使战胜了也不要庆祝，"胜而不美，……战胜以丧礼处之"（《老子》第三十一章）。儒家从仁义出发，反对不义战争，但对正义战争是积极赞成的，故提出"以战止战，虽战可也"（《司马法·仁本》），也就是说可以先发制人，在一定条件下可以主动发起战争。

《司马法》主要为兵礼之书而非兵法之书。《汉书·艺文志》将其列入"礼"类书目："入《司马法》一家，百五十五篇。"《隋书·经籍志》将其列入兵家："《司马兵法》三卷齐将司马穰苴撰。"清《四库全书》著录《司马法》一卷，入子部兵家。

据《史记·司马穰苴列传》记载，"齐威王使大夫追论古者《司马兵法》而附穰苴于其中，因号曰《司马穰苴兵法》"，即流传到今天的《司马法》一书。该书应为齐威王时稷下具有兵家思想的儒家集体编纂，托名姜齐名将司马穰苴，具体作者不可考。

《司马法》主张"以仁为本"的慎战思想。《司马法·仁本》说：

> 国虽大，好战必亡；天下虽安，忘战必危。

这话说得非常好，既不能好战，又要备战。国家生存之道，寓于对战争的常备不懈之中。"诸侯春振旅，秋治兵，所以不忘战也。"

《司马法》虽然反对不义战争，但同时认为，为了实现仁义，可以权衡采取战争的手段：

> 是故杀人安人，杀之可也；攻其国爱其民，攻之可也；以战止战，虽战可也。（《司马法·仁本》）

并具体提出了九种情况下，可以发兵征伐，即儒家九伐之法：

凭弱犯寡则眚之，贼贤害民则伐之，暴内陵外则坛之，野荒民散则削之，负固不服则侵之，贼杀其亲则正之，放弑其君则残之，犯令陵政则杜之，外内乱，禽兽行，则灭之。(《司马法·仁本》)

这九伐之法，若能做到严格遵行固然不错，但也可能被野心家所利用，寻找战争借口。因为发动战争者没有谁会说自己是不义战争，所以总要找一个冠冕堂皇的借口，甚至不惜制造事端。从这个角度来说，稷下道家慎战，主张尽量以和平手段解决争端，则是可取的。

三　稷下学宫百家争鸣的典型案例

到了战国中期，随着诸侯之间兼并战争日益激烈，诸子百家的论争也达到了巅峰。伴随着瓦釜雷鸣，各种救世安民的百家学说相互竞争，相互吸收，达到了空前的繁荣状态，也是中国学术最为自由的时代。

稷下学宫是战国中期百家争鸣的大本营，堪称这一时代的文化代表。由于稷下学宫奉行学术自由政策，凡到稷下学宫的文人学者，无论其学术派别、思想观点、政治倾向，都可以自由发表自己的学术见解，并受到优厚待遇。"皆次列第为上大夫，不治而议论。"这使得稷下学宫学派林立，相互辩论，成为战国"百家争鸣"的主场所。

稷下学宫辩论的方式是定期举行辩论会即"期会"，刘向《别录》说："齐有稷门，城门也，谈说之士期会于稷下。"期会采取演讲或辩论的方式，邀请名家为稷下学士演说。孟子与稷下先生也多有人性论辩（后文单述），不过场所不一定在稷下。稷下学宫有据可查的辩论也是有的，如名家的兒说为稷下辩士，以善辩著称。据《韩非子·外储说左上》记载，"兒说，宋人，善辩者也，持白马非马也，服齐稷下之辩者"。可见兒说在稷下发表过辩论，演说"白马非马"，使对手折服。下面列举几个对稷下学发展有重要影响的著名论辩。

（一）季真与接子的有无之辩

道家内部季真与接子关于"莫为"与"或使"之辩是非常重要的道家哲学论辩。据《庄子集释》成玄英疏："季真接子，并齐之贤人，俱游稷下，……季真以无为为道，接子谓道有使物之功，各执一家，未为通论。"

《庄子·则阳》云：

> 少知曰："季真之莫为，接子之或使。二家之议，孰正于其情，孰偏于其理？"大公调曰："……或之使，莫之为，未免于物而终以为过。或使则实，莫为则虚。……道物之极，言默不足以载；非言非默，议有所极。"

无为与有为的关系历来是道家哲学颇有争议的一个核心命题，莫为与或使之争实际上就是讨论无为与有为的关系。《庄子·则阳》借大公调之口阐述了无为与有为的玄妙关系："道不可有，有不可无。"无为与有为不可割裂，二者相辅相成。

其实，对此问题，老子已给出答案："道常无为而无不为。"（《老子》第三十七章）然而话虽这么说，尺度可不好把握，所以争议不断。季真持"莫为"说，言老子"无为"之意，反对人为；接子持"或使"说，言老子"无不为"之意，给"无为"的道性添加了"有为"的色彩。然而，季真与接子各执一端，非此即彼，则是错误理解了大道的。不过，接子的"或使"说是将思辨道学引向实用领域的重要桥梁，对老子道学向黄老学的发展，以及稷下学宫后期的荀子等人强调人为的思想显然产生了积极影响。

（二）宋钘与彭蒙、田骈等人的人治法治之争

宋钘赞成人治，彭蒙赞成法治。一次，田骈、宋钘、彭蒙等人在稷下学宫读书，讨论起尧时太平的原因。《尹文子·大道下》记载：

> 彭蒙曰："子之乱名甚矣。圣人者，自己出也；圣法者，自理出也。……故圣人之治，独治者也。圣法之治，则无不治矣。……"宋子犹惑。质于田子。田子曰："蒙之言然。"

这是稷下学术史上关于人治与法治之争的一场精彩辩论，彭蒙把法治的优越性说透了，体现了黄老道家"道生法"的思想，对田骈、尹文法治思想的形成产生了重要影响。

儒家的孔子认为，德治优于法治。"道之以政，齐之以刑，民免而无耻。道之以德，齐之以礼，有耻且格。"（《论语·为政》）法律的强制作用只能使人格降低，道德的教化作用能使人提高修养。彭蒙认为，法治优于人治。法治出自理性，人治出于个人之见，个人之见具有主观性，不等于客观理性，所以人治是独治，不能治理好国家，只有法治才能实现大治。可见彭蒙以道论法，强调法治是理性的事业，优于一人之治。宋钘在人治法治问题上，犹豫不决，听了彭蒙的话还有疑问，又跑去问田骈，田骈赞成法治。尹文一方面主张法治，同时认为法治也离不开贤人。通过人治法治之争，田骈、尹文等更加转向法治。

人治与法治之争是儒家与法家治国方式的分野。儒家从性善论出发，主张人治，由内而外，强调道德教化的引导作用；法家从功利人性论出发，主张法治，由外而内，强调法律规则的规制作用。黄老道家则更进一步，要求法治之法必须合乎大道。儒家人治是主观主义，治国寄托于圣人；法家和道家都是讲客观主义，治国寄托于规则，所以道法结盟有其必然性。

（三）鲁仲连与田巴的虚实之争

据《太平御览·鲁连子》记载，鲁仲连曾与名家田巴展开过著名的论辩：

> 齐之辩者田巴，辩于狙丘，议于稷下，毁五帝，罪三王，訾五伯，离坚白，合同异，一日而服千人。

田巴是稷下名家人物，以善辩著称。在稷下学宫的论辩会上，善于运用名家"坚白同异"的概念思辨，批判儒家名教，"毁五帝，罪三王"，狠狠打击了儒家（其反儒思想为稷下后学韩非所继承），常常赢得听众喝彩，"一日而服千人"。身为儒家后生的鲁仲连对田巴批判儒家圣贤学说非常不服，挺身而出，主动与其约战——进行一次公开论辩。田巴一开始没有把这位年轻后生（"年十二"可能有误）放在眼里，让鲁仲连先说。鲁仲连一上来就是一连串追问：如何退兵，如何卫国，等等。并指责田巴夸夸其谈、言而无用：

先生之言有似枭鸣，出声而人恶之。愿先生之勿复谈也。

田巴被鲁仲连问得哑口无言，无法回答。原来田巴只是擅长概念思辨，空谈务虚，却不善于解决实际问题。聊城燕军未退，鲁仲连问其退敌之策，这可不是逻辑思辨的问题，田巴自然回答不上来，当众出丑。鲁仲连批其学说"夫危不能为安，亡不能为存"，空虚无用，击中了田巴的要害，田巴从此闭口改行，"终身不复谈"。而鲁仲连则修书一封，派人射进聊城，劝燕军守将投降。守将见书后寻思再三，觉得无路可走，选择自杀，真可谓一张纸抵百万兵，收复了聊城。鲁仲连的信并未讲大道理，开篇就说"吾闻之，智者不倍时而弃利"，分析形势和利害关系，指出燕将只有率军退回燕国或投降齐国两条路可选，否则必全军覆没，身败名裂，识时务者为俊杰，不做无谓牺牲而成就大义。可见，鲁仲连并非醇儒，而非常务实，吸收了法家的功利思想，属于儒家现实派，对荀子的儒法结合思想形成产生了影响。

（四）孟子与法家的人性论辩（电视剧模拟）

电视剧《大秦帝国》有一个片段生动地演绎了稷下学宫的百家争鸣，重点是孟子与商鞅的人性论辩，反映了儒家与法家的根本冲突，非常精彩。论战发生于著名的稷下学宫，电视剧的场景是从列国赶来的学者、士子以及齐威王、孟子、慎到、杨朱、卫鞅、申不害进入稷下学宫的论战会场打开。台词如下：

孟轲：人性本善，自有法、墨、兵三家而沦丧，不亦悲乎！

……

卫鞅：恶，人之本性。因人性有恶，才有法度。天下人生而好利，才有财货土地之争夺；生而贪欲，才有盗贼暴力与杀戮；生而有奢望，才有声色犬马。人性之恶，必以律法而后正。[①]

虽然这场论辩场景台词是电视剧的杜撰，无历史记载可考，儒法道

① 新大秦帝国商鞅战孟轲台词，http://blog.sina.com.cn/s/blog_5f9dad5f0100fx8h.html。

有关著名代表人物也不可能这么齐聚一堂，所以并非历史事实，但仍然有文学价值，即艺术地再现了百家争鸣的学术盛况。慎到是稷下先生无疑；申不害是不是稷下先生无史料记载，但申不害本学黄老，有可能到过稷下；商鞅是否到过稷下则不可知，且可能性很小，因为商鞅受名家影响较大，而受黄老影响较小。但孟子与稷下学者多有交往和学术争辩则是实有其事，尤其关于人性论的论辩，双方各执己见，针锋相对，互不相让，是真实的历史，有据可查。尽管电视剧关于商鞅与孟子的论战是虚构的，但其时西方晋秦法家的功利主义法治思想随着学术传播和交流，对东方齐鲁大地的儒家和黄老学派都产生了影响则是毫无疑问的。儒家的德治与法家的法治相结合形成了后来的荀学；道家无为主义与法家法治主义相结合则产生了齐法家。

四　孟子与稷下先生的人性论辩

所谓稷下学宫的百家争鸣主要在儒家、道家、法家之间展开，其中人性问题是争论的焦点。上文提到孟子与商鞅的人性论辩是电视剧虚构的，但围绕着人性与治国问题，以孟子为代表的儒家与以黄老学派为主流的稷下先生进行了数次激烈的辩论，则是历史事实。当然争论的场所不局限于稷下学宫，争论的形式也不局限于面对面的辩论，有的是在文章之中。在争论中，儒家的孟子提出性善论，主张人治德治；道、法两家反对儒家的性善论，主张法治，走向结合。这种争论贯穿稷下学宫的始终，直到稷下学宫后期还有回声，同为儒家的荀子也大批孟子的性善论而向道法两家靠近。

（一）孟子是稷下先生吗？

孟子（约公元前372—前289年），名轲，战国中期邹国（今山东邹县）人，儒家继孔子之后的杰出代表，后世常将其与孔子思想并称"孔孟之道"。孟子继承了孔子的仁学思想，并从理论上加以阐释，形成独具特色的仁政思想，极大地发挥了孔子学说的理想主义成分。现存《孟子》一书，是孟子思想的集中体现。孟子的出生之时距孔子之死（公元前479年）大约百年。孟子的生平和孔子很相似，都是贵族的后裔，平民出身，幼年丧父，一生所走的道路都是求学、教书、周游列国。

孔子之后，弟子各传其道，形成了不同的孔门支派。子夏在孔子殁后，居于魏之西河收徒讲学，成为一个关注政治现实的子夏学派，并孕育出了晋秦法家，也是荀子学派的源头。曾参则居于鲁国洙、泗之间，以孔子"吾道一以贯之"（《论语·里仁》）为使命，"吾日三省吾身"（《论语·学而》），发展了孔子注重内省体察的思想，形成极度重视个人修养的曾子学派，此即谓"洙泗之学"，为孔门正宗。据《史记·孟子荀卿列传》说，孟子"受业孔伋之门人"，而孔伋（子思，孔子的孙子）是曾子的弟子。孟子是曾子的再传弟子，是战国中期儒家思想的杰出传人。荀子将子思与孟子归于一派，后人称"思孟学派"，将孔子学说发扬光大。

孟子学成儒术以后，以士的身份游说诸侯，想要推行自己的政治主张。孟子到过齐国、梁国（魏国）、宋国、滕国、鲁国等诸侯国，虽受礼遇却不被重用。当时各诸侯国都致力于富国强兵，对外扩张争霸。孟子的仁政学说被认为是"迂远而阔于事情"（《史记·孟子荀卿列传》），没有得到诸侯采纳。最后退居家乡讲学，和他的学生万章等人一起，"序《诗》《书》，述仲尼之意，作《孟子》七篇"（《史记·孟子荀卿列传》）。

孟子是稷下先生吗？《盐铁论·论儒》视孟子为稷下先生。"齐宣王褒儒尊学，孟轲、淳于髡之徒受上大夫之禄，不任职而论国事。盖齐稷下先生千有余人。"现代学者钱穆先生认为这段史料不可靠，他认为孟子"不列稷下"[1]，当代学者白奚赞成钱穆的观点，但也有学者不同意钱穆的观点，认为孟子是稷下先生。

不过，从孟子本人的志向来看，孟子不愿做一个仅仅"不治而议论"的稷下先生，因而离开了齐国，孟子不应算是稷下先生；再说，孟子与稷下先生淳于髡等政见不同，也不愿留在稷下。准确来说，孟子曾短暂接受过稷下先生的礼遇，旋即辞去。孟子到齐国就是为了求仕的，以施展自己的治国抱负，齐宣王也以客卿之礼待之，为什么又要离去呢？

《孟子·公孙丑下》记载了孟子去齐的故事。孟子离开齐国的时

---

[1]　参见钱穆《先秦诸子系年·孟子不列稷下考》。

候，走得不是斩钉截铁，而是恋恋不舍。齐人尹士说，不远千里跑来见齐王，得不到重用而离去，住了三晚才离开昼地，为何如此迟滞呀？孟子听后说，这个尹士哪里懂得我呀？千里求见王，是我想要做的；得不到任用而离去，难道也是我想要的吗？我在昼地住了三晚才离开，我心里还是觉得走早了点。我多么期待齐王会改变主意，他改了主意后，一定会来找我回去。我离开昼地以后，齐王没有派人来追，我就坚定地决意回去。虽然是我自己离去了，但哪里是我舍弃了齐王？是齐王不用我。我只是想有机会能实现自己的理想。我哪里像有些小人那样得不到重用就怀恨其君，离开时就拼命跑得远远的。因而孟子再次表达了自己的远大志向和期待：

> 王如用予，则岂徒齐民安，天下之民举安。王庶几改之，予日望之。（《孟子·公孙丑下》）

孟子到齐国见齐宣王是想推广自己的仁政主张，然而却得不到齐宣王的重用。孟子想离开齐国，齐宣王挽留孟子，打算把孟子养起来，"我欲中国而授孟子室，养弟子以万钟，使诸大夫国人皆有所矜式"（《孟子·公孙丑下》）。孟子不愿做空发议论的稷下先生，更不愿像宠物一样被君主养起来，既然自己的志向无所施展，那么还是决定离开齐国。但孟子在离开齐国的时候，还是有一些不舍，一步三回头，"三宿而出昼"。为什么舍不得离开呢？孟子不是留恋荣华富贵，而是希望齐宣王能改变心意重用他，让他有施展抱负的机会。孟子给齐王留了时间，而齐王并没有派人来追，孟子心里非常郁闷，遂决意离去。孟子对弟子解释了自己心情郁闷的原因：

> 五百年必有王者兴，其间必有名世者。……夫天，未欲平治天下也；如欲平治天下，当今之世，舍我其谁也？吾何为不豫哉？（《孟子·公孙丑下》）

可见，孟子有治国平天下之志，却得不到重用，离开了齐国，退而著书立说。

不过在离开齐国之前，孟子曾接受齐宣王的聘请。孟子赴齐后，齐宣王给了孟子很高的待遇。这在《孟子·滕文公下》一书有记载：

> 彭更问曰："后车数十乘，从者数百人，以传食于诸侯，不以泰乎？"
>
> 孟子曰："非其道，则一箪食不可受于人；如其道，则舜受尧之天下，不以为泰，子以为泰乎？"
>
> 曰："否。士无事而食，不可也。"

"后车数十乘，从者数百人"，这段对话不仅表明孟子曾短暂做过齐国稷下先生，相当于齐宣王的国事顾问，受到齐王礼遇，但也表明孟子不愿被当作花瓶作为摆设，不想"无事而食"，更不想辜负自己的满腹经纶和远大志向，所以旋即辞去大夫之职。我们知道，儒家有"学而优则仕"的传统和"治国平天下"的情怀，所以自视甚高的孟子不甘做"不治而议论"的稷下先生。既然孟子心里不愿接受这一虚职，又为什么短暂接受齐王礼遇呢？是因为对齐王还有所期待，期待得到施展抱负的机会，但当期待落空，孟子就毅然离去。

总之，我们认为孟子不能算作稷下先生，但可以说是到过稷下的非稷下先生。孟子多次到齐国，与稷下先生多有交往，也应曾到稷下学宫讲学，所以他的思想对稷下学的发展产生了重要影响，但主要是作为稷下学批判对象而非主流。孟子曾与稷下先生展开了激烈的学术论辩。孟子与稷下先生的论辩有两大主题——人性论与治国论，而治国论又以人性论为基础，故辩论的重点是人性论及义利观。人性论是儒法两家的分野之所在，观点针锋相对。

（二）孟子的儒家理想主义

不同于子夏（还有后来的荀子）的儒家现实主义，孟子发展了儒家理想主义。儒家理想主义以性善论为基础，以德教为主要政治措施，以贤人治国为主要方式，追求仁政。孔子没有明确提出性善论，而孟子鲜明主张性善论。性善论是孟子学说的理论基础和出发点，仁政是归宿，德教是途径。性善论在孟子学说中占据重要地位，他通过与告子的论辩来展开其论述。告子认为人性无善无恶，环境使之向善或向恶，因而仁义不能说是人的本性。

1. 孟子主张性善论

孟子明确提出人性善："人性之善也，犹水之就下也。人无有不善，水无有不下。"（《孟子·告子上》）每个人的功能器官所起的作用都是没有差别的，人的心也是一样，同于善："口之于味也，有同耆焉；耳之于声也，有同听焉；目之于色也，有同美焉。至于心，独无所同然乎？心之所同然者何也？谓理也，义也。"（《孟子·告子上》）

孟子经常将人性与兽性相对比，认为人性善是人区别于动物的根本特征："人之有道也；饱食、暖衣、逸居而无教，则近于禽兽。"（《孟子·滕文公上》）又说，"无父无君，是禽兽也"（《孟子·滕文公下》）。

孟子认为人性的善源于人性的四个善端。孟子以孺子落井为例论证人皆有恻隐之心。"今人乍见孺子将入于井，皆有怵惕恻隐之心。"（《孟子·公孙丑上》）孟子认为，这种恻隐之心是一种自然自发的情感，未掺入任何后天因素的杂质，充分体现了人的善良本性。由此，孟子提出了著名的四心说：人有恻隐之心、羞恶之心、辞让之心、是非之心。这四心乃是人性的发端：

> 恻隐之心，仁之端也；羞恶之心，义之端也；辞让之心，礼之端也；是非之心，智之端也。（《孟子·公孙丑上》）

孟子将恻隐之心视为最基本的善心，继而有羞恶之心、辞让之心和是非之心，此四心分别是仁义礼智的发端，因此仁义礼智是人的内在本性，即人性是善的。只要将此四心充而广之，就可以齐家治国："人皆有不忍人之心。先王有不忍人之心，斯有不忍人之政矣。"（《孟子·公孙丑上》）可见，孟子的四心说为孔子的仁学提供了人性论的论证，从而发展了孔子学说。

既然善是人的先天本性，那么为什么会有恶行呢？孟子认为恶则是后天环境所致：

> 人无有不善，水无有不下。今夫水，搏而跃之，可使过颡；激

而行之，可使在山。是岂水之性哉？其势则然也。人之可使为不善，其性亦犹是也。(《孟子·告子上》)

在孟子看来，人性之向善，犹如水性之向下，这是本性所在。水在外力作用下，也可以倒流，但不能因此否定水性。人性也是这个道理，其所以有恶行，乃是环境的影响所致。

孟子主张通过道德教化和自我修养来使人向善。孟子的性善论为其仁政观点提供了依据。首先，性善论为人人向善提供了可能性，通过教化或修养，人皆可以为尧舜："仁义礼智，非由外铄我也，我固有之也，弗思耳矣。"(《孟子·告子上》)"人皆有所不忍，达之于其所忍，仁也；人皆有所不为，达之于其所为，义也。"(《孟子·尽心下》)其次，恶人亦可教化，只要找回失去的本性就行了。因此性善是仁政的基础，教化是仁政的途径，教化的作用是保持或找回人的本性。所以，孟子说：

仁，人心也；义，人路也。……学问之道无他，求其放心而已矣。(《孟子·告子上》)

在孟子看来，仁并不是社会强加于我的，求仁不过是找回自己心中迷失的本性，因此，并非一件难事。为了保持或找回善的本性，孟子有一句名言："吾善养吾浩然之气。"(《孟子·公孙丑上》)他非常重视加强自我道德修养。孟子说："尽其心者，知其性也。知其性，则知天矣。存其心，养其性，所以事天也。"(《孟子·尽心上》)"故苟得其养，无物不长；苟失其养，无物不消。"(《孟子·告子上》)

孟子进而指出，存心养气的根本方法是"寡欲"："养心莫善于寡欲。其为人也寡欲，虽有不存焉者，寡矣；其为人也多欲，虽有存焉者，寡矣。"(《孟子·尽心下》)

孟子重义轻利，反对法家功利主义。孟子拜见梁惠王，与梁惠王讨论义与利的关系。梁惠王开门见山就说利，您老人家不远千里而来，将对我国有什么利益？孟子毫不客气地对此予以批评：

　　王何必曰利？亦有仁义而已矣。……上下交征利而国危矣。
（《孟子·梁惠王上》）

　　孟子指出："上下交征利而国危矣。"做臣子的以怀利之心侍奉君主，做儿子的以怀利之心侍奉父亲，做弟弟的以怀利之心侍奉兄长，这样的君臣、父子、兄弟最终会远离仁义，只怀功利，然而国家不会灭亡，是从来没有的。因此，孟子主张治国要先义而后利：

　　为人臣者怀仁义以事其君，为人子者怀仁义以事其父，为人弟者怀仁义以事其兄，是君臣、父子、兄弟去利，怀仁义以相接也。
（《孟子·告子下》）

　　孟子主张重利轻义，这是做人首先要解决的价值观问题，"先立乎其大者，则其小者弗能夺也"（《孟子·告子上》）。在孟子看来，义为大，利为小。"养其小者为小人，养其大者为大人。……饮食之人，则人贱之矣，为其养小以失大也。"（《孟子·告子上》）当义与利发生冲突的时候，孟子主张要舍生取义：

　　生，亦我所欲也；义，亦我所欲也，二者不可得兼，舍生而取义者也。（《孟子·告子上》）

　　孟子的性善论具有浓郁的道德理想主义色彩。孟子以人有恻隐之心来推断人性是善的，逻辑上并不能令人信服。人故有恻隐之心，但恻隐之心又何尝不可以解释为自私之心？人见同类有难，如孺子落水，施以援手，这也可以认为是"兔死狐悲"，人同情别人实际上是想保护自己，害怕自己也陷入类似的窘境而无人帮助。人对别人遭遇不公正待遇非常愤慨，是因为害怕自己也会遭受如此不公正待遇。如果完全与自己利益无关，人是不会关心他人的。而且人帮助别人，一般也是以不牺牲自己为界限的。在孺子落水案中，如果是汹涌的长江水，多数人是会犹豫的。这一套解释方法也不无道理。可见，恻隐之心可以解释为善端，也可以解释为自私之心使之然。人性是复杂的，孟子将其简单化为人性善，并以性善论作为其理论基础，这只能说是孟子学说的假设前提，并不是必然的真理。

2. 孟子主张仁政

基于人性善，孟子主张实行仁政："行仁政而王，莫之能御也。"（《孟子·告子下》）所谓仁政，就是以仁爱治天下，君王要做到爱民、保民、教民。孟子仁政思想的核心是"爱民"和"保民"，然后才是"教民"。

首先是爱民。孟子要求君主爱民，与民同乐。他说：

> 乐民之乐者，民亦乐其乐；忧民之忧者，民亦忧其忧。乐以天下，忧以天下，然而不王者，未之有也。（《孟子·梁惠王下》）

孟子以周文王之乐与夏桀之乐作对比来论证与民同乐才能王天下。周文王征用民力造台造池，而民众很乐意为之，称其台为灵台，称其池为灵池，为文王能有那么多的麋鹿鱼鳖而高兴。这是因为文王与民同乐，故百姓能同其乐，而《汤誓》上说，这个太阳（指夏桀）什么时候灭亡，我宁愿和你一同灭亡！老百姓要与他一起灭亡，虽然有华丽的台池，奇异的鸟兽，"岂能独乐哉？"（《孟子·梁惠王上》）

其次是保民。孟子重视民生，"养生丧死无憾，王道之始也"（《孟子·梁惠王上》）。他同情民众疾苦，批评率兽食人的社会黑暗现实："庖有肥肉，厩有肥马，民有饥色，野有饿莩，此率兽而食人也。"（《孟子·梁惠王上》）孟子认为民生是仁义礼教的基础。他说：

> 若民，则无恒产，因无恒心。（《孟子·梁惠王上》）

孟子主张施行仁政，养民保民。"保民而王，莫之能御也。"（《孟子·梁惠王上》）"以力假仁者霸，霸必有大国，以德行仁者王，王不待大。"（《孟子·公孙丑上》）保民就是要轻徭薄赋，重视民生：

> 王如施仁政于民，省刑罚，薄税敛，深耕易耨。（《孟子·梁惠王上》）

从重视民生出发，孟子特别提出老幼皆有所养的观点："老吾老，以及人之老；幼吾幼，以及人之幼。天下可运于掌。……故推恩足以保四海，不推恩无以保妻子。"这可谓是现代社会保障思想的萌芽。孟子还反对重刑滥杀，"如有不嗜杀人者，则天下之民皆引领而望之矣。诚如是也，民归之，由水之就下，沛然谁能御之？"（《孟子·梁惠王上》）

最后是教民。孟子进而提出在民生得到保障的基础上再谈德教："谨庠序之教，申之以孝悌之义，颁白者不负戴于道路矣。"（《孟子·梁惠王上》）

孟子的仁政学说是儒家典型的民本主义思想，具有初步的民主因素。孟子继承了西周统治者"以德配天"的思想，他引用《泰誓》中的话："天视自我民视，天听自我民听。"因而主张以民为本，大胆地提出了民贵君轻论：

> 民为贵，社稷次之，君为轻。是故得乎丘民而为天子。（《孟子·尽心下》）

孟子告诫统治者重视民心向背。桀纣之所以失去天下，是因为先失其民；失其民是因为失去民心。要想得天下，先得其民；要想得其民，先得其心。那么，怎样才能得到民心呢？孟子说：

> 所欲与之聚之，所恶勿施尔也。民之归仁也，犹水之就下、兽之走圹也。（《孟子·离娄上》）

得民心者得天下，民心归仁，因此，君主只有施行仁政才能得到人民的拥护，才能得到天下。孟子得民心者得天下的思想已具有现代民主思想的萌芽。

孟子继承孔子"举直错诸枉"的用人思想，主张贤人治国。孟子说："莫如贵德而尊士，贤者在位，能者在职。"（《孟子·公孙丑上》）"尊贤使能，俊杰在位，则天下之士皆悦而愿立于其朝矣。"（《孟子·公孙丑上》）"是以惟仁者宜在高位。不仁而在高位，是播其恶于众也。"（《孟子·离娄上》）孟子在回答齐宣王如何识人选贤的问题时，提出了国人选贤的思想，具有初步的民主因子：

> 左右皆曰贤，未可也；诸大夫皆曰贤，未可也；国人皆曰贤，然后察之；见贤焉，然后用之。（《孟子·梁惠王下》）

孟子主张仁政的同时，必然反对严刑峻法。孟子还反对晋秦法家的重刑主义，提出要慎杀："行一不义、杀一不辜而得天下，皆不为也。"（《孟子·公孙丑上》）"左右皆曰可杀，勿听；诸大夫皆曰可杀，勿听；国人皆曰可杀，然后察之；见可杀焉，然后杀之。故曰，国人杀之也。如此，然后可以为民父母。"（《孟子·梁惠王下》）

3. 孟子之问："四境之内不治，则如之何？"

孟子没有直接解答这一问题，但孟子对"臣是否可以弑君"以及"贵戚之卿与异姓之卿"等问题的回答可以看作对前一问题的一种回应。

首先，孟子认为有过之君可以易位。齐宣王向孟子请教关于卿大夫的问题。孟子认为，卿大夫有两类，一类是贵戚之卿，一类是异姓之卿。齐宣王问异姓之卿怎么样？孟子回答说，君主有过错则劝谏，反复劝谏而不听，则选择离开。这个齐宣王听了还能接受，接着又问贵戚之卿怎么样？孟子回答说：

> 君有大过则谏，反复之而不听，则易位。（《孟子·万章下》）

齐宣王听了大惊失色。这个孟子也太敢说了，要不是名气大，或者换成别人，齐宣王说不定要动怒了。君主难免有过错，有过错怎么办？孟子认为，对此问题，同姓贵族和异姓贵族的责任不同，前者的责任重于后者。就同姓贵族来说，对于有过之君，要反复劝谏，君主不听，则另立新君；就异姓贵族来说，反复劝谏而君主不听，可以选择离开。

其次，孟子甚至认为暴君也可以诛杀。汤武革命是儒家的一个二律背反，讴歌它等于鼓励以下犯上，否定它等于否定儒家圣贤治国，因此造成儒家仁义礼制的内在冲突，历史上很多帝王儒生都为此感到困惑。

儒家大师孟子也曾与齐宣王讨论汤武革命的问题。齐宣王问，商汤放逐夏桀，武王讨伐商纣，历史上有这事吗？孟子说，史书上有记载这事。齐宣王接着问，臣子弑杀君主，儒家认为可以吗？孟子回答说：

> 贼仁者谓之贼，贼义者谓之残，残贼之人谓之一夫。闻诛一夫纣矣，未闻弑君也。（《孟子·梁惠王下》）

在孟子看来，君主应该以仁义治国，仁义是君主应该具有的本性，残暴之君违背仁义，已失去君主的本性，也就不能称之为君主了，因此人民诛杀暴君就不叫弑君，而是诛杀独夫。可见，孟子区别了君主之位与君主之人，君主之位不可侵犯，君主之人可以换。君主之位当以贤人居之，不贤不足以为君，同姓贵族可另立新君；否则就可以革命，诛杀暴君，改朝换代。

孟子的民本思想虽然还不是现代的民主思想，但其已经孕育着民主的萌芽。以民为本、民贵君轻的价值观与孔子尊尊的等级思想已有明显不同。暴君可以易位或诛杀的观点，已提出对君主绝对权力的否定和制约，更是难能可贵，初步具有君主立宪制的因子。在这一点上，主张君主专制的晋秦法家难以望其项背。

（三）孟子与告子的人性之辩

《孟子·告子上》集中论述了孟子与告子人性之辩，在中国人性学说史上具有重要意义，也是百家争鸣的重要表现之一。告子的人性学说对孟子的性善论有很强的打击力，致使儒家思想产生了分化。其后的荀子受告子影响很大，公开批驳孟子的性善论，另立性恶论，与孟子分道扬镳。从告子的人性学说看，告子持"性无善无不善"说，与道家的性朴论相似，因此可将告子归于道家。告子与孟子就人性的多个方面展开了针锋相对的辩论。

1. 性朴论与性善论的提出

告子说："人性之无分于善不善也，犹水之无分于东西也。"

孟子说："水信无分于东西。无分于上下乎？人性之善也，犹水之就下也。"

这段论辩提出了两种鲜明的人性观。告子持性朴论，"无分于善不善"，就像水不分东西一样。孟子则持性善论，他也用水来作比喻，人性之善就像水往低处流。

2. 性与善的关系

告子说："性，犹杞柳也；义，犹桮棬也。以人性为仁义，犹以杞柳为桮棬。"

孟子认为，杞柳不能自然变成桮棬，将戕害杞柳然后才能做成桮棬。如此说来，"如将戕贼杞柳而以为桮棬，则亦将戕贼人以为仁义与？"

这段辩论涉及善是自然的还是人为的问题。在告子看来，人性与善是两回事。人性是自然质朴的，可善亦可恶的，而善是后天人为修得的，所以不能认为人性就是善的。孟子则认为人性与善是等同的，告子割裂了人性与善的关系，善不存在于人性之中而是后天的修为，这种言论必将危害仁义。

3. 人性与动物性的关系

告子说："生之谓性。"又说，"食色，性也"。孟子说："然则犬之性，犹牛之性；牛之性，犹人之性与？"又说，"人见其禽兽也，而以为未尝有才焉者，是岂人之情也哉？"

这段辩论涉及人性与动物性的关系。告子认为，人性是天生的，食色是人的本性，所以在告子看来，人的本性离不开动物性。孟子则严格区分人性与动物性，认为动物性不属于人性。

4. 人性与礼义的关系

告子说："仁，内也，非外也；义，外也，非内也。""吾弟则爱之，秦人之弟则不爱也，是以我为悦者也，故谓之内。长楚人之长，亦长吾之长，是以长为悦者也，故谓之外也。"

孟子认为，人皆有恻隐之心、羞恶之心、恭敬之心、是非之心。这四心就是仁义礼智的发端。因此，"仁义礼智，非由外铄我也，我固有之也，弗思耳矣"。

这段辩论涉及人性与礼仪的关系。在道家看来，人性是内在的，先天的，礼义是外在的，后天的。孟子则认为仁义礼智都源自内心，都是内在的。在告子看来，仁爱孝悌本是发自人内心的自然亲情，儒家将这种人伦情感作为礼仪推之于调和世人间的关系，则是外在的了。孟子否认这种外在性，从性善论出发，将仁义礼智都归之于人的本性。

5. 善恶是怎样形成的

告子说："性犹湍水也，决诸东方则东流，决诸西方则西流。"

孟子说："人无有不善，水无有不下。"拍打水，水可以向上；抽水，水可以上山。然而这不是水的本性，是由于外力作用的缘故。"人之可使为不善，其性亦犹是也。""故苟得其养，无物不长；苟失其养，无物不消。"

这段论辩讨论环境对人性的作用。告子从性朴论出发，认为人性可以为善，也可以为恶，因此，人性的善恶是后天环境习染造成的。孟子则认为，人性本来是善的，其之所以为恶，乃是因为外力造成的；但孟子同时也认为，善是需要自我修养的，如果不坚持修养，人性之善也会消失的。这段论辩有交集，双方都认为环境能改变人性，承认道德修为的重要性。

总的看来，告子持道家的性朴论，人性天生是质朴的，无所谓善与不善，但内涵有善恶两种元素，人性可以为善，可以为不善；而善恶是后天习染的。孟子则持正统儒家单一的性善论，恶不是人性的组成元素，完全是外力造成的；人只有加强自我修养才能抵御外界环境的侵染，而保持和发扬善的本性。孟子与告子谁也说服不了谁，但从理论的解释力上来说，告子的理论更富有辩证法成分，具有较强的解释力。但无论如何，孟子与告子的理论也有相通之处，即二人都承认环境的作用，因此道德教化在一定意义上是必要的。孔子说："性相近也，习相远也。"孔子强调后天习染对人性的作用，但他回避了先天的性善性恶问题。

（四）孟子与淳于髡、宋钘的义利之辩

孟子在齐国推销自己仁政思想时，曾与淳于髡、宋钘等打过交道，他们之间展开的义利之辩，是儒家与黄老派之间面对面的思想碰撞。

1. 孟子与淳于髡的两场义利之辩

《孟子·离娄上》记载了淳于髡与孟子辩礼。

淳于髡问，男女授受不亲是儒家倡导的礼制吗？孟子回答说，是儒家的礼制。淳于髡接着举例而问：

嫂溺，则援之以手乎？

孟子认为，一个人见嫂子溺水，不伸手相救，就是失去了人性，无异于豺狼。因此，孟子回答说：

男女授受不亲，礼也；嫂溺援之以手者，权也。

淳于髡又问，现在天下溺入水中，先生为何不伸手援救呢？孟子回答说，天下溺入水中，要用儒家之道来拯救，难道要用手吗？显然，淳于髡主张用务实致用的齐法家学说来拯救天下，而孟子主张以推行儒家仁政来拯救天下。

淳于髡尚功利，治国要以便利为基础，反对儒家繁琐的礼仪文饰。他的辩论比较刁钻，善于通过举例构造问题，使对手陷入自相矛盾从而取胜。针对儒家男女有别之礼，淳于髡构造了一个小叔子见嫂子溺水是否要施以援手的伦理困境。孟子认为，人命关天，当然要伸手相救，这个时候，要权衡，就不能固守礼仪了。虽然孟子睿智地回答了淳于髡的刁难，但淳于髡也无疑达到了其攻击儒家礼仪之迂腐的目的。在实际需要面前，孟子不得不承认礼仪也是可以权衡取舍的嘛。

《孟子·告子下》记载了淳于髡与孟子论功与贤。

孟子在齐国游说推行自己的仁政，受到了挫折便打算离开齐国。淳于髡批评孟子无功而离开，不像是贤者所为。淳于髡认为：

先名实者，为人也；后名实者，自为也。

淳于髡说，重视名誉事功的人，是为了造福百姓；轻视名誉事功的人，是为了独善己身。夫子您现在位列三卿之中，还没有为齐国建功立业来博取名誉就离去，所谓仁者原来就是这样子吗？孟子举例回答说，居于卑微的地位，不以自己的贤才侍奉不肖者，这是伯夷；五次投奔汤，又五次投奔桀来寻求机会的人，这是伊尹；不厌弃污浊的君主，也不拒绝卑下的职位，这是柳下惠。这三个人做法虽然不同，但方向是一样的，那就是仁。所以孟子说：

君子亦仁而已矣，何必同？

孟子认为君子怀有仁德就行了，行事方式又何必强求相同呢？这里，孟子委婉地表达了对齐宣王的不满与失望，因而选择离去。

淳于髡又拿以礼治国的鲁国日益削弱来诘难孟子。他说，鲁缪公的时候，公仪子治理朝政，子柳、子思做臣子，可是鲁国日益削弱。如此看来，"贤者之无益于国也！"孟子回答说，虞国不用百里奚而亡国，秦穆公用百里奚而成霸主。"不用贤则亡，削何可得与？"

在淳于髡看来，孟子空有其名，没有为齐国建功立业就离开齐国，不是所谓贤士之所为。孟子则认为自己有贤能而不遇明主，不愿屈身以就，所以离去。淳于髡又提出鲁国有子思等贤臣而国家一天天衰弱，看来所谓贤士对国家也没有什么益处啊！孟子认为，鲁国的削弱不能推诿于贤士，如果不用贤人甚至可能会亡国，何止是削弱呢？在二者的论辩中，尚功利实际的淳于髡显然认为儒术空有其名而无实用，孟子则予以否认，将治国不当的责任归咎于君主不贤。

《韩诗外传》卷六也记载了淳于髡与孟子的这场论辩。

孟子游说齐宣王，大谈儒家仁政，齐宣王听了不仅打不起精神，还显出很不高兴的样子。当时，淳于髡也陪侍在场。出来后，孟子与淳于髡讨论了齐王不高兴的原因。孟子指责齐王不知善：

其未知善之为善乎？

淳于髡则针锋相对地批评孟子学说无善可陈：

夫子亦诚无善耳。

孟子对淳于髡说，今天游说贵国国君，国君不高兴，难道他不知道什么是善吗？淳于髡回答说，夫子之说也无善可陈呀。从前瓠巴鼓瑟，而鱼儿游出水面来听；伯牙鼓琴，而六马仰头欣赏；鱼马都能知道什么是善的东西，何况人中之君乎。孟子反击说，雷电之起，劈竹斩木，震惊天下，而不能够使聋子有所闻；日月之明，光照天下，但不能够使盲人有所见。今天贵国君主的表现与此类似。淳于髡反驳说，您说得不对。从前揖封生唱得好听，齐人也跟着喜欢唱歌；杞梁的妻子哭得悲伤，人们很同情。"夫声无细而不闻，行无隐而不形。"可见，双方各执己见，互不相让。

孟子将齐王不接受自己言论的原因归咎于他人，齐王不知善，即不懂其仁政学说。而淳于髡则认为原因在于孟子学说本身，不是齐王不知善，而是孟子的学说没有什么用处，所以不能吸引齐王。孟子坚持认为自己的学说是高大上的，而齐王不识货。淳于髡不同意，认为好东西是藏都藏不住的，不会没有人识货，还是夫子的学说不实用的缘故。最后，淳于髡带有讽刺地反问说：

> 夫子苟贤，居鲁而鲁国之削，何也？

孟子回答说：

> 不用贤，削何有也！……夫蕢，冬至必雕，吾亦时矣。

淳于髡对孟子的批评是很激烈的，矛头直指孟子本人，将鲁国衰弱的原因归咎于孟子学说。孟子无奈感叹，鲁国的削弱不在贤人，时势而已，他这样的贤人也无能为力。在这场辩论中，淳于髡是很强势的，孟子处于守势。由此可见，战国之时儒法两家面临的不同的境遇。

2. 孟子与宋钘的义利之辩

《孟子·告子下》记载了孟子与宋钘的义利之辩。秦楚准备开战，宋钘打算去楚国和秦国，劝说二王罢战。孟子问宋钘如何劝说？宋钘回答说：

> 我将言其不利也。

对此，孟子批评说：

先生以利说秦楚之王，秦楚之王悦于利，以罢三军之师，……
然而不亡者，未之有也。先生以仁义说秦楚之王，……何必曰利？

孟子认为，以利游说罢战，是本末倒置，一国上下皆怀利，是亡国
之道；如果以仁义游说罢战，则大不相同，一国上下皆去利而好仁义，
则能王天下。孟子自己正是这样身体力行的，他游说齐宣王、梁惠王行
仁政，远功利，以德治国，从而王天下。但在那个战火纷飞的年代，仁
义之说显得过于奢侈而不切实际，孟子的主张并不为诸侯所接受。

在尚功利的齐国，孟子的仁政学说被认为迂阔而没有用处，孟子自
然得不到重用，只好离开齐国。稷下黄老学者任自然而尚功利，为齐王
的座上宾。

（五）孟子的失意及其退让

诸子百家不仅相互争鸣、相互诘难，而且在争鸣中，相互吸收、相
互靠近，司马谈所谓"同归而殊涂"（《史记·太史公自序》）。儒、
道、法三角关系，影响了战国发展的走向。

首先，道家与法家走向联合，反对儒家人治德治，主张法治。在学
派林立、百家争鸣的环境下，儒、道、法三足鼎立。法家和道家有联合
抗儒的趋势。道家一贯对儒家礼治是持批判立场的："绝圣弃智，民利
百倍；绝仁弃义，民复孝慈。"（《老子》第十九章）主张"不尚贤，
使民不争"（《老子》第三章）。因此，道、法思想一定程度的联合有其
必然性。孟子虽然才高八斗，也不为诸侯重用，怀才不遇。

1. 孟子的怀才不遇

孟子提出"民贵君轻"的民本思想，游说诸侯推行仁政，曾游历
于齐、宋、滕、魏、邹、鲁等诸国，前后历时二十多年。但孟子的仁政
学说被认为是"迂远而阔于事情"（《史记·孟子荀卿列传》），其主张
没有得到施行。晚年退居讲学，和他的学生一起，"序《诗》《书》，述
仲尼之意，作《孟子》七篇"（《史记·孟子荀卿列传》）。

孟子虽然没有遭遇孔子那么多磨难，但诸侯对其敬而远之，使其倍
感惆怅。孟子如齐，宣王任之为上卿，虽"后车数十乘，从者数百人，
以传食于诸侯"（《孟子·滕文公下》），但宣王不用其主张。孟子到魏，
受到魏惠王的礼遇，但魏惠王不果其言。孟子周游列国，终不如意，都

选择了离开，因为孟子要的不是虚名和待遇，他要实现平生志向，治国平天下，可是诸侯不能给他这样的机会而对其委以重任。因此孟子政治上是失意的，因而最终选择退而讲学，传播儒家经典。这与孔子的归宿竟然是一样的。

《孟子·公孙丑下》记载了孟子去齐情绪低落的故事。孟子虽享受良好待遇但不为齐王重用，终于离开了齐国。齐人尹士讥笑孟子千里而来是为了贪图名利，离开时还恋恋不舍的样子。孟子吐露心声，千里而来是为了实现仁政的远大志向，慢慢离开是为了试探齐王心思，所以自己并非那种贪图名利的小人。孟子的抱负难以施展，在孟子离开齐国的路上，心情很惆怅，孟子的学生充虞也注意到了。他想起孟子说过"君子不怨天，不尤人"的教导，怎么自己却还心情郁闷呢？心中有些疑惑就向孟子请教缘故。孟子回答说：

> 彼一时，此一时也。五百年必有王者兴，其间必有名世者。……夫天，未欲平治天下也；如欲平治天下，当今之世，舍我其谁也？吾何为不豫哉？（《孟子·公孙丑下》）

孟子对充虞说："舍我其谁也？"足见孟子的自信及志向的远大，然而在遭遇挫折后，心里不仅难免对世道愤愤不平，更多的是为自己没有机会拯救天下苍生而悲哀。因此孟子在世时是怀才不遇的。

2. 孟子对法家的有限退让

孟子主张仁政，其基本思想是反对法治的，提倡王道反对霸道，反对诸侯争霸战争。但在战国中期的乱世，孟子的仁政主张过于理想主义，屡屡碰壁，不受重视，因此孟子的思想也向现实主义的法家有所退让，认为德教与法制两者不可或缺："徒善不足以为政，徒法不能以自行。"（《孟子·离娄上》）因而主张以法制来辅助仁政的施行："规矩，方员之至也；圣人，人伦之至也。"（《孟子·离娄上》）在贤人治国的同时，也就修明政刑："莫如贵德而尊士，贤者在位，能者在职。国家闲暇，及是时明其政刑。"（《孟子·公孙丑上》）

孟子还认为，治国要信道守法，主张对君子和小人的治理方法要有所区别，以仁义约束君子，以刑法规制小人。孟子说："上无道揆也，

下无法守也，朝不信道，工不信度，君子犯义，小人犯刑，国之所存者幸也。"（《孟子·离娄上》）

可见，孟子在强调仁义治国的同时，也承认法制的辅助作用。当然，这些观点或许更多的是其后学所为。

第三节　齐法家的形成

稷下百家争鸣发展出来两种政治哲学和治国方式：道家无为主义与法家功利主义的相互融合则产生了齐法家；儒家的仁政与法家的人性论结合形成了后来的荀学。齐法家出自黄老而尚法，是道法结合的产物，即推崇黄老的无为主义思想与推崇管仲的功利主义法治思想相结合的产物。《管子》成书是齐法家形成的标志。

一　齐法家是道法结合的产物

在礼治走向法治的时代巨变面前，稷下黄老探寻法治的理据——天道、人性，从而将道法结合起来。齐法家出自黄老而尚法，是道法结合的产物，即黄老无为主义道法思想与管仲功利主义法治思想相结合的结晶。

（一）齐法家的发展逻辑是由道入法

《庄子·天下》篇把道家归为四支：宋钘、尹文为一支，"愿天下之安宁以活民命，人我之养，毕足而止，以此白心。古之道术有在于是者，宋钘、尹文闻其风而悦之"；彭蒙、慎到、田骈为一支，"公而不党，易而无私……古之道术有在于是者，彭蒙、田骈、慎到闻其风而悦之"；关尹、老聃为一支，"以本为精，以物为粗，以有积为不足，澹然独与神明居。古之道术有在于是者，关尹、老聃闻其风而悦之"；另外，还有庄周这一支。

在《庄子·天下》篇的基础上，郭沫若将稷下黄老学者分为三派："宋钘、尹文为一派，田骈、慎到为一派，关尹即环渊为一派。"[1] 郭沫若此说影响颇大，为黄老学的研究给出了一个很好的思路。沿着这条思

———————

[1]　郭沫若：《十批判书》，东方出版社1996年版，第145页。

路研究下去，田骈、慎到一支思想相近，划为一派可信；宋钘、尹文一支后来发生了分化，不宜归为一派；环渊这一支还可以加上季真、接子。如此，稷下黄老三支就更加清晰了。

《荀子·非十二子》也视慎到、田骈为一派，宋钘视为墨家一派，尹文则未论及。为什么荀子没有论及尹文？值得思考，一方面，说明荀子已经意识到尹文与宋钘思想是有区别的；另一方面，因为荀子是在"非十二子"，即批评十二子，而荀子对尹文是比较肯定的，故未点名批评。荀子的正名思想是吸收了尹文的正名思想的。《荀子·正名》说："欲虽不可去，求可节也。"这与尹文的正名思想是一致的："名定则物不竞，分明则私不行。……然则心欲人人有之，而得同于无心无欲者，制之有道也。"（《尹文子·大道上》）所以说，荀子是继承了尹文子的正名定分思想的。正名定分，即以名分来节制人的欲望，维护社会秩序，这就必然主张以法度治国。所以，在《尹文子·大道下》里宋钘等人关于人治与法治的辩论中，宋钘是赞成人治的，而尹文显然是主张法治的。可见，宋钘、尹文不宜归为一派。

如此看来，稷下黄老学派包含三支大体可信，但三支不等于三派。大致来说，环渊一支（包含季真、接子）论道为主，传播老子道学，主张无为而治；宋钘、尹文一支爱民为本，关心民众疾苦，主张"禁攻寝兵"，并发展了名辩；慎到、田骈一支尚法为务，关注治国之策，主张法治。

齐法家主要就是从这三支之中发展出来的。慎到、田骈这一支直接发展成齐法家；宋钘、尹文一支发生分化，尹文发展成名法家；环渊、接子这一支则为齐法家提供道家理论支持。

首先，慎到、田骈这一支直接发展成齐法家。《庄子·天下》将彭蒙、慎到、田骈并论，并说彭蒙是田骈的老师，可能也是慎到的老师。彭蒙传道家不言之教（即无为之道），主张"齐万物以为首"，这种"贵齐"思想对慎到、田骈影响很大。"贵齐"就是以"道法"为行为的客观标准，"是故慎到弃知去己，……而笑天下之尚贤也"，"田骈亦然"，所以弟子慎到、田骈则向法家方向发展，主张以法治国，维护社会秩序。可见彭蒙是慎到、田骈的思想导师，慎到、田骈完成了由道向法的转变。所以《荀子·非十二子》把慎到、田骈归为尚法的一派，而彭蒙并没有列入，但彭蒙对齐法家的形成贡献颇大。郭沫若也说："慎到、田骈一派是把道家的理论向法理一方面发展了。严格地说，只有这一派或慎到一人才真正是法家。"①

其次，宋钘、尹文这一支发生了分化，尹文转向名法家。宋钘、尹文这一支关心民众疾苦，应是由墨家转道，因为逃墨归杨是当时一种潮流。但这一支后来发生了分化，宋钘保留的墨家痕迹很大，而尹文则法家倾向明显，这与二者的年龄有很大关系。尹文应是宋钘的学生辈，大概就是宋钘的弟子，但"青出于蓝而胜于蓝"，超过老师了。尹文博采众长，将稷下黄老三支的思想整合到一起，并吸收稷下兒说等的名家思想，从而构建了自己的思想体系，主张君主无为，正名法治。尹文完成了由道向名法的转变，集道名法于一身，可以说是齐法家的集大成者。因此，齐法家的理论家主要包含慎到、田骈、尹文三人，其中尹文是齐法家的最后完成者。

总之，齐法家的发展逻辑由道入法，是从黄老学派中发展出来的，但齐法家不等于黄老学派。黄老学派皆崇老子无为思想，但各有发挥，因而内部派系较多，齐法家主要是由黄老尚法的一支形成的。黄老学以道为主兼容百家，包容性很大；齐法家则以道论法，其主要特征则是道法结合。

（二）齐法家思想的形成方式是道法结合

在道、儒、法的争鸣中，道法结盟，反对儒家的人治，主张无为法治，形成齐法家。齐法家出自黄老，将道家的无为主义与法家先驱的功利主义相结合，从而以法治方式实现道家的无为而治，因此齐法家是道法结合的产物。

1. 道家的无为而治思想

道家对道性的认识是有争辩的，一曰无为，一曰无为而无不为。无为之道与无不为的现实社会如何结合起来是黄老学派必须思考的一个中心问题，即无为与有为之间的转换。有道家强调，大道无为，万物自然而然，因此在治理国家上主张无为而治，要求君主虚静无为，人民自然安定，也就是说，治国这事很简单，什么都不用做，垂拱而天下治。然

---

① 郭沫若：《十批判书》，东方出版社1996年版，第153页。

而无为说终究空虚，人的能动性无处安放，人未免物化，天下也未必安定。因此也有道家主张大道有为，主宰万物，而人能够认识大道，从而积极有为，方能安定天下。

黄老道家的季真与接子关于"莫为"与"或使"之辩，反映了对道性的不同认识。《荀子·成相》载："慎、墨、季、惠，百家之说，诚不详。"《韩非子·外储说左上》亦载："故季、惠、宋、墨皆画策也。"所说的季即季真。荀子和韩非子都提到季真，可见季真在当时非常有影响，但依韩非子看来，季真的学说脱离实际，空虚无用。季真属于黄老学派，其主张是"莫为"即大道无为，与接子的"或使"即大道有为正好相对。《庄子·则阳》载：

> 或之使，莫之为，未免于物而终以为过。或使则实，莫为则虚。……或使莫为，在物一曲，夫胡为于大方？

少知问大公调，季真说大道无为，接子说大道有为，哪一种说法正确？大公调说：说大道有为或说大道无为，都未免拘于事物的形迹而终究偏离大道。说大道有为，就陷于实际；说大道无为，就陷于虚无。大道是难以言说的，而说其有为还是无为都足以扩大人们的疑惑，而只会离大道更远。因此，"或使"说与"莫为"说一样，各执一端，只是偏于事物的一个方面，都不符合老子的无为无不为的"大道"。

无为与有为的关系是道家的一个重要命题。总的看来，在道家眼里，无为是第一性的，有为是第二性的，有为服从于无为，但也不能忽视有为的主要作用。因此，无为与有为，不可执着一端，道性或介于二者之间，这正是齐法家之所以产生的原因。齐法家试图将无为之道与有为之法结合起来，故谓道法家。

2. 齐法家先驱管仲的功利主义法治经验

前文有述，齐文化本身就有重视功利的传统，齐法家先驱管仲具有功利主义法治思想，对齐法家的形成产生了重要影响。淳于髡推崇管仲，应是稷下最早研究管仲治国经验的人。

管仲在齐国执政四十余年，内政外修，变法维新，富民强国，功绩卓著。与后来的吴起、商鞅变法相比，管仲的变法温和得多，管仲

"令顺民心"发展工商业，是对姜太公所定的"因俗简礼"国策的继承和发展，称为管仲改革比较适宜。由于管仲率先在齐国实行一系列封建化的变法改革，初步具有功利主义法治思想，因而被称为法家先驱。梁启超在《管子传》中认为，不仅是中国，而且从世界范围来看，法治主义肇始于管仲。他说："其最初发明此法治主义，以成一家言者谁乎？则我国之管子也！"① 不过，因为《管子》并非管仲所著，所以管仲只能称作齐法家先驱，但齐法家法治思想的正式形成则晚得多，是在管仲之后的战国时期，也就是《管子》成书的时期。

3. 道法结合的法治论：因道无为，任法而治

齐法家是黄老学与管仲思想的结合，研究管仲思想的管子学派是稷下学宫的重要学派，与黄老学一脉相承，是典型的齐本土文化。管仲辅佐齐桓公九合诸侯，一匡天下，不以兵车，成就一代霸业，对此就连孔子也表示赞赏，在齐国更是备受推崇。到田齐威王、宣王时都以继承齐桓公霸业为职志，管仲是怎样辅佐齐桓公富国强兵、成就霸业的？自然成为热点问题。管仲思想是齐国的传统思想文化，研究和发扬管仲思想的学者纷纷著书立说，在政治、经济、军事、教育以及典章制度等方面进行了广泛深入的探讨，于是形成了管子学派。管子学派运用黄老思想为指导，研究阐发管仲治国思想，将无为主义与功利主义相结合，法家色彩更为突出，以至于自成一家，即为齐法家。如果说黄老学是为了论证田齐政权的合法性，那么管学则是直接服务于田齐政权富国强兵的需要。

正是因为齐法家在稷下百家争鸣的学术环境中形成，所以齐法家能糅合众家之长，兼取道家的无为、墨家的重利、儒家的仁义、法家的法治，具有学术交融的性质，但尤以道法两家的融合为主，以道为宗，以法为具，以道法结合为治国韬略，主张因道无为，任法而治。齐法家道法结合的思想达到了古代法治理论极高的学术造诣。

有学者认为齐法家是儒法融合，德法合治，这是不准确的。儒家和道家是相通的，但也有很大区别。儒家和道家虽然都讲道德，但是儒家

---

① 梁启超：《管子传》，《梁启超评历史人物》（先秦卷），华中科技大学出版社2018年版，第145页。

的道德观与道家的道德观是不同的，儒家强调有为的人伦道德，道家强调无为的自然道德。有为与无为是儒道的分野所在，所以儒家主张圣贤治国，道家则反对之。齐法家将道家无为思想与法家法治思想相结合，反对人治，主张法治。道法强调客观规则，具有天然的亲和性，所以在战国时期，道法结盟，反对儒家人治，主张法治，是时代的必然，从这个意义上来说，齐法家也是应运而生。儒法结合是在稷下学宫的后期才发生的，荀子以儒家思想改造齐法家思想，试图以有为的人治代替无为的道治，以儒法结合代替道法结合，但并不为秉承道家传统的齐国统治者所采纳，所以儒法结合的真正实现则是在汉武帝以后。当然，与晋秦法家强烈反对儒家相比，齐法家则温和得多，这是与齐法家的融合性有关，齐法家以道法为主，吞吐百家，自然也不强烈排斥儒家，但并不是儒法结合。道法思想作为治国意识形态在中国历史上并不多，一是齐国，二是汉初，统治者奉行无为之道，放松管制，开放农商，都极大地促进了经济的发展。因此，不要把齐法家看成礼法家，这就抹杀了道家曾经的辉煌。

二 齐法家形成的标志：《管子》成书

齐法家是稷下黄老学者运用道家思想指导研究管子治国经验而形成的一种道法结合的法家思想流派，所以齐法家亦称管子学派。齐法家道法结合思想集中反映在稷下官方著作《管子》和私人著作《慎子》《尹文子》等书之中。其中，《管子》主要是齐法家的著作汇集，是齐法家形成的标志。

《汉书·艺文志》将《管子》列入道家：

> 《管子》八十六篇。名夷吾，相齐桓公，九合诸侯，不以兵车也。有《列传》。

《隋书·经籍志》以后都将《管子》列入法家：

> 《管子》十九卷。齐相管夷吾撰。

《管子》或列入道家，或列入法家，然而这并不矛盾，因为《管子》一书正是以道为统，以法为具，融合各家，而主要是道法结合的治国思想体系，这正是齐法家的特征。《管子》从未被列入儒家，这也从一个侧面说明，齐法家不是儒法结合而是道法结合。

《史记》并无管仲著书之说，虽然《艺文志》和《经籍志》都将《管子》列在管仲名下，但一般认为，《管子》并非管仲所作，其成书于战国，是一部托名管子的著作。南宋叶适认为："《管子》非一人之笔，亦非一时之书，莫知谁所为。以其言毛嫱、西施、吴王好剑推之，当是春秋末年。"（《水心集》）朱熹也认为《管子》非管仲所著，因为他没有闲工夫著书，"著书者，是不见用之人也。其书想只是战国时人收拾仲当时行事言语之类著之，并附以他书"（《朱子语录》）。

考其成书年代，应在《韩非子》之前，《老子》之后，与《商君书》大致同时。其时，法家崛起，总结法家治国经验的学说应运而生。最早提到《管子》一书的是韩非子。《韩非子·五蠹》中说："今境内之民皆言治，藏商、管之法者家有之。"可见韩非子视《管子》与《商君书》并列为法家代表作。很明显韩非子精研过此书，并深受其影响。《管子》全书很多篇章都有《老子》的语言印迹与哲学思想，应成书在《老子》之后。

冯友兰指出："《管子》这部书，包括不同学术派别的言论，不是像《墨子》《庄子》那样只包括一家的著述。它名为《管子》，可见这部书出于齐国。齐国有像稷下那样一个有名的学术中心。从这方面的情况看起来，《管子》这部书可能就是稷下学士们的著作的总集。"[1]

《管子》应是田齐统治者委托稷下学宫组织部分黄老学者编纂的总结管子治国经验的集体创作，以作为官方的治国方略，著作权属于官方，托名管子，所以没有作者署名。按照今天的叫法，相当于战国时期稷下学宫编纂的《管子思想研究论集》，而各篇究竟作于某家，成于某时，已无可考。

《管子》思想具有杂糅性，汇集了道、法、儒、名、兵、农、阴阳、轻重等百家之学，但以道、法思想为主，并将二者结合起来，以道

---

① 冯友兰：《中国哲学史新编》（第一册），人民出版社 1962 年版，第 274 页。

率法，以法明道，既为法治找到了哲学基础，又将道家无为而治思想落实到了国家治理当中，即以法家的法治实现道家的无为而治，与晋秦法家主张严刑峻法的纯粹法治迥异，开辟了一条新的法治道路。诚如张岱年在《管子新探·张岱年序》中所说："《管子》书包容虽广，但实以齐法家政治思想为主导。"① 所以说，《管子》主要是齐法家的作品汇集，《管子》成书，标志着齐法家思想的形成。

近人罗根泽称赞《管子》鸿篇巨制，远非他书可及。在罗根泽看来，《心术》《白心》言道，老庄未能远过；《法法》《明法》论法，韩非未敢多让；其他诸篇，亦各有所旨。所以，其对《管子》倍加推崇："各家学说，保存最多，诠发甚精，诚战国秦汉学术之宝藏也。"② 可见，罗根泽也认为《管子》一书主要是道法两家思想的结合物。

故《管子》不仅是齐法家形成的标志，也是齐法家留给后人的宝藏，因为齐法家的个人著作在秦火之后多已散佚，今仅存《慎子》和《尹文子》，但也不全。所幸《管子》大部流传下来，虽然佶聱难读，但弥足珍贵，成为我们今天研究齐法家思想的主要典籍。

三　稷下著作及稷下学发展脉络

齐法家与稷下学关系密切。稷下学是在田齐政权扶持下发展起来的，以研究黄老思想为田齐治国服务，集体编纂官方著作，所以稷下学术具有官方学术的性质；但同时田齐允许稷下先生著书立说，使稷下学成果丰硕，异彩纷呈。官方著作与私人著作相得益彰，主旋律黄老学与伴奏曲诸子学多元共存，从而呈现出百家争鸣的局面。

（一）稷下的官方著作与私人著作

黄老学和管学是稷下官学，包括《老子》《黄帝四经》《管子》。这三本书应该都是稷下学者编纂或整理，托名老子、黄帝、管子，既说明田齐统治的合法性，又阐述田齐治国方略，而这正是稷下学宫成立和黄老学研究的意义所在，也是稷下学宫最主要的学术成就。《老子》是田齐治国的官方意识形态道家哲学，《黄帝四经》是由道到法的连接，

---

① 胡家聪：《管子新探》，中国社会科学出版社 2003 年版，第 3 页。

② 罗根泽：《管子探源》，岳麓书社 2010 年版，第 3—4 页。

《管子》阐述田齐治国的基本方略以法治国，从无为而治到以法治国，共同构成系统的田齐官方治国思想。《老子》哲学色彩最浓，《管子》法治色彩最浓，《黄帝四经》介于两者之间。尽管三者实际成书时间不一定是先后关系，但其思想逻辑关系当是如此。稷下学者拿了官方俸禄，"不治而议论"，当然不是整天高谈阔论，他们要为田齐编纂官方著作，这三本书的编纂应是稷下学宫的主要学术成就，所幸保存下来，为我们描绘了古老中国之内的另一种治国模式——无为法治的图景。

当然，稷下学者除了参与官方著述以外，大多还有私人著作如《宋子》《慎子》《田子》《尹文子》《邹子》《鲁仲连子》《荀子》等，不过作品大多佚失不全。对这些散佚的作品加以搜集整理，有助于我们深入研究稷下学以及齐法家的思想。

春秋以前，政教合一，学在官府，贵族世代垄断着知识学问，秘不外传，官师合而一体，是夏、商、西周文化教育的特点。学术跟教育都被王宫跟各地的政府把持着，统治阶级垄断着教育特权，民间是没有条件举行学术活动的，既没有学校也没有私人著作。春秋末年，随着礼崩乐坏，教育特权被有限打破，孔子第一个成功开办私学、编写教材。私学在战国开始发展起来，随着私学的发展，私人著作开始流行起来。春秋以前，中国少有私人著作，战国是私人著作的兴盛时期。

稷下学宫是官方学府，同时由私人主持办学，稷下先生不治而议论，成为职业教师。稷下先生除了参与官方著作的编著外，也大量著有私人著作。官方著作一般是托名，如果要署名的话，署名权应属稷下学宫；私人著作一般是其本人或门人所著。稷下学宫的官学与私学相互促进，极大地推动了齐国学术文化的繁荣，成为战国时期百家争鸣的场所和古代世界的东方文化中心，创造了足以令中国人自豪的文化，成为中国人的精神家园，这得益于田齐统治者奉行的黄老之道，营造了自由的学术环境，与焚书坑儒的秦法家形成鲜明对比。

《管子》是齐法家的官方著作，《慎子》《尹文子》等是齐法家的私人著作。通过官方著作与私人著作相互参照，我们就能更好地认识齐法家道法结合的思想特征。

（二）稷下学的发展脉络

稷下学事实上经历了黄老学—管学—荀学的发展脉络。老子道家之学本为稷下外来之学，倡导顺应大道，无为而治，因而远离实际政治，没有可操作性。稷下学者对老学加以改造发挥而成为黄老学，黄老学运用道家思想研究黄帝治国经验，从而将道家无为而治理念引向实际治国层面，成为齐国本土的道家之学。管学则是黄老学进一步向治国领域的延伸，以黄老思想研究管仲治国经验，重点阐述以法治国思想，所以管学属于法家之学。学界多认为黄老学包含管学，如郭沫若认为慎到、田骈为稷下黄老道家三派之一，但我们认为黄老学与管学还是分开来说为好，因为它们的研究对象毕竟是有所不同的。所以老学、黄老学、管学是一脉相承的，又是有所区别的。稷下学宫后期，荀子以儒家思想改造管学形成荀学，但逻辑上来说，荀学已突破以黄老学为主流的稷下学体系，不宜划入稷下学。

下面再澄清一下稷下学与黄老学、管学（齐法家）、荀学这几个学派之间的关系。稷下学并不是一个学派，而是稷下学宫学术流派的汇集，以黄老学为主体。黄老学、管学、荀学是稷下学发展过程中先后出现的三个重要流派。

稷下早期学者彭蒙、告子、宋钘等主要为黄老学者；稷下中期学者慎到、田骈、尹文、环渊、接子等多为弟子辈，如田骈的老师是彭蒙，尹文大概是宋钘的弟子，中期学者有黄老、有齐法家，还有其他学派，但以管学最为显著；稷下后期学者最著名的为荀子。

学界有人称呼稷下学（或称齐学）为黄老学，这种观点有些狭隘。稷下学不仅包含了黄老之学，还包含了管子之学（即齐法家）。研究黄帝和老子的为黄老学派，研究管子的为管子学派。这两大学派是受田齐官方支持的学派，是稷下学的主流。金受申认为："他们的学说，大半是本于黄老，归到'名''法'的。"[①] 稷下学的主体是作为哲学的黄老学，黄老学要用来治国必须再往政治实践领域继续延伸，这就是管学。黄老学与管学不仅共同构成稷下学的主流，而且二者是相通的。齐学从逻辑上说还应包含太公之学（如《六韬》）才算完整，但稷下学者为什么没有大张旗鼓地研究太公之学，这显然是因为政治忌讳，田氏代齐自然不宜宣扬太公。不过，今天我们研究齐学已没有这个忌讳，应将

---

① 金受申：《稷下派之研究》，商务印书馆1930年版，第2页。

太公之学纳入齐学研究范围，因为齐文化的开创离不开姜太公。

　　还有人称稷下学为百家学，这也是不太准确的，稷下学宫为百家汇集之所，能够容纳阴阳、儒、墨、名等百家之学，因此稷下学具有兼容性。但不能因为稷下学的包容性，就否认稷下学的主流是黄老学和管学。儒家因与道家无为思想冲突，在稷下不占主体地位，孟子的观点常受到稷下先生的猛烈批判。儒家的主阵地是邹鲁而不是齐国，稷下学宫后期，儒家才有所抬头。

　　另外，学界还有一种误读，认为荀学也是稷下学。其实，稷下学虽然下启了荀学，但荀学已突破了稷下学的体系，严格意义上已不能算作齐学。稷下学的主流思想不可否认是黄老思想。管学虽然深入国家治理和社会事务，但并没有脱离道家无为思想的大本，而是阐述道家无为思想的实践途径，因此管学与黄老学相辅相成，自成一体。荀学已剔除道家无为思想而代之以儒家有为思想，重视教化而非顺应自然，强调人为的作用而非天道的作用，已不属于主流稷下学。《汉书·艺文志》将《管子》列入道家，而将《荀子》列入儒家是有道理的，管学才是正宗的齐学，荀学不是。

　　总之，稷下学以老学为宗（黄帝只是挂名），以道法为主，吞吐百家。从广义上来说，稷下学可以说包含诸子百家，因为稷下学宫是百家争鸣的场所。不过，我们应该清楚，稷下学的主流（狭义的稷下学）是黄老管子之学，黄老思想是田齐官方的意识形态，齐法家思想是田齐官方的治国方略。正是由于黄老思想的包容性，才造成稷下学宫成为诸子百家争鸣的场所。稷下学皆以老子为宗，打个比喻说，老子之道是稷下学的一顶帽子，稷下学派皆戴之，各有发挥而已，有的正戴着，有的斜戴着；只有少数不戴，如稷下后期，荀子就甩掉这顶帽子，而重新戴上孔子的帽子。鲁学尊孔，齐学尊老，老子其人其思想不容否认。诚如郭沫若所说："老聃、杨朱的存在如被抹杀，则彭蒙之师、彭蒙、宋钘、环渊、庄周等派别不同的道家便全无归属。所以，我的看法，毋宁是保守的，老聃仍然有其人，他是形而上的本体观的倡导者，孔子曾经向他请教过。"[1] 在二千年封建社会，孔子被推到至高无上的地位实乃

---

　　① 　郭沫若：《十批判书》，东方出版社1996年版，第147页。

政治需要。进入现代，还有人保留着热烈的尊孔情感本也无可厚非，但抬高孔子压倒老子已没有必要，应实事求是，还原历史原貌，孔、老在先秦并驾齐驱（孔子本人也是尊重老子的），是中华文化的两大宗师，不必厚此薄彼。儒家主张人治，法治多只是辅助地位；法治思想更多的是从道家思想里发展出来的。

四 齐法家代表人物界定

齐法家代表人物除了先驱管仲外学界尚无明确界定，这显然不利于深入推进齐法家乃至法家的研究。本书在导论中已有初步论及，以思想渊源为标准，齐法家出自道家，主张道法结合，因而提出齐法家主要代表人物是淳于髡、慎到、田骈、尹文、邹忌等。齐法家一般参与《管子》的编写，同时著有私人著作，但可惜没有全部保存下来。从遗存下来的《慎子》《尹文子》来看，都具备了道法结合的齐法家思想特征。

（一）淳于髡：杂家还是法家？

淳于髡（约公元前385—前305年），齐国人，稷下先生之首，战国时期齐国的政治家和思想家，稷下学宫早期著名的先生，齐法家的活动家。淳于髡出身低微，为齐之赘婿，但因学识渊博，曾做过太子傅。淳于髡身长不满七尺，滑稽多辩。数度出使诸侯，未尝屈辱。淳于髡直言敢谏。他曾劝齐威王不要沉湎于酒色，劝齐宣王尊贤纳士。

淳于髡是稷下学者的前辈，无书留下，《汉书·艺文志》不著录。据孔颖达《礼记正义》引刘向《别录》，《王度记》似为齐宣王时淳于髡等人所作，内容主要是礼仪制度方面的规范，已经亡佚。另外，淳于髡很可能参与了《管子》的撰写工作，因为其重利尚法的思想与《管子》颇为一致，以其"稷下先生之首"的地位来说，甚至可能是组织者或组织者之一。

淳于髡对道、儒、法诸家都有研究，学识渊博，司马迁说他"博闻强记，学无所主"（《史记·孟子荀卿列传》）。近人郭沫若因司马迁之言而认为淳于髡"是一位无所谓派"①。今人孟天运认为淳于髡是杂家，

---

① 郭沫若：《十批判书》，东方出版社1996年版，第144页。

"杂家学派产生在稷下，淳于髡是杂家学派的创始人"①。淳于髡之学杂博不可否认，但因此就将其归入杂家则值得商榷。

我们知道，稷下诸子百家争鸣，相互诘难，相互吸收，共同发展，所以稷下先生思想都有一定的杂合性，这正是稷下学术的特征。慎到、田骈兼道法，宋钘合道墨、尹文兼道名法、鲁仲连兼儒道法、荀子更是综合百家。但学派划分的关键应看是否"学有所主"。若"学无所主"当属杂家无疑；若"学有所主"，则不应归入杂家，而应归于其所主之学。否则的话，稷下学者几乎都可以划归杂家，就连稷下主要学术作品《管子》也可称作杂学。然而，从学有所主来看，慎到、田骈应划入法家，宋钘划入道家，尹文划入法家，鲁仲连、荀子划入儒家。

那么，学识渊博的淳于髡真的是"学无所主"的杂家吗？郭沫若和孟天运都认可杂家说，主要原因应该是，由于都无法看到淳于髡的作品，他们就借司马迁"学无所主"的说法，认定淳于髡是杂家或是无所谓派。现在看来，司马迁这个"学无所主"的看法不是很准确的。淳于髡的著作早已亡佚，司马迁大概率也没看到，但淳于髡的有关思想和言行，还是通过有关古籍包括《史记》记录下来了。我们只有通过这些古籍记录来研究淳于髡的思想，并判定他的学派归属。

淳于髡为稷下元老，是稷下学宫中最具有影响的学者之一，他长期活跃在齐国的政治、外交和学术领域，不治而议论，为威宣之治建言献策，推动了邹忌修法，对巩固田齐政权和推动稷下学术发展都有很大贡献。只不过其作品已亡佚，难以知晓其思想的全貌。从他"终身不仕"（《史记·孟子荀卿列传》）的人生态度以及他的主盟反战外交思想来看，淳于髡具有道家色彩；从他对齐威王的有关劝谏、与邹忌就有关治国方式的谈论、与孟子就"礼"与"利"的多次论辩来看，他是一个功利主义者无疑，而且重视法治，明显带有管仲思想的印迹，具有鲜明的法家倾向。时人将他引荐给梁惠王时也将他与管、晏相比，认为"管、晏不及"（《史记·孟子荀卿列传》），可见其思想与管、晏相近。

由此可知，淳于髡注重功利，与孟子思想相左，不属于儒家，且推崇管仲，当是第一个研究管仲治国经验的人，其学尚功言法，其人不治

---

① 孟天运：《淳于髡与杂家》，《山东大学学报》2002 年第 5 期。

而议论，兼有道法色彩。因此，淳于髡虽然学问驳杂，但具有鲜明的法家倾向，应为管仲学派的早期人物，可以归于齐法家，不过其思想在理论上未及慎到、田骈、尹文成熟，但淳于髡的功利主义思想对齐法家思想的形成无疑起了很大的促进作用。

（二）慎到：晋秦法家还是齐法家？

慎到（约公元前370—前300年，一说公元前395—前315年），尊称慎子。战国时期赵国邯郸（今河北省邯郸市）人。《史记》说他专攻"黄老之术"。他曾长期在稷下讲学，是稷下学宫早期最具有影响力的学者之一。慎到是从道家中出来的法家重要人物之一。

1. 慎到的作品

关于慎到的学术和作品，《史记·孟子荀卿列传》认为慎到属于稷下黄老学派，著有十二论：

故慎到著十二论。

《汉书·艺文志》将慎到作品列入法家：

《慎子》四十二篇。名到，先申韩，申韩称之。

《隋书·经籍志》亦将慎到作品列入法家：

《慎子》十卷，战国时处士慎到撰。

从以上史籍记载看，慎到不愧为著名的稷下先生，著作颇丰，曾达四十二篇，到隋唐时还有十卷，后多已亡佚，非常可惜。清朝时，《慎子》留存五篇，《群书治要》里另保留两篇，钱熙祚将其合编为七篇，即现存的《慎子》七篇。此外，还有佚文数十条，近代出土慎到佚篇《慎子曰恭俭》。

2. 慎到的学派归属

《庄子·天下》篇将彭蒙、慎到、田骈划为道家三派之一。"公而不党，易而无私，……古之道术有在于是者，彭蒙、田骈、慎到闻其风而悦之。"《荀子·非十二子》虽然没有提出"法家"之说，但已明确将慎到划入尚法的一派。"尚法而无法，……然而其持之有故，其言之成理，足以欺惑愚众，是慎到、田骈也。"《史记·孟子荀卿列传》将慎到列入稷下黄老学派代表人物。"慎到，……皆学黄老道德之术，因发明序其指意。"《汉书·艺文志》和《隋书·经籍志》则明确将慎到列入法家。

慎到归于法家本来争议不大，然而进一步划分晋秦法家与齐法家的话，慎到的学派归属则可能争议较大。慎到是赵国人，传统的分类一般将其归入晋秦法家；然而慎到是齐国稷下学者，长期在齐国讲学，享受齐国大夫待遇，其学归本黄老，尚道明法，是从道家分化而来的法家，理应归入齐法家。

总之，古代学者一般认为慎到、田骈是一派，思想相近，要么划入道家，要么划入法家。虽然划分并非完全一致，但也没有错，因为，慎到、田骈的思想本于黄老而尚法，他们是道家中的法家，是法家中的道家，这正是齐法家的特征，可以说他们是齐法家的代表人物。

（三）田骈：道家还是法家？

田骈（约公元前 370—前 291 年），又名田广，一名陈骈，齐国（今山东临淄）人。战国时代的思想家、哲学家。曾讲学稷下，人称"天口骈"，雄于辩才，是稷下学宫中最具有影响力的学者之一。《庄子·天下》说，田骈"学于彭蒙"，是道家彭蒙弟子。他学本黄老而主张法治，与慎到齐名，为齐法家代表人物，代表作品有《田子》。

1. 田骈的作品

《史记·孟子荀卿列传》将田骈与慎到、接子等人并列为稷下黄老学者，并著有作品：

> 田骈、接子，齐人。……皆学黄老道德之术，因发明序其指意。……而田骈、接子皆有所论焉。

《汉书·艺文志》将田骈列入道家：

> 《田子》二十五篇。名骈，齐人，游稷下，号天口骈。

《隋书·经籍志》中已没有《田子》的记载，可见隋唐时已失传。《田子》今已亡佚，但他作为先秦的思想家，还是在有关史籍中留下了一些宝贵的思想资料。清人马国翰《玉函山房辑佚书》中辑有《田子》佚本一卷。

2. 田骈的学派归属

在先秦和汉代古籍中，一般将慎到、田骈相提并论，足见他们思想相近，是"尚法"的一派。

《庄子·天下》将彭蒙、慎到、田骈划为一派：

> 公而不党，易而无私，……古之道术有在于是者，彭蒙、田骈、慎到闻其风而悦之。

这里所说"公而不党，易而无私"，显然已具备法家"去私就公"的特征。

《荀子·非十二子》明确将慎到、田骈划入尚法的一派：

> 尚法而无法，……是慎到、田骈也。

《史记·孟子荀卿列传》将慎到、田骈列入稷下黄老学派代表人物：

> 慎到，赵人。田骈、接子，齐人。环渊，楚人。皆学黄老道德之术，因发明序其指意。

《汉书·艺文志》开始将慎到、田骈分家。慎到列入法家："《慎子》四十二篇。名到，先申韩，申韩称之。"但将田骈列入道家："《田子》二十五篇。名骈，齐人，游稷下，号天口骈。"《隋书·经籍志》中，慎到继续列法家，而田骈作品已没有记载。

到了现代，郭沫若依据《庄子·天下》篇又将慎到、田骈归于一派，同时认为："慎到、田骈一派是把道家的理论向法理一方面发展了。严格地说，只有这一派或慎到一人才真正是法家。"① 这里，对于慎到，郭沫若肯定地认为慎到是法家；而对于田骈的学派归属，由于资料的缺乏郭沫若则相对模糊地认为田骈可能是法家，思想接近慎到。

白奚则认为慎到、田骈学术有别，不能算作一派，慎到是法家，田骈是道家，"田骈没有法家思想"②。

由于田骈的作品亡佚，今天我们无法窥见田骈思想的全貌，但肯定地说田骈没有法家思想则不能令人信服。既然先秦文献常将二人并列，且荀子明确说田骈"尚法"，当是有根据的，有理由相信作为稷下后期著名学者的荀子应该是看过田骈作品的，不宜轻易否定荀子对田骈"尚法"思想的认定；再加上《尹文子》所记载宋钘、彭蒙、田骈三人关于"法治"与"人治"的经典讨论中，田骈是赞成法治的，这也印证了荀子所说田骈"尚法"是可信的。至于《汉书·艺文志》将慎到列入法家，而将田骈列入道家，这虽然可以说明二者思想应有所区别，但并不能因此认为两者不属于一派。恰恰相反，慎到、田骈均出自黄老而尚法，同属于道法家（齐法家），故划入道家或划入法家不足为怪，只不过说明慎到比田骈的法家倾向更鲜明罢了。《汉书·艺文志》也曾将《管子》划入道家，而《隋书·经籍志》以后都将《管子》列入法家。之所以出现这种划分上的混乱，还是怪古人没有交叉学科的概念，齐法家就是个交叉学科，是道法结合的产物，明了这一点，就没必要怀疑慎到、田骈都是齐法家了，最多是道家成分多一点，还是法家成分多一点而已。

总之，古代学者一般认为慎到、田骈是一派，思想相近，要么划入道家，要么划入法家。虽然划分并非完全一致，但也没有错，因为，慎到、田骈的思想本于黄老而尚法，他们既是道家，又是法家，是道家中的法家，是法家中的道家，这正是齐法家的特征，可以说他们是齐法家的典型代表人物。

（四）尹文：名家还是法家？

尹文（约公元前 360—前 280 年），齐国人，战国时代著名的哲学

---

① 郭沫若：《十批判书》，东方出版社 1996 年版，第 153 页。
② 白奚：《稷下学研究》，生活·读书·新知三联书店 1998 年版，第 147 页。

家，是具有法家倾向的黄老学者，齐法家代表人物之一。尹文与宋钘齐名，据《汉书·艺文志》颜师古注引刘向《别录》，尹文与宋钘"俱游稷下"①。郭沫若说："尹乃宋之弟子。"② 尹文于齐宣王时居住在稷下，与宋钘、彭蒙、田骈同时，都是当时著名的稷下学者。尹文身兼道家、名家与法家，其思想融合各家，由道入名，由名入法，主张法治。流传于世者有《尹文子》一书，是先秦论道法和形名的专著。

1. 尹文的学派

《庄子·天下》将尹文与宋钘并列为道家一派；《荀子·非十二子》则将宋钘与墨翟归为一派，而对尹文未予置评。大概荀子已留意到虽然尹文与宋钘皆言道，但二人学术落点有所不同，宋钘有墨家倾向，而尹文思想更加复杂，不能归于宋钘一派，但又未对其予以深究，故不予置评。

《汉书·艺文志》将尹文作品列入名家：

> 《尹文子》一篇。说齐宣王。先公孙龙。

《隋书·经籍志》也将尹文列入名家：

> 《尹文子》二卷。尹文，周之处士，游齐稷下。

继之历代史籍皆列《尹文子》为名家典籍；直到清朝才有所变化，《四库全书》首次将《尹文子》归于杂家，《四库全书总目提要》说：

> 其书本名家者流，大旨指陈治道，欲自处于虚静，而万事万物则一一综核其实，故其言出入于黄、老、申、韩之间。

"本名家者流"又"出入于黄、老、申、韩之间"，说明清代学者注意到了《尹文子》思想的融合性，上承黄老、下启申韩，觉得以单

---

① 转引自郭沫若《十批判书》，东方出版社1996年版，第144页。
② 郭沫若：《十批判书》，东方出版社1996年版，第238页。

纯的名家称之不妥，但又不知归于何门何派为好，就干脆将其归于杂家。这也说明尹文思想的融合性。

中华民国年间，赵士炜编撰了《中兴馆阁书目辑考》（1932 年）一书，将《尹文子》归于子部法家类。

现代学者郭沫若在《十批判书》中依据《庄子·天下》篇将尹文列入稷下黄老学派三派之一，认为"尹文是以道家而兼名家"①。当代学者胡家聪承此理路认为尹文子身兼道、名、法三家，"形成了以道家为本位而突出了'名为法用'的黄老学说"②。

梁启超则直接将尹文归于法家，他说："法家成为一系统之学派，为时甚晚，盖自慎到、尹文、韩非以后。"③ 可见，梁启超直接将尹文与慎到、韩非并列视为法家代表人物。这足见梁启超对尹文的研究洞见。

综上所述，尹文子的学派归属比较混乱，或归于道家，或归于名家，或归于法家，或干脆归于杂家，但多数归于名家。其实，名法是一体的，尹文由道走向名法，是齐法家代表人物之一。作为百家争鸣的稷下学者，尹文的思想具有融合性，上承老子，下启韩非，自道以至名，由名而至法，主张法治，所以其思想以道名为理论基础，最终还是落实在治国之法上，因此可列入齐法家，可谓是身兼道家、名家的齐法家。

2.《尹文子》的真伪

《尹文子》今存上下篇，现代学者罗根泽、郭沫若等多疑其为伪书。梁启超率先在《古书真伪及其年代》中质疑今本《尹文子》是尹文子的作品，"因为书上的思想显然和《天下》说的不同"。其弟子罗根泽通过考证，更是断言今本《尹文子》"确是伪书"④，其成书的年代"当在魏晋"。不过，罗根泽并未因此否定今本《尹文子》的学术价值，他认为"此书伪则伪矣"，但"文简理富，聚百家而治之，合万流而一之"，不失为"整齐博瞻之书"。郭沫若在《宋钘尹文遗著考》中不仅

---

① 郭沫若：《十批判书》，东方出版社 1996 年版，第 144 页。
② 胡家聪：《稷下争鸣与黄老新学》，中国社会科学出版社 1998 年版，第 268 页。
③ 梁启超：《先秦政治思想史》，中华书局 2015 年版，第 191 页。
④ 罗根泽：《尹文子探源》，《文哲月刊》1936 年第 8 期。

断定今本"完全是假造的"，而且"文字肤陋，了无精义，自不用说"，完全否定了今本的价值。冯友兰《尹文评传》也说："现在通行的尹文子是汉魏之际的伪书，不能作为宋钘、尹文学派的资料。"

在这股否定今本《尹文子》的潮流中，还是有不同的声音发出，胡适、伍非百等坚持认为今本《尹文子》有相当程度的真实性。胡适认为："《尹文子》似乎是真书，但不无后人加入的材料。"① 伍非百在《尹文子略注》中说，《庄子·天下》所称宋尹学派"以禁攻寝兵为外，以情欲寡浅为内"的主旨，"核以今世所传《尹文子》，大较不甚相远"。

之所以出现否定和肯定今本《尹文子》的两派不同的声音，主要还是因为对尹文的派系归属存有歧见。否定派先入为主，以《天下》为据，将尹文与有墨家倾向的宋钘划成一派，认定尹文是宋钘的传人，这与今本《尹文子》的法家倾向显然不同，因此认定其是伪造的。其实，早在《非十二子》中，稷下后期学者荀子就没有将尹文与宋钘并列一派进行批评，说明相对宋钘的墨家倾向来说，荀子更认可尹文的法家观点。《天下》将宋钘、尹文并列，只是注意到了二者出自黄老的共同点，没有注意到二者的区别，抑或尹文作为晚辈，其思想当时还未完全形成，《尹文子》成书稍晚于《天下》也是有可能的。

所以，可以这么说，今本《尹文子》出自先秦古本《尹文子》，原为尹文或其后学所作，其残本为魏人仲长氏所加工整理，因而掺入了一些非先秦文字，但总体维持原貌，基本反映了尹文的思想。

（五）邹忌：齐法家实践者

邹忌（约公元前385—前319年），一作"驺忌"，田齐重臣，齐法家实践者，封于下邳县（今江苏省邳州市西南），号成侯。邹忌是三朝元老，齐桓公田午时的大臣，齐威王田因齐时期的相国，后又侍齐宣王田辟疆，不久便死去。

邹忌以鼓琴见齐威王，"遂为王言琴之象政状及霸王之事"（《新序·杂事第二》），认为政令与自然法则相和谐则天下治。史载邹忌以鼓琴见威王，两人相谈甚欢，威王甚至让邹忌住在宫中以切磋琴艺。然

---

① 胡适：《中国哲学史大纲》，崇文书局2015年版，第7页。

而邹忌并非志在弹琴，而是以琴论政，借以推销自己的治国主张。他邹忌以大玄比作君主，小玄比作丞相，勾弹比作发出政令，琴音回环和谐比作四时，节奏协调而不混乱比作天下大治，因而主张政令顺应四时。邹忌说：

> 夫复而不乱者，所以治昌也；连而径者，所以存亡也。故曰：琴音调而天下治。夫治国家而弭人民者，无若乎五音者。（《史记·田敬仲完世家》）

齐威王听了这番以琴象政之道大加赞赏，于是拜邹忌为相国治理国政。邹忌善于游说，并能把握最佳机会去游说。齐威王上任之初，欲有所作为，对于贤能之人非常急需，所以，邹忌便充分把握这个有利的时机，向齐威王毛遂自荐。他利用鼓琴演奏来比喻君臣之间的关系，从而得到了齐威王的认同，做了齐国的相国。

邹忌担任相国后，在齐国推行法家政策，采纳稷下齐法家淳于髡等进言，"谨修法律而督奸吏"，革新政治。邹忌辅佐齐威王先后采取了一系列改革措施，广开言路，重用人才，修订法律，严惩奸吏，使得齐国大治。

邹忌改革和韩国的申不害改革、秦国的商鞅变法几乎是同时的，是齐法家的重要法治实践。邹忌与稷下齐法家交往甚密，既是稷下齐法家思想的实践者，反过来又推动了齐法家思想的发展。

在对外关系上，邹忌是慎战派，与主战派的田忌长期不和，并排挤田忌。慎战派与主战派的斗争是齐国两条政治路线的斗争，由于齐法家无为主义思想的影响，慎战派略占上风，所以齐国没有秦国那么好战。

第 三 章

齐法家的法治思想

　　齐法家法治思想的显著特征是道法结合，将道家无为主义与法家法治主义相结合，主张无为法治。齐法家的法治思想集中反映在集体创作的官方著作《管子》一书以及私人著作《慎子》《尹文子》等书之中，田骈有著作《田子》可惜已亡佚，但其思想在古代文献中有点滴记载。通过官方著作和私人著作的对照，我们可以从法治理念和方式等方面深刻理解齐法家思想的理论体系和显著特征。

第一节　齐法家整体的法治思想：《管子》

　　齐法家法治思想的理论基础是道家无为主义，齐法家将道家的无为主义与法家的功利主义结合起来，主张因道任法，以法治实现无为而治。无为是治之道，法治是治之具，前者要求顺应自然，后者要求遵守法则，两者精神上相通而走向融合，相辅相成而成就法治。《管子》一书主要是田齐时代稷下齐法家的著作汇集，托名管仲，非出自一人之手，代表了齐法家整体——管子学派的法治思想，相当于田齐的官方治国思想。《管子》具有融合性，但其主要特征是道法结合。

一　齐法家的法治理念
　　齐法家以无为主义自然法思想、功利主义人性论和民本主义价值观为理论基础主张法治，反对人治。
　　（一）无为主义自然法思想
　　道家认为"道法自然"，道性就是自然无为；又认为"道生万物"，万物都受道性也就是自然法则支配。齐法家从道家无为主义世界观出发，继承黄老"道生法"的观点，以道论法，人定法要受"道"或者说自然法的制约，因此以无为主义为法的根本原则，以期实现无为而治。

《管子·版法》认为，法令必须合乎天道，不得违反自然法则：

> 法天合德，象地无亲。参于日月，佐于四时。

法家主张法治，可是法律是什么？法律又应该是什么？这是深刻的法理问题。如果不对此进行回答，很难树立起法律的权威，也就很难使人信服法治。晋秦法家从法律实证主义出发，认为法自君出，君主的命令就是法律。人们要无条件服从君主的命令，而不问为什么。这就导致晋秦法家依靠加强君主的权威来推行法治，结果陷入专制集权法治，遭到人民的反抗。齐法家看到了实证主义法律观的弊端，开始思考法律背后的法，提出了自然法思想，人定法要合乎自然法则——道，这就将道法结合起来。所以齐法家的法思想要比晋秦法家深刻得多，与古希腊哲学家亚里士多德的自然法理论有异曲同工之妙。

（二）功利主义人性论

在人性论上，齐法家也坚持法家的一贯立场，认为人性是功利的。"夫民者亲信而死利，海内皆然。民予则喜，夺则怒，民情皆然。"（《管子·国蓄》）也就是说，功利是人的普遍本性。因此，《管子·禁藏》说：

> 夫凡人之情，见利莫能勿就，见害莫能勿避。

在法家看来，无数事例证明，趋利避害是人的本性。商人起早贪黑，舟车劳顿，是为了利；渔夫劈风斩浪，出海打鱼，是为了利。所以，利之所在，无所不入，人的本性是功利的。

因为人性好利，所以齐法家进而认为，物质利益是政教礼法的基础：

> 国多财则远者来，地辟举则民留处；仓廪实则知礼节，衣食足则知荣辱。（《管子·牧民》）

民众的利益是政令的依据。齐法家主张以利导民，将富国建立在富民的基础上，反对与民争利。齐桓公认为，农事也好，商事也好，甚至女工，都离不开铁质工具，所以要发布命令，由政府来砍伐山林大炼钢铁，这样不用收税政府也有钱了。他对管仲说："请以令断山木，鼓山铁。是可以无籍而用足。"（《管子·轻重乙》）管仲认为这样做不可，政府与民争利，必然加重人民负担，激起人民的怨恨，所以极力劝阻。他对桓公说：

> 故善者不如与民，量其重，计其赢，民得其七，君得其三。（《管子·轻重乙》）

与儒家把尧舜树立为以德化人的道德典范不同，齐法家以功利主义对尧舜治国方法作了重新解释：

> 故舜一徙成邑，二徙成都，参徙成国，舜非严刑罚重禁令，而民归之矣，去者必害，从者必利也。先王者，善为民除害兴利，故天下之民归之。（《管子·治国》）

大舜三徙为儒家所乐道的圣人业绩。儒家认为是舜的仁义贤德感化了民众，从而使民来归，即民归于义。齐法家则认为，人们之所以投奔大舜，是因为舜为民兴利除害，解决了民众的衣食问题，即民归于利。

齐法家与晋秦法家都认为人性好利恶害，但他们对人性的态度不同：晋秦法家通过严刑峻法利用这种人性来强制驱使民众做他们所本不愿做的事——耕战，以实现富国强兵；而齐法家强调令顺民心，与俗同好恶，保护民众的求利求富的正当要求，主张藏富于民，民富必然国强，从而使民众自愿为国家服务。晋秦法家的做法实际上是违反人性的，其所谓利害是强加于民的；齐法家因循人性，只是加以适当节制。

因此，《管子》认为治理国家要因循人性：

> 人之可杀，以其恶死也；其可不利，以其好利也。……是故有
> 道之君，其处也若无知，其应物也若偶之。静因之道也。（《管
> 子·心术》）

在齐法家看来，人性好利，君主应以无为之道而因应之，却不能改
变它。也就是老子所说的，"我无为而民自化"（《老子》第五十
七章）。

（三）民本位价值观：均富

与晋秦法家的君国本位相反，齐法家的价值本位是以民为本，主张
从民所欲，令顺民心，重视富民，实行轻重调节，追求均富。

1. 先民后贵

《管子·枢言》认为道存于人心之中，先民后贵，得民心者得
天下：

> 道之在天者，日也，其在人者，心也。……爱之，利之，益
> 之，安之。四者道之出。帝王者用之，而天下治矣。帝王者，审所
> 先所后，先民与地，则得矣。先贵与骄，则失矣。

2. 从民所欲

"四欲"说是齐法家重要的民生理论。《管子·牧民》提出民有
"四恶四欲"：

> 民恶忧劳，我佚乐之。民恶贫贱，我富贵之，民恶危坠，我存
> 安之。民恶灭绝，我生育之。

民有四恶：忧劳、贫贱、危坠、灭绝；民有四欲：佚乐、富贵、存
安、生育。四欲也就是人的四种基本需要，人有佚乐的需要、富贵的需
要、存安的需要、生育的需要，这构成人的需要的四个层次。西方现代

学者马斯洛认为人的需求有五个层次：生理需求，安全需求，社交需求，尊重需求和自我实现的需求。四欲说与马斯洛的人的需求五层次论有很大相似性。对应现代法律术语来说，"四欲"就是自由权、财产权、人身权和生存权，这些就是民众追求的权利。可见，齐法家对人性的认知是何等的透彻和超前，已经不是停留在简单的趋利避害的认知上，而是有了细分，这离在法律上提出人的基本权利只有一步之遥。

在提出民有四欲后，齐法家主张从民所欲，也就是立法保障人的四欲：

> 政之所兴，在顺民心。政之所废，在逆民心。……故从其四欲，则远者自亲；行其四恶，则近者叛之，故知"予之为取者，政之宝也"。

商鞅反其道而行之，提出"立民之所恶"（《商君书·开塞》）而抑民之所好，以达到富国强国的目的。《管子》则提出从民之欲，才能使民归顺。"饮食者也，侈乐者也，民之所愿也，足其所欲，赡其所愿，则能用之耳。"（《管子·侈靡》）可见，晋秦法家是国本位价值观，而齐法家是民本位价值观，这是晋秦法家与齐法家的分野之所在。

晋秦法家都主张禁欲，把人的欲望看作是罪恶的东西，视为洪水猛兽，严格加以禁止。商鞅禁民佚乐，儒家的存理灭欲，无视人的欲望的合理性，抑制了人的能动性和创造性的发挥，抑制了社会的发展进步。唯有齐法家直面人的需要，并提出顺从人的需要，且立法加以保障，这才是真正的民本主义。

3. 必先富民

《管子》认为，治国之道，必先富民，与商君弱民的思想形成鲜明对比：

> 凡治国之道，必先富民。民富则易治也，民贫则难治也。（《管子·治国》）

晋秦法家商鞅认为，民贫则易治，民富则难治。因为民富不在乎赏罚，赏罚对穷人更有作用。齐法家的看法则相反，富人珍惜自己的生活条件，因而敬上畏罪；穷人无所顾忌，容易违法犯罪。因此，民富易治，社会自然安定；民穷难治，社会动荡不安。可见，齐法家深刻地认识到，穷困是社会动乱的根源，如果不解决穷困问题，那么，所谓儒家的礼仪德教也好，晋秦法家的严刑峻法也好，都不能发挥作用。故"治国常富，乱国常贫。"（《管子·治国》）因此，齐法家把富民看作治国的第一要务。

《管子》视利民为德，认为"然则得人之道，莫如利之"（《管子·五辅》），并提出大力发展六个方面的民生事务。一是厚其生（重农举措）：开垦土地、种庄稼树木、修建房屋；二是输之以财（重商举措）：修道路、鼓励关市、兴建旅馆；三是遗之以利：兴修水利；四是宽其政：轻徭薄赋、宽刑慎罚；五是匡其急，六是振其穷，这两者都属于社会保障。《管子·五辅》说：

> 凡此六者，德之兴也。六者既布，则民之所欲，无不得矣。夫民必得其所欲，然后听上，听上，然后政可善为也，故曰德不可不兴也。

《管子·入国》还特别提出"九惠之教"，加强社会保障：

> 入国四旬，五行九惠之教。一曰老老，二曰慈幼，三曰恤孤，四曰养疾，五曰合独，六曰问疾，七曰通穷，八曰振困，九曰接绝。

可见，齐法家重视民生的政策举措是多么周详，具有完备的体系性，与现代民生建设的要求已相差无几，这是真正的富民之政；与晋秦法家的战争掠夺政策形成鲜明对比，高下立见。

4. 重商主义

为了富民，与晋秦法家和儒家重农抑商不同，齐国实行重商主义。请看《管子·轻重甲》说：

物之所生，不若其所聚。

齐法家发现货物流通比货物生产更重要，即市场决定生产这一经济学规律和致富的秘密，这是多么睿智和超前的经济观点。因此，齐法家重视商业，并且因地制宜发展工商业。在《海王》篇中，齐桓公问管仲，怎样才能使国家富强？管仲回答说，管理好齐国的山海资源就可以富国。桓公接着问，怎样管理山海呢？管子提出以盐铁立国："海王之国，谨正盐策。"（《管子·海王》）管子主张因地制宜发展鱼盐业，并与诸侯开展自由贸易：

> 通齐国之鱼盐东莱，使关市几而不正，壥而不税，以为诸侯之利，诸侯称宽焉。（《管子·小匡》）

在《侈靡》篇中，甚至还主张以奢侈品消费来拉动经济发展，提出了深加工以增加商品价值，这在当时是非常超前的新奇思想。请看：

> 雕卵然后瀹之，雕橑然后爨之。（《管子·侈靡》）

所以，与儒家以及晋秦法家看不起商业不同，齐法家重视商业的致富功能。《管子·侈靡》说：

> 地重人载，毁敝而养不足，事末作而民兴之，是以下名而上实也，圣人者，省诸本而游诸乐，大昏也，博夜也。

长期以来，儒家以农业为本，重农抑商，抑制了中国经济社会的发展，齐法家重视商业这个"末作"，是中国历史上难得重商主义。可见齐文化是本土少有的商业文化。

5. 轻徭薄赋

《管子·轻重甲》主张轻徭薄赋，反对肆意征税：

桓公曰："寡人欲藉于室屋。"管子对曰："不可，是毁成也。""欲藉于万民。"管子曰："不可，是隐情也。"

齐桓公打算征收房产税，管仲反对，认为这样做会逼着老百姓毁掉自己的房子；齐桓公就提出征收人头税，管仲还是反对，认为这样做会逼着老百姓节制情欲，少生孩子。管仲能从征税中看出"毁成""隐情"的负面效果，这对于古代统治者来说难能可贵。涸泽而渔不如放水养鱼，利民才能利国，所以管仲主张减轻赋税。

《管子·治国》针砭一民养四主的现实，因而主张减轻对农民的层层盘剥：

故以上之征而倍取于民者四，关市之租，府库之征粟十一，厮舆之事，此四时亦当一倍贷矣。夫以一民养四主，故逃徙者刑而上不能止者，粟少而民无积也。

因此《管子·权修》要求取民有度，用之有止，主张以民为本，反对劳民伤民，反对加重人民负担：

轻用众，使民劳，则民力竭矣。赋敛厚，则下怨上矣。民力竭，则令不行矣。下怨上，令不行，而求敌之勿谋己，不可得也。

基于民本位价值观，《管子》强调藏富于民，"故野不积草，农事先也；府不积货，藏于民也；市不成肆，家用足也"（《管子·权修》）；与民分货，"与之分货，则民知得正矣，审其分，则民尽力矣"（《管子·乘马》）。因而要求让利于民：

民予则喜，夺则怒，民情皆然。先王知其然，故见予之形，不见夺之理。故民爱可治于上也。（《管子·国蓄》）

6. 轻重调节，追求均富

《管子·轻重甲》还注重轻重调节，防止社会两极分化，追求均富：

> 故为人君不能散积聚，调高下，分并财，君虽强本趣耕，发草立币而无止，民犹若不足也。

《管子·轻重甲》认为，粮贱伤农，要提高粮食收购价格，保护农民利益：

> 故粟重黄金轻，黄金重而粟轻，两者不衡立，故善者重粟之贾。……故发号出令，曰一农之事有二十金之策。

《管子·轻重甲》还提出打击豪强，反对垄断，促进就业：

> 禁百钟之家不得事鞒，千钟之家不得为唐园，去市三百步者不得树葵菜。

《管子·轻重丁》还记载了齐桓公损富济贫、替民偿债的故事：

> 寡人多务，令衡籍吾国。闻子之假贷吾贫萌，使有以终其上令。寡人有镻枝兰鼓，其贾中纯万泉也。愿以为吾贫萌决其子息之数，使无券契之责。

当时齐国两极分化，富豪向贫民放高利贷，有一倍利息，有百分之五十利息，最低的利息也达到百分之二十，农民负担极其沉重，以至于到了弃耕的地步。管仲做了调查，"凡称贷之家出泉三千万，出粟三数千万钟，受子息民三万家"。为了解决贫富不均问题，齐桓公听从管仲之计，先在府库里囤积锦帛，接着下令进贡的人都要用美锦进贡，因此美锦的价格上涨十倍，然后齐桓公摆酒召集所有放贷的人，提出用府库的锦帛替民偿债，富人们哑巴吃黄连，只好接受。农民们被免去了债务，开荒种地的积极性大大提高。管仲的这个谋划虽然有点"损"，似乎不太厚道，但他是站在贫民的立场上反哺穷人，而不是为齐桓公敛财，至少暂时实解决了齐国贫富不均的突出问题。这就是管仲搞的"三次分配"。

又一次，峥丘之战的时候，许多百姓都借贷来供给军需和缴纳赋税。战后，为了减轻老百姓的债务负担，管仲建议齐桓公颁布表彰令："表称贷之家，皆垩白其门而高其闾。"名为保障，实为逼捐："称贷之家皆折其券而削其书，发其积藏，出其财物，以赈贫病。"

还有一次，针对"大夫多并其财而不出，腐朽五谷而不散"的现象，管仲建议齐桓公惩一儆百，令召城阳大夫，训斥其不仁不忠，"灭其位，杜其门而不出"，于是，"功臣之家皆争发其积藏，出其资财，……国无饥民"。如果说管仲前两次搞的"三次分配"还算得上是基于自愿的话，那么这一次则是赤裸裸地强行分配、杀富济贫了。贫富分化问题历来是关系国家兴亡、社会稳定的大问题。齐法家运用轻重调节，为解决贫富分化问题做出了有益的探索，这是值得肯定的。

齐法家民本主义价值观，主张以民为本，重视民生关怀，乍看上去与儒家的价值观颇为相似，实则大不同。儒家的民本主义是以仁义为前提，统治者重视民生是一种仁德，是大爱的表现，所谓皇恩浩荡，因此人民要对统治者感恩戴德，磕头拜谢，并山呼万岁，从而构建了一幅君爱民、民忠君的理想图景。而齐法家则认为，民以利为归，君主治国必须为民谋利，否则人民就会远离甚至抛弃君主，所以民为国之本，利为国之基，这不是一个爱的问题，而是一个利益问题。因此，在治国上，儒家把礼仪德教放在第一位，劝民重义轻利；齐法家则把民众利益放在第一位，劝君无为。谁是真正的民本位？自是了然。所以，有学者把齐鲁之学混为一谈，实则大谬。

（四）因道任法的法治论

不同于晋秦法家单纯的以法治国，齐法家提出了因道任法的法治论。道是法的本源，立法要合乎道，顺应民心，并且严格、公正地执行法律。

1. 因道论：道是法的本源

齐法家主张因道立法，"宪律制度必法道"（《管子·法法》），要求君主无为，正名自治：

> 是以圣人之治也，静身以待之，物至而名自治之。正名自治
> 之，奇身名废。名正法备，则圣人无事。(《管子·白心》)

齐法家主张法四时。"德始于春，长于夏；刑始于秋，流于冬。"
(《管子·四时》) 这是中国后世春夏行赏、秋冬行刑制度的来源。"刑德
不失，四时如一。刑德离乡，时乃逆行。作事不成，必有大殃。"(《管
子·四时》) 所以，赏罚制度要与天地协调：

> 人与天调，然后天地之美生。(《管子·五行》)

《管子·正世》还主张立法要因时变法，与俗同化：

> 故其位齐也，不慕古，不留今，与时变，与俗化。

2. 因人性：令顺民心

从功利主义人性论出发，齐法家认为功利是法治的基础：

> 明主之治也，县爵禄以劝其民，民有利于上，故主有以使之；
> 立刑罚以威其下，下有畏于上，故主有以牧之。(《管子·明
> 法解》)

齐法家认为，做臣子的之所以奉命行事，尽职尽责，并不是因为爱
君主，而是为了得到俸禄，同时避免受到处罚，所以说，"百官论职，
非惠也，刑罚必也"(《管子·明法解》)。

管仲主张"令顺民心"，他说："政之所兴，在顺民心。政之所废，
在逆民心。"(《管子·牧民》) 法令只有合乎民心，才能令行禁止：

> 民不足，令乃辱。民苦殃，令不行。(《管子·版法》)

令顺民心也就是"与俗同好恶"，立法要顺从民意，"俗之所欲，因而予之；俗之所否，因而去之"（《史记·管晏列传》）。在令顺民心的基础上，以法治国，必能实现富国强兵。"威不两错，政不二门，以法治国，则举措而已。"（《管子·明法》）"令顺民心，则威令行；使民各为其所长，则用备；严刑罚，则民远邪；信庆赏，则民轻难。"（《管子·牧民》）

齐法家对人性的认定虽然也是功利主义的，但齐法家对人性的利用则是无为主义的，反对国家干涉而民自富。所以《管子·禁藏》说：

> 夫凡人之情，见利莫能勿就，见害莫能勿避。……故善者势利之在，而民自美安，不推而往，不引而来，不烦不扰，而民自富。

虽然《管子》还没有强烈反对儒家礼治思想，但其迎合民意、重民之利的立法观点与儒家主张道德教化、重义轻利的观点已有显著分野，管仲也因此不为儒家所看重。"管仲，世所谓贤臣，然孔子小之。"（《史记·管晏列传》）孔子一方面赞赏管仲的功业："桓公九合诸侯，不以兵车，管仲之力也。如其仁！如其仁！"（《论语·宪问》）同时又批评管仲不知礼节："邦君树塞门，管氏亦树塞门；邦君为两君之好，有反坫，管氏亦有反坫。管氏而知礼，孰不知礼？"（《论语·八佾》）如果说孔子对管仲的评价还算是一分为二，那么孟子更是明确轻视管仲，并与其划清界限。孟子引用曾西的话说："管仲得君如彼其专也，行乎国政如彼其久也，功烈如彼其卑也；尔何曾比予于是？"（《孟子·公孙丑上》）孟子并不否认管仲之才，但在霸道盛行、儒家居于下风的战国，孟子不得不与管仲划清界限，把管仲的功业也否定了，以彰显自己的王道高于霸道。在儒家贬低管仲的同时，法家却高举管仲的大旗。韩非以商管为宗："今境内之民皆言治，藏商管之法者家有之。"（《韩非子·五蠹》）管仲令顺民心、重视法治的治国思想多为后来的法家所吸收，管仲因而成为法家的先驱人物。

3. 任法论

首先，齐法家鲜明主张以法治国，"以法治国，则举错而已"（《管子·明法解》）。又说：

> 明主者，一度量，立表仪，而坚守之。故令下而民从。法者，
> 天下之程式也，万事之仪表也。

法律是人们行为的标准，即"一度量，立表仪"，所以要以法诛罪，以法量功，即"以法治国"。为什么要以法律治国？齐法家认为法律有"令人知事""兴功惧暴""定分止争"的功能："法者所以兴功惧暴也，律者所以定分止争也，令者所以令人知事也。"（《管子·七臣七主》）令人知事是指法律是人们的行为规则，具有可预知性；兴功惧暴是指法律通过赏罚来鼓励合法行为、阻止犯罪行为，所以法律具有强制性；定分止争是指法律通过确立名分来保障正当权利，防止争夺，所以法律具有保障性。齐法家对法律的认知不可谓不深刻。

其次，要求君臣上下皆守法：

> 夫生法者，君也；守法者，臣也；法于法者，民也。君臣上下
> 贵贱皆从法，此谓为大治。（《管子·任法》）

再次，齐法家主张严格、公正执行法律。齐法家认为，治理民众必须严格适用法律，防止赏罚不公：

> 禄赏加于无功，则民轻其禄赏；民轻其禄赏，则上无以劝民；
> 上无以劝民，则令不行矣。（《管子·权修》）

齐法家认为法治有三个利器：法令、刑罚和禄赏；然而破坏法治的因素有"六攻"：亲戚、权贵、财货、女色、巧佞、玩好。（《管子·重令》）这六种因素是如何破坏法治的呢？回答是这样的：虽然不服从命令，却可以平安无事；虽然违反了禁令，却可以免于处罚；虽然没有功劳，却可以获得富贵。如此，则法令不足以使人遵从，刑罚不足以阻止犯罪，禄赏不足以劝勉人民，法治也就毁坏了。

因此，为了维护法治，避免赏罚不公，齐法家要求任法而不任智，任公而不任私：

不知亲疏、远近、贵贱、美恶，以度量断之。……上以公正论，以法制断，故任天下而不重也。（《管子·任法》）

可见，齐法家强调公正执法，"以公正论，以法制断"，排除私智、私心的干扰。只有这样，才能树立法律的权威，人们就会心甘情愿地服从法律的裁决，受罚而不怨，授赏而不德。要做到公正执法，特别要防止亲贵的干扰，"故明王慎之，不为亲戚故贵易其法，吏不敢以长官威严危其命，民不以珠玉重宝犯其禁。……刑赏不当，断斩虽多，其暴不禁"（《管子·禁藏》）。所以《管子》说：

是故先王之治国也，使法择人，不自举也；使法量功，不自度也。（《管子·明法》）

最后，齐法家还认为，对于执法官吏来说，遵从法令而行事，可以免责。《管子·任法》说：

故遵主令而行之，虽有伤败，无罚；非主令而行之，虽有功利，罪死。

可见，在齐法家看来，形式正义优于结果正义。官吏只要依法行事，即使结果有伤败，也不应惩罚；相反，如果不是依法行事，即使结果有功利，也应该严惩。只有这样才能树立法律的权威，使得令行禁止。这就给"以功抵过"堵上了门，使人不敢违法。形式正义优于结果正义是法治的一条基本原则，齐法家能认识到这一点，可见其法治理论的深刻性。结果正义只是个案正义，形式正义是普遍正义。没有形式正义的保证，很难做到结果正义。当然，由于法律的不健全，形式正义有时也与结果正义有冲突。这个时候是废置法律而追求结果正义，还是服从法律而牺牲结果正义，是考验执法者的智慧乃至法治体系的试金石。例如，古希腊苏格拉底认为自己无罪，却依然服从法律的判决，可以说是遵从法律权威的典范。

二 齐法家的法治方式

齐法家主张无为法治。齐法家从大道无为出发，要求君主无为，任法而治，其实现方式则除了以自然法限制君主的立法权以外，主张君臣分工，君无为而臣有为，然后在此分工机制基础上，主张道法结合，以法治国。

（一）君主无为守法

君主无为守法是法治的关键，齐法家认为令尊于君，强调君主带头守法。

1. 君主无为论：任法不任智

《管子·任法》等篇集中表现了君主无为法治思想。无为主义法治首要的是要求君主虚静无为。齐法家从无为之道出发，提出任法而不任智，垂拱而天下治的鲜明法治观念：

> 圣君任法而不任智，任数而不任说，任公而不任私，任大道而不任小物，然后身佚而天下治。

这里所说的"公""数"都是大道的性质，大道是公正的、具有确定性的，法律正是公正和确定的要求，因而要服从法律，反对背弃法律而运用私说、私智。所以，齐法家主张治国要实行法治，反对人治。失败的君主好大喜功，舍弃法治而搞人治，"故上劳烦，百姓迷惑，而国家不治"，这就违背大道的必然结果。圣明的君主则不然，坚守大道，虚静无为，实行法治，不搞人治，没有那么多的政务缠身，所以治国变成一件很轻松的事情，不思不虑，利身养命，"垂拱而天下治"。所以《管子·任法》说：

> 是故人主有能用其道者，不事心，不劳意，不动力，而土地自辟，囷仓自实，蓄积自多，甲兵自强。

齐法家主张君主无为而治，实际上就是要变人治为法治，树立法律的权威，运用法律治理国家事务：

是故先王之治国也，使法择人，不自举也；使法量功，不自度也。……主虽不身下为，而守法为之可也。（《管子·明法》）

老庄主张无为而治的同时，反对礼治也反对法治，因此变成了无政府主义，要求回到原初民社会，这在战国时代是不切实际的乌托邦幻想。齐法家在坚持道家无为而治原则的同时，提出君主守法而治，从而将无为解释为守法。也就是说人治是有为，法治是无为。君主只要依据法律治理国家，就可以实现无为而治：

是故先王之治国也，不淫意于法之外，不为惠于法之内也。动无非法者，所以禁过而外私也。（《管子·明法》）

2. 自禁论：令尊于君

齐法家强调普遍遵守法律，"君臣上下贵贱皆从法"（《管子·任法》），君臣都要遵守法律：

君壹置则仪，则百官守其法。上明陈其制，则下皆会其度矣。（《管子·法禁》）

法令与君主权力的关系是法家法治的核心问题，法令是君主发出的，然而君主本人要不要遵守法令是一个令法家头痛的问题。晋秦法家从尊君出发，主张君主集权，实际上是将君主凌驾于法令之上，从而将法治置于君主的任意之下，时刻处于不稳定状态，这与法家所期望的法治总是处于冲突之中。齐法家特别重视这个问题，认为君主也要受法律限制，要求君主带头遵守自己的法令，不干涉法治：

行法修制，先民服也。（《管子·法法》）

如果君主不遵守法律，依个人意志行事，则损害法律的威信，破坏法治。"法不法，则令不行。"（《管子·法法》）如果带头遵守法律，则维护了法律权威，从而令行禁止，"禁胜于身，则令行于民矣"（《管子·法法》）。所以齐法家要求君主禁止自己越法有为：

> 法不平，令不全，是亦夺柄失位之道也。故有为枉法，有为毁令，此圣君之所以自禁也。（《管子·任法》）

在法权关系上，齐法家甚至提出了"令尊于君"的先进思想：

> 不为君欲变其令，令尊于君。（《管子·法法》）

"令尊于君"在君主专制社会是何等大胆的思想，在绝对尊君的晋秦法家看来，这不仅大胆，简直有些大逆不道了。然而，令尊于君却是法治逻辑的必然要求——法大于权，可见齐法家的法治智慧，洞见了法治的根本问题。要真正实现法治，就必须将君主置于法律之下，然而这在"法自君出"的封建社会是不可能真正做到的。所以，齐法家也只能要求君主"自禁"，无欲无为，不要有为，一切都按照写在纸上的法律办事就行了。

"自禁"不过是齐法家的一厢情愿罢了，君主不自禁，齐法家也莫之奈何。这正是齐法家法治思想的软肋之所在。诚如孟德斯鸠所说，古今中外的历史表明，一切有权力的人必然滥用他们的权力，直到有界限的地方为止。因此君主也不例外。齐法家睿智地认识到了必须限制君权。但限制君权最终要靠"他禁"，要有限制君权的法律，这种法律就是西方后来率先发明的宪法。可见，限制君权的思想为齐法家率先提出，但限制君权的法律却是齐法家在那个时代发明不了的。

3. 自治论

与君主无为相对应的就是相信人民有自治的能力，所以齐法家主张让人民自治，这也是大道无为的必然要求：

> 天曰虚，地曰静，乃不伐。……纷乎其若乱，静之而自治。强不能遍立，智不能尽谋。……故必知不言、无为之事，然后知道之纪。（《管子·心术上》）

儒家向来主张圣人之治，法治是对儒家人治的反动。齐法家认为：

> 强不能遍立，智不能尽谋。（《管子·心术上》）

君主个人的认识能力和行动能力都是有限的，容易犯错误，因此不能多言和有为，言多必失，有为必险，所以不如分散决策，让人民自己做决定，自己负责。这才合乎大道无为的要求。

齐法家难能可贵地看到，自治和法治是一致的。如果没有自治，法治就是压制。如果没有法治，自治必将陷入混乱。所以，法治正是自治的必然要求，自治必须依法进行，从而实现无为而治的法治秩序：

> 是以圣人之治也，静身以待之，物至而名自治之。正名自治之，奇身名废。名正法备，则圣人无事。（《管子·白心》）

（二）君臣分工：君无为而臣有为

齐法家提出了君主无为而治的思想，然而君主无为，国家怎么治理，国家事务总得有人积极去做，所以，齐法家又提出"君无为而臣有为"作为无为而治的实现方式。为此，齐法家进而提出了丰富的权力分工思想。

1. 君臣分工

齐法家主张君臣分工，《管子·任法》说：

> 夫生法者，君也；守法者，臣也；法于法者，民也。

可见，齐法家认为立法权属于君主，执行权属于大臣，君臣各司其职就能实现大治。这是古代最早的权力分工思想，将立法权与执行权分开来，这比洛克的立法权与执行权二分的权力分工思想早了两千年。西方法治无不建立在权力分工之上，而齐法家比西方更早认识到法治与权力分工的关系。只不过，西方发明了议会，立法权属于议会，而君主掌握行政权，这就是君主立宪制。

齐法家要求君无为而臣有为：

> 兼而一之，人君之道也；分而职之，人臣之事也。……上之畜下不妄，则所出法制度者明也；下之事上不虚，则循义从令者审也。（《管子·君臣上》）

在权力分工的基础上，齐法家要求君臣各司其职，权力互不相侵，尤其是君主要做到虚静自守，以静制动：

> 心之在体，君之位也；九窍之有职，官之分也。……毋代马走，使尽其力；毋代鸟飞，使弊其羽翼；毋先物动，以观其则。（《管子·心术上》）

"毋代马走，毋代鸟飞"，说得多好，这与"天下之事无小大皆决于上"（《史记·秦始皇本纪》）的秦始皇形成鲜明的对比。秦始皇是被晋秦法家的集权给累死的，而齐法家的君臣分工让君王"身佚而天下治"（《管子·任法》），治国变成一件很轻松的事情。

2. 君相分工

现代法治国家，有权必有责，贵为总统或首相也有纠责机制，方能实现法治。然而在古代君主制社会，君主拥有至高无上的权力，君主犯错，臣下无权问责，这就易将国家置于暴君统治的危险之下。齐法家认识到君权无限的危害性，必委权于相，使之代负责任。君无为，则不易犯错，相有为，易犯错，犯错则换之，从而实现国家的稳定与大治。所以，在君臣分工的基础上，齐法家进而提出了君相分工。齐法家认识到，要实现君主无为法治，丞相的角色定位非常重要。让丞相率领群臣为君主尽责，君主才能无为而治。

《管子·君臣上》勾画了君相分工，"主画之，相守之"。《管子·君臣下》说：

> 是故有道之君者执本，相执要，大夫执法以牧其群臣，群臣尽智竭力以役其上。四守者得则治，易则乱。故不可不明设而守固。

齐法家要求丞相对君主负责，大臣对丞相负责。丞相成为连接大臣与君主的重要纽带，实行分工合作、治理国家。这里丞相犹如今天西方之内阁总理大臣，总领政务，只不过内阁总理是对议会负责，而丞相是对君主负责。相为百官之首，所以，相权是君主无为法治的关键之所在。《管子·君臣上》说：

> 相总要者，官谋士，量实义美，匡请所疑；而君发其明府之法瑞以稽之，立三阶之上，南面而受要。……唯此上有法制，下有分职也。

相权如此重要，所以齐法家要求君主选择良相并尊重相权，《管子·君臣下》说：

> 故其立相也，陈功而加之以德，论劳而昭之以法，参伍相德而周举之，尊势而明信之。是以下之人无谏死之讁，而聚立者无郁怨之心，如此，则国平而民无慝矣。

尊重相权，用之则信之，不能听信谗言而疑之，因为"朝有疑相之臣，此国乱也"（《管子·君臣下》），让丞相放手去做，然后按其功过负起责任。所以齐法家反对君主干涉相权范围内的事情："为人君者，下及官中之事，则有司不任。"（《管子·君臣上》）

相权在齐国治国实践中一直居于重要地位，可以说是君主无为而治的支柱。齐国有名的管仲之治、晏婴之治、邹忌之治都是君主重用丞相，而丞相大有作为，因而实现大治。但相权过大，若没有相应的制衡机制，也会导致丞相专权。如田常弑君，田氏代齐；后胜专权，田齐亡国。

（三）中央与地方分工

齐法家的政制与晋秦法家有很大不同，晋秦法家主张中央集权，而齐法家主张地方自治：

朝不合众，乡分治也。(《管子·权修》)

齐法家认为，"乡与朝争治"，地方往往与朝廷争夺治理权限，这是正常现象。地方治理得好，朝廷就省心，不用召集众人议事。所以地方事务还是由地方治理比较好，这就需要中央地方分工。"朝不合众，治之至也。"齐法家认为这种分治制度是治理国家的最高境界。

齐法家先驱管仲为齐国进行了地方自治的制度设计，即"参其国而伍其鄙"(《管子·小匡》)。"参国伍鄙"制度勾画了一幅文武分政的地方自治图景。与商君的"郡县制"改革有所不同，郡县制度重在加强中央对地方的集权统治，而齐法家重在地方自治，"武政听属，文政听乡"(《管子·小匡》)，五鄙享有地方自治权，而且军政分开。

这套文武分政的制度到了田齐发展成为五都制。除了首都临淄以外，还在四境设立四个较大的都城（东边的即墨、南边的莒、北边的高唐、西边的平陆），兼有商贸和军事重镇的功能，对首都临淄形成拱卫之势。五都相当于秦国的郡县，但与郡县制又有着不同。虽然两种行政体系都是由国君统治，但是五都制的各个都的自治程度比郡县制较高，相当于今天的自治区。在五都制中，各都拥有自己的常备军，负责保卫国境及本都的安全，并可以在对外战争发生时由国家统一调动。如齐国伐燕时，"王因令章子将五都之兵，以因北地之众以伐燕"(《史记·燕召公世家》)。后来五都制在齐国复国中发挥了重要作用，乐毅大军攻破齐国后，即墨军民坚守孤城与燕军长期对峙，最后一举复国。

此外，齐法家还主张行业分工，按阶层划分居民，提出了士农工商四大阶层，让他们分开居住，即四民分住。国民分阶层居住，有利于城市和工商业的发展，也有利于传习子弟，职业世代相传，使其安居乐业，以便实行自治：

士农工商四民者，国之石民也，不可使杂处，……是故圣王之处士必于闲燕，处农必就田野，处工必就官府，处商必就市井。(《管子·小匡》)

齐法家的分工政制与其君主无为法治思想是一致的。通过君臣分工以及地方自治，大大地削弱了君主的权力，从而实现君主无为法治。

（四）道法术势相结合

齐法家主张君主无为法治、君相分工，这就可能带来一个问题，很可能造成大权旁落，丞相擅权，甚至导致臣弑君的现象。所以，齐法家主张君相分工的同时，又提出道法术势相结合，从而实现君臣之间权力的某种平衡。

其一，齐法家重道。道是治国的总指导：

> 然则国何可无道？人何可无求？得道而导之，得贤而使之，将有所大期于兴利除害。（《管子·法法》）

其二，齐法家重势。势是君主控制臣下的威势：

> 凡人君之所以为君者，势也。故人君失势，则臣制之矣。势在下，则君制于臣矣；势在上，则臣制于君矣。（《管子·法法》）

为了维护君主的主权地位，防止臣下篡权，齐法家主张"尊君卑臣"，维护君主的威势：

> 明主在上位，有必治之势，则群臣不敢为非。……故令行禁止，主尊而臣卑。（《管子·明法解》）

要维护君主权势的独尊地位，君主与臣下不可共势，也就是说主权不可共享，即"威不两错，政不二门"（《管子·明法》）。《管子·明法解》说：

> 故明主之治天下也，威势独在于主而不与臣共，法政独制于主而不从臣出。

其三，齐法家重法。法是治理国家的根本工具：

> 规矩者，方圜之正也。……虽圣人能生法，不能废法而治国。故虽有明智高行，倍法而治，是废规矩而正方圜也。（《管子·法法》）

法律是治国的规矩，必须依法治国，不能以私意破坏法治。"故法度行则国治，私意行则国乱。"（《管子·明法解》）

其四，齐法家重术。术是辨识臣下功过的技术：

> 明主者，有术数而不可得欺也，审于法禁而不可犯也，察于分职而不可乱也。（《管子·明法解》）

君主掌握术的方式就是循名责实，名实相符，则赏；名实不符，则罚：

> 明主操术任臣下，使群臣效其智能，进其长技。故智者效其计，能者进其功。以前言督后事，所效当则赏之，不当则诛之。（《管子·明法解》）

控制臣下的前提是权势，工具是赏罚，而方法是循名责实，所以，君主只有把法术势结合起来才能控制臣下。但法术势的结合也不能违背道对君主无为的根本要求，且君主也必须守法，因此，法术势的结合不等于说君主包揽一切权力，为所欲为。齐法家一方面要求君主无为，另一方面又害怕君主大权旁落，这的确是一个矛盾。可见，在君主专制社会，君臣权力的分工与平衡问题是齐法家所难以制度化解决的问题。

道法术势的结合，一方面要求君主牢牢掌握立法权和用人权，另一方面立法权和用人权又受到道和法的限制。君主必须以术识人，以法择人，以势立威，但君主的权势法令都必须合乎道，循乎法，不可恣意妄为。因此，道法术势既是君主治国的方法，又是对君权的限制。这是齐法家与晋秦法家的区别之一，虽然他们都谈法术势，然而立场大不相同。晋秦法家用法术势扩张君主的绝对权力，而齐法家用法术势稳定君主权力的同时，也限制君主的权力。对于齐法家来说，道法术势相结合就是一个框框，力图把君主的权力和臣下的权力都框在里面。

正是因为齐法家主张君主无为法治的同时，又主张法术势的结合，所以齐法家的无为法治主要停留在观念层面，难以在制度层面实现突破，这是齐法家局限性之所在。无为法治的真正实现，则在于君主不能充当主权者，必须重置主权机构，近代英国逐渐发展出议会主权，虚君制才得以在制度上实现。

三　齐法家的慎战思想

道家一贯反战。《老子》第三十一章认为，"夫兵者，不祥之器，物或恶之，故有道者不处"。又说，"以道佐人主者，不以兵强天下。其事好还"（《老子》第三十章）。《六韬》也说："故圣王号兵为凶器，不得已而用之。"（《六韬·文韬·兵道》）因此，秉承道家宗旨的齐法家也一向是反战慎战的。与追求对外扩张的商鞅等晋秦法家不同，齐法家可以说是战国时期的一支和平力量。齐法家总结和继承了管仲"五战而至于兵"（《管子·轻重甲》）的思想，反对盲目对外扩张战争；与此同时，鉴于战国时代铁血杀伐的现实，齐法家主张积极的防御战争，备战而不好战。

（一）厚于兵不如厚于人的慎战思想

齐桓公是春秋首霸，然而赢得霸主地位主要靠的是实力，而不是掠夺战争。所以孔子称赞说："桓公九合诸侯不以兵车。"（《论语·宪问》）

《管子·大匡》记载，齐桓公小白在位初年，年轻浮躁，不修内政，一心想兴兵征战；而管仲一心致力于修明内政，发展经济，所以反对修兵和对外作战。

齐桓公即位后先是提出小修兵革，管仲说：

> 不可。百姓病，公先与百姓，而藏其兵。与其厚于兵，不如厚于人。

第二年，管仲改革政事还未有效推行，齐桓公又提出欲缮兵，管仲又说不可。齐桓公不听，果然整兵。第三年，齐桓公因宋夫人的事欲伐宋，管仲还是劝阻：

> 不可。臣闻内政不修，外举事不济。

齐桓公不听，果然伐宋。诸侯兴兵救宋，大败齐军。齐桓公非常愤怒，要求管仲修兵，准备再战。管仲仍然说不可，提出用兵有三大危害：

> 内夺民用，士劝于勇外，乱之本也。外犯诸侯，民多怨也。为义之士，不入齐国。安得无危?

齐桓公还是不听，于是令齐国四境之内蓄养军队，增加了关市的税款以奖赏军队。齐桓公三年，桓公打算讨伐鲁国以报复其救宋之仇。管仲还是说：

> 不可。臣闻有土之君，不勤于兵。

齐桓公仍然不听，兴师伐鲁，长勺之战，败于鲁国。第四年，桓公扩兵，准备再侵鲁国。管仲感叹：

> 齐国危矣。君不竞于德，而竞于兵。

齐鲁战争以齐鲁会盟结束，在盟会上，齐桓公受到曹刿的要挟，被迫答应归还鲁国的侵地。齐桓公劳师兴众而毫无收获，因而反省自己好战的错误：

> 归而修于政，不修于兵革，自圉辟人，以过曧师。

由此可见，管仲的慎战思想充分体现了其以安民富民为第一要务的民本位治国思想，反对劳民伤财的盲目对外扩张。

（二）商战优于兵战的思想

从重商主义出发，管仲对外主张自由贸易，反对侵略战争。不过为了争霸，管仲提出了商战优于兵战的思想，运用经济实力和轻重之术摧垮敌国经济，从而达到不战而屈人之兵的效果。这与晋秦法家主张以武力征服天下形成鲜明对照。在《管子·轻重甲》篇中，管子主张"五战而至于兵"，提出了以商战为先的"五战"说：

> 请战衡，战准，战流，战权，战势。此所谓五战而至于兵者也。

《管子》列举了齐桓公的数个成功的商战案例：绨战鲁梁、柴战莱莒、鹿战楚国、裘战代国、械战衡山。通过高价收购别国特产，使其放弃农业生产，扰乱其产业结构；然后，突然放弃采购特产，同时截断粮食供应，使得别国粮价暴涨，民不聊生，只得屈服于齐国。

请看绨战鲁梁。鲁梁盛产绨，管仲请齐桓公在齐国带头服绨，国人跟从，因而绨布需求大增，价格大涨。齐国只许从鲁梁进口绨布，"则是鲁梁释其农事而作绨矣"（《管子·轻重戊》）。一年过去，鲁梁通往齐国的道路上都是运送绨布的马车，前后相连，扬尘蔽日。管仲于是请齐桓公带头去绨服帛，并关闭与鲁梁通商的关口。鲁梁的绨布卖不出去了，粮食进不来了，结果绨价大跌，粮价大涨。鲁梁之民饥饿难忍，很多流民逃到了齐国。"三年，鲁梁之君请服。"（《管子·轻重戊》）

在对外称霸上，管仲除了打出"尊王攘夷"的道德旗号外，还采取了商战的策略，以经济手段控制他国，实现对外称霸，这种称霸策略和思想在当时实在是非常超前。齐国通过商战不费一兵一卒，使多国臣服，取得了不以武力而以实力称霸的效果。管仲的商战思想开启了后世商战的先河，两千多年后的美国称霸世界也多用商战、金融战，却比管仲晚了两千多年。管仲可谓商战之鼻祖。尽管商战会严重损害敌国经济和民众生活，本国经济也受严重影响，但比起热战来说总算是文明得多的战争形式。

"五战而至于兵"的思想与齐法家的反战思想是一致的。齐国的兵书强调，"不战而屈人之兵，善之善者也"（《孙子兵法·谋攻》）。所以孙武提出了战争的上中下三个策略:"故上兵伐谋,其次伐交,其次伐兵。"(《孙子兵法·谋攻》)可见,作为军事家的孙武实际上也是反战的。

齐桓公二十三年,山戎伐燕,燕国向齐国求救。齐桓公发兵救燕,攻打山戎,至孤竹而还。燕庄公感激涕零,一直把齐桓公送到了齐国边境。按周礼,"非天子,诸侯相送不出境"(《史记·齐太公世家》)。燕庄公以天子之礼送齐桓公,齐桓公竟"割燕君所至与燕"(《史记·齐太公世家》),并命燕君纳贡于周,充分表现了其"尊王攘夷"的豁达胸襟和诚意,赢得了诸侯的尊敬,被尊为盟主。所以,《史记·齐太公世家》记载:"诸侯闻之,皆从齐。"齐国出兵救燕,不仅没乘机占领齐国一寸土地,反而把边境之地割了一块给燕国,真是做了赔本的买卖。虽然齐国要的是霸主的荣誉,但也表明姜氏齐国没有扩张领土的野心。

道家文化浓郁的齐国,不仅不像秦晋那样好战,同时也较少有对外扩张领土的野心,更遑论有统一天下的雄心壮志。因而与秦国相比,齐国经济文化发达,军队建设相对落后。

齐法家"商战优于兵战"的思想为战国时期天下一统指出了与秦国法家"武统"不同的另一条途径:以经济制服他国。在秦国出兵不断东向扩张的时候,齐国却在大发战争财,控制盐铁贸易,然而,当五国灭亡之后,只剩下秦齐两国的时候,这就面临着两强的终极对决,兵战不可避免。商战固然为上策,但往往只对弱小国家有效,而对于好战的强大对手,仅仅依靠商战显然是不切实际的。富裕的齐国终于投降于锐不可当的秦国大军,秦国统一了天下。

(三)齐法家的防御战争观

1. 齐法家反战慎战

齐法家继承管仲的反战思想,总体上是反战慎战的。齐法家认为道高于兵,治国必须有道:

> 城郭沟渠,不足以固守;兵甲疆力,不足以应敌;博地多财,不足以有众。惟有道者,能备患于未形也,故祸不萌。(《管子·牧民》)

齐法家反对穷兵黩武，批评战争的危害性："贫民伤财，莫大于兵；危国忧主，莫速于兵。"（《管子·法法》）战争拖的时间越长，对人民造成的危害越大："什一之师，三年不解，非有余食也，则民有鬻子矣。"（《管子·八观》）齐法家认为物极必反，国富兵强虽然是称霸之本，然而与国家危亡不远了。所以，齐法家视兵事为危险物，尤其是不义战争，即使胜了，也不是福，如果败了，国家就陷入危险。因此，一定要慎战，"慎谋乃保国"（《管子·问》）。

因而，齐法家主张"至善不战"：

> 数战则士罢，数胜则君骄，夫以骄君使罢民，则国安得无危？故至善不战，其次一之。（《管子·兵法》）

2. 提倡练兵备战

在反对战争的同时，《管子·参患》也认为君主必须练兵备战：

> 然则兵者外以诛暴，内以禁邪。故兵者尊主安国之经也，不可废也。

国家的安危，君主的尊严，还有抵御外国的入侵都需要一支强大的军队，所以，军备不可荒废。荒废了军备，不积务于兵，相当于把自己的国家送给别人。所以，齐法家说：

> 故国富兵强，则诸侯服其政，邻敌畏其威，虽不用宝币事诸侯，诸侯不敢犯也。（《管子·形势解》）

"国富兵强"不仅是齐法家的治国目标，也是晋秦法家的治国目标。然而晋秦法家与齐法家的强兵目的不同，晋秦法家是为了战略扩张，齐法家是为了战略防御。在齐法家看来，保持一支强大的军队，不仅可以"辅王成霸"，更重要的是其防御功能，使得外敌不敢来犯，从而保障国家安全，人民安居乐业。

《管子·轻重己》还说:

> 张耕当弩,铫耨当剑戟,获渠当胁(轲),蓑笠当秩橹,故耕
> 械具则战械备矣。

可见,齐法家不仅主张建立常备军,还主张耕战两不误,必要时全
民皆兵。

四 齐法家崇道融儒反对重刑

齐法家由道家发展而来,秉承道家无为超然的衣钵,深入世俗争利
的社会,崇道融儒,主张道法结合,提倡法治,批评人治。

(一) 齐法家崇道

《管子·心术上》说:"虚无无形谓之道,化育万物谓之德,君臣
父子人间之事谓之义,登降揖让、贵贱有等、亲疏之体谓之礼,……杀
僇禁诛谓之法。"可见,齐法家认为,道性空虚,道德礼法皆出自于
道,因而不能违反道。这就给出了道德礼法的位阶:道高于德,德高于
义,义高于礼,礼高于法。

因此齐法家认为道为治国之根本,君主必须执道而治天下:

> 道也者,万物之要也。为人君者,执要而待之,则下虽有奸伪
> 之心,不敢欺也。(《管子·君臣上》)

齐法家认为得道才能得天下,失道则会失天下。《管子·形势》
说:"得天之道,其事若自然。失天之道,虽立不安。"

从道出发,齐法家主张"章道以教,明法以期"(《管子·宙
合》),即道法结合治理国家:"乡置师以说道之,然后申之以宪令,
劝之以庆赏,振之以刑罚。"(《管子·权修》)道法结合表现为君执
道而臣行法:

> 道也者,上之所以导民也。是故道德出于君,制令传于相,事
> 业程于官,百姓之力也,胥令而动者也。(《管子·君臣上》)

（二）齐法家融儒

齐法家思想与儒家有融合之处，都重视民生，因而齐法家不强烈反儒，但对儒家也有批判。齐法家注重功利，与仁义为先的儒家是不同的。齐法家虽然也重视道德，不过齐法家的道德观与儒家是不一样的。齐法家的道德观是指合乎天道的自然道德，而不是儒家积极建构的人设道德。齐法家还反对儒家的人治。

1. 功利先于仁义

齐法家认为功利先于仁义，强调民生是礼义廉耻的基础。《管子·牧民》说：

> 仓廪实则知礼节；衣食足则知荣辱；上服度则六亲固；四维张则君令行。

《管子·版法》说：

> 兼爱无遗，是谓君心。必先顺教，万民乡风。旦暮利之，众乃胜任。

在《管子·五辅》篇，《管子》提出其系统的治国思想。首先是重民生之利，其次是兴礼义之教，然后用法令来施行并权衡以道。其兼顾义利，齐之以法，合之以道的法治思想，已经超越了儒家的单纯礼治思想和晋秦法家的纯粹法治思想，初步体现了以道为统，道、德、法相结合的综合法治思想。

2. 齐法家鼓励致富，反对节俭

儒墨都主张节俭，然而《管子·侈靡》反而主张侈靡，鼓励致富，认为扩大消费能拉动经济发展：

> 莫善于侈靡；贱有实，敬无用，则人可刑也。故贱粟米而如敬珠玉，好礼乐而如贱事业。

3. 尚法而不轻德

《管子》认为，治国光靠刑罚是不足的，不能忽视道德。《管子·权修》说：

> 货财上流，赏罚不信，民无廉耻，而求百姓之安难，兵士之死节，不可得也。

《管子·君臣下》说：

> 致赏则匮，致罚则虐。财匮而令虐，所以失其民也。……故德之以怀也，威之以畏也，则天下归之矣。

4. 反对儒家人治

齐法家虽然也看重道德，但反对儒家的德治人治而主张法治。齐法家认为儒家的道德观念具有主观性、人为性，违反了自然道德。

齐法家强调"贵善"而非"为善"，所以《管子·枢言》说：

> 为善者，非善也，故善无以为也，故先王贵善。

儒家礼治强调亲疏贵贱，因人而异；而齐法家要求，"不知亲疏、远近、贵贱、美恶，以度量断之"（《管子·任法》）。不论亲疏贵贱，统一适用法律。人治导致不公，法治是最公正的。因而齐法家反对儒家的人治，主张法治。《管子·明法》说：

> 是故先王之治国也，使法择人，不自举也；使法量功，不自度也。

总之，虽然齐法家与儒家都关心民生，但出发点是不同的。齐法家认为民以利为归，从功利角度谈民生，统治者不搞好民生则失天下；儒家从仁义角度谈民生，君主关心民生是仁义的表现，是大爱，所以得到民众的拥护，回报以爱。在齐法家看来，民生是法律义务，不是君主的施舍；在儒家看来，民生是道德义务，关心民生则是皇恩浩荡，民众要万分感激。因此，齐法家认为，君主虚静无为，守法而治，就是最好的君主；而儒家认为，君主要做父母官教化民众，积极有为以德治国，才是好君主。这就是齐法家与儒家的分野。

（三）齐法家反对重刑主义

晋秦法家迷信重刑主义可以达到以刑去刑的效果，而齐法家认为刑罚是外在的强制服从，而统治重在攻心，民心不服则法令达不到效果，甚至会被推翻。

《管子·牧民》认为重刑主义达不到治国目的，必须从民所欲："故刑罚不足以畏其意，杀戮不足以服其心。"苛政重刑只能导致国家危亡：

> 上苛则下不听，下不听而强以刑罚，则为人上者众谋矣。为人上而众谋之，虽欲毋危，不可得也。（《管子·法法》）

因此，齐法家强调治国在于治心，心安则国治，与商鞅的"禁心"形成鲜明对比。《管子·心术下》说：

> 心安，是国安也；心治，是国治也。治也者心也，安也者心也。治心在于中，治言出于口，治事加于民，故功作而民从，则百姓治矣。

《管子·白心》还强调中庸之道的重要性，重刑主义不符合中庸之道：

> 和以反中，形性相葆。一以无贰，是谓知道。

晋秦法家和齐法家虽然都坚持功利主义，认为趋利避害是人的本性，必须以赏功罚过来治理国家，因此主张实行法治。但晋秦法家迷信重刑，而齐法家反对重刑。何至于此？原因在于，晋秦法家持国家本位功利主义，以国家利益至上，而不惜牺牲个人利益，主张立民之恶，驱民耕战；而齐法家持民本位功利主义，将民生放在第一位，主张令顺民心，反对违背民众利益的恶法。这就是晋秦法家与齐法家的分野所在。

第二节 齐法家个体的法治思想

如果说《管子》反映了齐法家整体的法治思想，那么齐法家代表人物的私人著作如《慎子》《尹文子》则反映了齐法家个体的法治思想，两者相互参照，我们就能更好理解齐法家的思想。齐法家主要代表人物慎到、田骈、尹文等出自黄老而主张法治，淳于髡学问杂博而尚法。可惜由于接连不断的战火，还有汉以后儒学独尊的影响，他们的著作或散佚或部分散佚，今仅有《慎子》和《尹文子》流传，淳于髡、田骈只有关古籍记载的事迹和只言片语可见。虽难以重见他们的思想全貌，但亦可从中窥见他们法治思想的真知灼见。田骈思想的核心是"贵齐"，慎到思想的核心是"因循"，淳于髡思想的核心是"功利"，尹文思想的核心是"正名"。虽然他们思想的侧重点各有不同，但他们思想的出发点都是大道、落脚点都是法治，他们的理论正是为论述法治的理论依据及方式方法，共同呈现出道法结合的特征。

一 淳于髡的法治思想

淳于髡是稷下学宫的早期学者，为稷下先生之首。因司马迁说其"学无所主"（《史记·孟子荀卿列传》），盖其时齐法家思想尚未成熟，但从其有关言论的历史记载看，淳于髡推崇管子治国经验，其思想的核心是"功利"，具有鲜明的法家倾向，无疑对齐法家慎到、田骈、邹忌等产生了重要影响。因此，这里先介绍淳于髡的功利主义法家思想。

（一）功利思想

淳于髡的功利思想通过其与孟子之间的论辩以及其外交出使活动充分表现出来。孟子在齐国推销自己仁政思想时，曾与淳于髡与打过交道，他们之间展开的义利之辩，是儒、法之间面对面的思想碰撞。

《史记·滑稽列传》记载了一个齐威王派淳于髡请求救兵的故事。齐威王八年，楚国发兵攻齐，齐王派遣淳于髡携带黄金百斤和马车十辆出使赵国请求救兵。淳于髡大笑不止，齐王问原因。淳于髡说了一个农夫祈祷丰收的故事。他说，我今天从东边过来，见路旁有祭田者，摆着一只猪蹄，一杯酒，口中念念有词："箩筐满满，稻谷满车，五谷丰收，装满粮仓。"因此，淳于髡对威王说：

> 臣见其所持者狭而所欲者奢，故笑之。

淳于髡善于运用暗喻来说明道理，齐威王当然明白他是笑自己小气。于是齐威王就把礼物增加到黄金千镒、白璧十对、马车百辆。淳于髡领命，立刻出行，来到赵国。赵王拨给他精兵十万，战车千辆。楚国听到这个消息，连夜退兵。这个故事说明，淳于髡具有功利主义思想，在他看来，国家之间利益高于仁义。可见，淳于髡不是儒家，具有明显法家倾向。

再看《史记》记载了淳于髡和孟子在魏国游说的不同境遇，形成鲜明的对比，足见战国之时，儒家被诸侯冷落，法家成为座上宾。

秦国经商鞅变法崛起以后，便向东扩张，魏国首当其冲。魏惠王丢兵丧土，太子被俘虏，上将战死，国家衰落，被迫迁都大梁。梁惠王（即魏惠王）感到很惭愧，痛定思痛，决心招贤纳士，复兴魏国。《史记·魏世家》说："邹衍、淳于髡、孟轲皆至梁。"梁惠王见到孟子急不可待地说：

> 叟不远千里，辱幸至弊邑之廷，将何利吾国？

孟轲回答说，为人君这不可以把利挂在嘴上。君主想要利，则大夫想要利，大夫想要利，则百姓想要利，全国上下都争利，则国家就危险了。所以孟子说：

> 为人君，仁义而已矣，何以利为！

《史记》没有记载，孟子的仁政主张有没有为梁惠王所采纳，但从梁惠王的态度可以推测是没有采纳，因为梁惠王在国难当头需要的是富国强兵之策，孟子的仁政学说显然不对其胃口，两人一见面就谈不拢。

与孟子形成鲜明对比的是，淳于髡见梁惠王，说的是管子称霸之策，说到其心坎里去了，所以梁惠王则有相见恨晚之感。魏国宾客将淳于髡引荐给梁惠王，惠王屏退左右，独自一人接见他，而淳于髡竟然一言不发，如此两次。《史记·孟子荀卿列传》记载，惠王责怪引荐的人：

> 子之称淳于先生，管、晏不及，及见寡人，寡人未有得也。

这段话从侧面说明，向魏惠王引荐淳于髡的人认为淳于髡有管、晏之才。因此，魏惠王责怪引荐者言不符实：您把淳于髡先生说得连管仲、晏婴也比不上他，和寡人相见后，寡人没有一点收获。难道寡人不值得他交谈吗？引荐的人就去问淳于髡是什么原因。淳于髡说，确实如此。我第一次见到梁王，我看到梁王的心思在驱逐；第二次见到梁王，我看到梁王的心思在音乐，所以我就不说话。引荐的人把这话报告了梁惠王，梁惠王大惊，知道淳于髡善于察言观色，能知人心底，非等闲之辈。因为前两次见面，适逢一次有人献马，一次有人献讴，所以梁王当时心不在焉。于是，三见淳于髡，相谈甚欢：

> 壹语连三日三夜无倦。

梁惠王欲请淳于髡为相，髡因谢去。淳于髡只献富民强国之策，不求做官，还是回到了齐国做稷下先生，终身不仕。梁惠王送给淳于髡"安车驾驷，束帛加璧，黄金百镒"，可见，梁惠王应是非常看重淳于髡的政见。

孟子言仁，淳于髡言利。淳于髡与孟子在魏国的不同境遇，不仅说明了淳于髡与孟子政见相反，也有力说明了儒法两家在战国时代不同的处境。在诸侯争霸的时代，儒家仁义思想迂阔而远于事情，法家功利思想适合诸侯图强的需要，所以孟子被齐宣王、梁惠王所冷落，而淳于髡却是诸侯座上宾，也就不足为怪了。

（二）法治主张

当邹忌以鼓琴喻治国之道博得威王赏识而得到相国之职后，淳于髡带领稷下先生前去拜访邹忌，探其虚实，询问其治国主张，并借以提出治国建议。《史记·田敬仲完世家》记载，淳于髡说了五个寓意深刻的微言："得全全昌，失全全亡"；"狶膏棘轴，所以为滑也，然而不能运方穿"；"弓胶昔干，所以为合也，然而不能傅合疏罅"；"狐裘虽敝，不可补以黄狗之皮"；"大车不较，不能载其常任；琴瑟不较，不能成其五音"。淳于髡的微言隐喻治国的方方面面，如治国要考虑周全，要正直尽职，要以民为本，要善于用人，要实行法治。对此，邹忌心领神会，对答如流。邹忌说：

> 其应我若响之应声，是人必封不久矣。（《史记·田敬仲完世家》）

淳于髡对此次考察很满意，因此认为大王没有用错人，并预言邹忌不久会受封。后邹忌果然被封为成侯。这段对话，反映了淳于髡具有民本位功利主义法治思想。淳于髡对邹忌的赞赏，也说明他们的治国主张是一致的。

齐威王初即位，片面奉行黄老无为之政，无所作为，国人不治。淳于髡以隐喻说齐王：

> 国中有大鸟，止王之庭，三年不蜚又不鸣，王知此鸟何也？（《史记·滑稽列传》）

这是劝说齐威王修明政治，终于打动了齐威王。齐威王任用邹忌为相，采纳淳于髡等人的谏言，严明赏罚，"谨修法律而督奸吏"（《史记·田敬仲完世家》）。齐威王果然一鸣惊人，一赏一罚，赏了即墨大夫，烹了阿大夫，齐国大治。

（三）主盟反战

主盟反战是延续管仲的称霸战略。管仲以辅佐齐桓公"九合诸侯不以兵车"（《论语·宪问》）的霸业为齐法家所称道和效法。淳于髡主盟反战，认为战争两败俱伤，对交战双方都没有好处，所以尽量不要打仗。对于齐魏争霸，淳于髡是反对的。淳于髡主张齐魏结盟，对抗秦楚。在淳于髡的推动下，齐魏举行了多次会盟。《史记·田敬仲完世家》载：

> （齐威王）二十四年，与魏王会田于郊。

> （齐宣王）七年，与魏王会平阿南。明年，复会甄。魏惠王卒。明年，与魏襄王会徐州，诸侯相王也。

然而随着齐国的强盛，齐王的扩张野心开始膨胀。齐王想攻打魏国，淳于髡极力反对。

《战国策·齐策》记载，齐王准备攻打魏国，淳于髡听说后，对齐王说了个疾犬逐兔的故事。韩子卢是有名的疾犬，东郭逡是闻名的狡兔。韩子庐追逐东郭逡会是什么结果呢？淳于髡说：

> 犬兔俱罢，各死其处。田父见之，无劳倦之苦，而擅其功。

正所谓鹬蚌相争，渔翁得利。韩子卢逐东郭逡，田夫无功而得利。今天齐、魏交战，相持不下，劳民损兵，这是让强秦大楚不出一兵一力而坐收其利。齐王听了感到恐惧，谢将休士。淳于髡反战，也是以功利主义劝说齐王，晓之以害。

《战国策·魏策》也记载了这件事，齐国准备攻打魏国，魏国派人送璧马之宝给淳于髡，请求淳于髡劝齐王罢兵。淳于髡收下礼物，答应了。淳于髡入见齐王说，楚国是齐国的主要敌人，魏国是齐国的盟国。攻打盟国，敌国得利，不仅有损大王名声，而且也危害我国利益，大王不应伐魏呀！齐王果然放弃了攻打魏国的想法。有人将淳于髡收礼的事告诉了齐王，齐王责怪淳于髡是在为魏国着想而不是为齐国着想。淳于髡坚持认为，齐国不应该攻打魏国，所以不管魏国送不送礼给他，他都会这么说，与礼物无关。淳于髡回答说：

> 且夫王无伐与国之诽，魏无见亡之危，百姓无被兵之患，髡有璧马之宝，于王何伤乎？

齐法家反对伐魏，不仅是因为齐法家一贯反战，也是齐法家对地缘政治的先见之明。齐魏相争，秦楚得利。齐国与魏国结盟，就能稳住中原，阻挡强秦东扩的野心。

二　慎到的法治思想

人们常常认为慎到思想的核心是"势"论，被称为法家势派，这是韩非子为了构建自己集权统治理论的一种有意无意的曲解，也导致人们对慎子的误读。其实，慎到法治思想的核心是"因循"，即因道循法，体现了道法结合的思想，其势论也只能放在因循思想的框架内来理解，慎到的势是与道相近的概念，意思是"借势"，与韩非子的"集势"大有不同。慎到是稷下黄老学者中法家倾向最为鲜明的，主张"事断于法"（《慎子·逸文》）慎到的法治思想是一个庞大的体系，包括道、势、利、法等方面，系统地阐述了以道率法、以法治国的主张，集中体现在《慎子》一书。

（一）因道论：法须合道

《庄子·天下》篇评论，慎到、田骈"齐万物以为首"，就是说慎到学术的起点是以大道为统摄来观察天下万物，抽象的道是纷繁复杂现实世界的统一性之所系，是万物的本源。

既然道是万物的本源，所以万物都要依从于道，即因道，而道性自然而然，因此，因道就是"任自然"：

> 鸟飞于空，鱼游于渊，非术也。……立心以为之，则必堕必溺。……是以任自然者久，得其常者济。（《慎子·逸文》）

这里，慎到睿智地区分了自然与人为，强调要"任自然"，即遵守自然法则，而要遵守自然法则，就是要"得其常"，也就是要遵从常道、常理。可见，慎到将道家高深莫测的本体意义上的道发挥为可以观察推理的常道或常理，也就是客观规律，从而要求人们按照客观规律办事。动物的行为受道支配是不自觉的，而人与动物的区别是人能自觉地依从于常道、常理。又如，慎到说："燕鼎之重乎千钧，乘于吴舟，则可以济，所托者浮道也。"（《慎子·逸文》）可见，慎到认为船行于水是因为"浮道"，即漂浮的客观规律。这种规律是人所能认识的，故人能借助舟楫运送货物。所以荀子的循道论突破了老庄道家神秘的不可知论，具有可知论的色彩，这正是慎到势治和法治思想的基础所在。虽然慎到区分了自然和人为，但他没有把两者完全对立起来，而认识到二者的对立统一关系。自然具有支配性，人为具有从属性，但人为也不是完全被动的，人为具有主观能动性，能够认识自然法则并遵从自然法则。所以认识道是循道的前提，而那种不顾自然法则的主观妄为，"立心以为之"，背道而驰，则必然失败。

从循道出发，必然要求君主虚静无为，所以慎到主张无为而治：

> 天有明，不忧人之暗也。地有财，不忧人之贫也。圣人有德，不忧人之危也。……圣人虽不忧人之危，百姓准上而比于下，其必取己安焉，则圣人无事也。（《慎子·威德》）

在道法关系上，慎到主张以道率法。他说：

> 以死守法者，有司也；以道变法者，君长也。（《慎子·逸文》）

慎到提出，"以道变法"，这就明确界定了道法关系，也就是自然法与人定法的关系，道高于法。道法关系的界定具有重要意义，君主的立法权由此受到了限制，从而向虚君制迈出了重要一步，这与晋秦法家绝对君权的集权法治有了重要区别。所以，慎到认为，君主的立法权是有限的，立法要遵循天道。他说：

> 法非从天下，非从地出，发于人间，合乎人心而已。（《慎子·逸文》）

> 守成理，因自然。祸福生乎道法，而不出乎爱恶。（《慎子·逸文》）

所以，君主不能随意制定法，法是根据社会的需要制定的，必须合乎天道，顺应人心。既然道高于法，法治就是道家无为而治的实现形式，君权是有限的，君主不过是国家统一性的形式上的代表，必须服从道法。

慎到继承了黄老学派的道法观，在法家中第一个鲜明提出了法律的正当性问题，以道来论述法律的正当性，主张法律必须合乎道，从而将法律的正当性系于超人间的大道之上，因此极大地提高了法律的权威性。这就在逻辑上有理由认为一切人间力量包括高高在上的帝王都有义务服从法律，因为服从法律就是服从道。齐法家在法理上的成就远远超出了晋秦法家。晋秦法家仅将法律的权威寄托在君权之上，同时又要求君主守法，所以缺乏理论说服力。慎到的道法观与古希腊亚里士多德的自然法思想是高度一致的，提出了法律背后的法这一法理学深刻的问题，可见齐法家法律思想的深邃性一点不亚于古希腊法学家。

（二）借势论：君权有限论

慎到将自然领域的循道论进一步发挥为社会领域的借势论。在自然领域，万物都遵循道；在社会领域，人们则服从于势。势是道在社会领域的延伸，从属于道。慎到的势论述了法与权的辩证关系。法令借君权推行，而君权受自然法约束。

1. 慎子关于势的概念

慎到没有给势下一个明确的定义。从他的有关论述看，他所说的势，就其内容来说或指自然的趋势，或指社会的权势；就其主旨来说，在于借自然之势来比喻社会之势。也就是说，势是必须借助的外力或必须服从的权威，具有客观外在性，能为人所依托、借用。

《慎子》中有不少关于势的含义的形象比喻："螣蛇游雾，飞龙乘云。云散雾霁，与蚯蚓同，则失其所乘也。"（《慎子·威德》）可见，势是外力的支撑，是借力，"得助则成，释助则废"（《慎子·威德》）。他举出很多类似的现象：龙门河水，飞流而下，势也；借助舟楫可以跨越江海，借助车马可以日行千里，借力也；离朱眼明，能察秋毫于百步之外，然而让他进入水中不能看清水的深浅；鲁班手巧，很会利用各种木材，却不能用檀木制作琴瑟。

这些都是指借助自然之势，循自然之理，借势是循道的必然要求。

慎到讲自然之势的目的还是为了论证社会之势。慎到认为，"两贵不相事，两贱不相使"（《慎子·逸文》），若两人处于同一势位则不能指使或服从对方。所以社会治理也要有势位差，高势位的人与低势位的人之间才有命令与服从的问题。他说：

> 故贤而屈于不肖者，权轻也；不肖而服于贤者，位尊也。尧为匹夫，不能使其邻家；至南面而王，则令行禁止。（《慎子·威德》）

可见，人们之所以服从命令，不在于其人贤不贤，而在于其权位重不重。所以，君主要牢牢把握权位，才能令行禁止。这里要区分君主的势位与君主其人，君主势位是社会设立的，具有客观外在性，君主其人具有主观能动性，君主其人应按其位行事，而不能任意妄为。人们服从的是君主其位，而不是君主其人。所以贤人没有君主之位，不能号令天下；不肖者位于尊位，亦能使人服从。

君主为了维护权势，防止权臣当道，慎到提出"士不兼官"（《慎子·威德》）、"臣不两位"，以防止大臣集权。

> 疑则动，两则争，杂则相伤，害在有与，不在独也。故臣有两位者国必乱。（《慎子·德立》）

慎到在主张君主集中权势的同时，却不可滥用权力，而要严格依法行事。所以他提出，"民一于君，事断于法"（《慎子·逸文》），认为君主也要遵守法律，这与韩非的绝对君权论是有区别的。

2. "得助于众"的朴素民主论

与韩非不同的是，慎子的势论并没有仅仅停留在权势本身，而是进一步明确指出君主权势的来源是民众：

> 故无名而断者，权重也；弩弱而矰高者，乘于风也；身不肖而令行者，得助于众也。（《慎子·威德》）

慎到以尧舜与桀纣对比，来说明君主只有"得助于众"才能稳居势位。虽然人们服从的是君主势位而不是君主其人，但贤与不肖对君位的影响还是存在的。贤者能按其位行事，故得道多助，能够令行禁止，天下大治；不肖者久居其位，任意妄为，故失道寡助，必然导致有令不行，天下大乱，最后失去其位。他说：

> 桀纣之有天下也，四海之内皆乱，关龙逢、王子比干不与焉。而谓之皆乱，其乱者众也。尧舜之有天下也，四海之内皆治，而丹朱、商均不与焉。而谓之皆治，其治者众也。（《慎子·逸文》）

从"得助于众"到"其治者众"，慎到已具备朴素的民主思想，进而又指出君权来源于人民的授予：

> 圣人之有天下也，受之也，非取之也。百姓之于圣人也，养之也。（《慎子·威德》）

这里明确指出，天下受之于百姓。而且是人民养君主，不是儒家说的君主养人民。足见慎到的人民立场和朴素的民主思想。

因此，《慎子·威德》提出"立君为国、立法为公"的思想：

> 立天子以为天下，非立天下以为天子也；立国君以为国，非立国以为君也。

> 法制礼籍，所以立公义也。凡立公，所以弃私也。

既然立法为公，立君为国，言下之意君主的权力是民众赋予的，应该受到民众利益的限制，君主不能任性妄为，这离君主立宪制仅一步之遥了。这本应是慎到势理论必然的逻辑结论，只可惜慎到没有说出来，这是中国古代法治的路径使然。与西方社会权力挤压君主权力的法治路径相反，中国法治的推行要借助于君主的意愿，因而它不是限制君主权力，反而依靠君主权力。这是君主制法治的内在矛盾，君权不受法律约束。但齐法家比持绝对君权观的晋秦法家进步的是，齐法家主张君权受自然法则约束，君主的法令要因循大道合乎民心，因而君权是有限的。虽然慎到比商鞅高明，强调法律的公义性，强调君主要为国为民服务，但也仅至于此，徒依靠君主的自觉而已，不可能进一步指出如何用法律来制约君主的权力，使其不得不为国为民服务。

3. 慎到与韩非势论的区别：从借势到集势

慎到运用道家思想为法家法治实施寻找理论依据，从而提出了其独特的重"势"理论。慎到的势概念近似于道家的道，意思是"借势"，因势利导，就像舟行于水，借的是东风，人行千里，借的是车马，其事宜行。韩非的势概念是权力本身，意思是"集势"，集中权力，就像一个富商，囤积居奇，又像一个胖子，暴食暴饮，其事必败。借势就是按照规律办事，集势就是独断专行。从借势到集势就是从无为法治到集权法治。

在慎到看来，仅仅有法不等于就能实现法治，君主还必须有权势才能实施法。也就是说，法只不过是治之具，而势才是治之本。以商鞅韩非为代表的晋秦法家，主张用强制性法律巩固君主的集权，加强君主的权势，即重刑主义法治；慎到则相反，强调君主必须先有权势、权威，法治才能有效推行。难能可贵的是，慎到并没有仅仅停留于此，而是进一步指出君主的权威又来源于民众的拥护和支持。虽然韩非也大谈特谈"势"，但他所谓势是指赤裸裸的权力本身，慎到的势则深刻得多，更多强调权势的来源。所以韩非的"集势"集的是严刑峻法和玩弄权术，让臣民畏惧；慎到的"借势"，最终借的是人民的支持和拥护，从民所欲。慎到认为，君主的势不在于权力本身，而在于借力，即"得助于众"。民众的支持是君主最大的势，而要得到民众的支持，就必须争取民心，因此法律必须因民情、顺民心才能得到人民服从，而仅仅依靠重刑是不能实现法治的。这就将法治之法引向正当性考问，法治的目的不是为君主之私利，而是为民众谋取利益。这正是慎到作为一个道法家之于商韩这样的醇法家的深刻性之所在。

势概念涉及对统治权力合法性的思考。老子说："民不畏威，则大威至"（《老子》第七十二章），仅仅依靠集中权势是不能长治久安的，统治之势在于得到人民的拥护，即"得助于众"。在权力观上，晋秦法家主张绝对君权，君主是不受任何约束的主权者，暴君亦君；儒家主张有限君权，君主不受法律约束，但君主受道德约束，暴君非君；齐法家主张有限君权，君主不受法律约束，但受自然法约束，而且应自觉守法，即要求君主无为守法。齐法家是比较矛盾的，一方面不得不将主权寄托于君主，另一方面他们也看到了君主滥权的危害性，故要求手握主权的君主无为守法而治，但如果君主不听他们的而妄为，他们也实在没有办法管住君主。总之，在君主主权制下，君权的约束是无解的，但提出以自然法约束君权总比没有任何约束的好。从这一点看，齐法家优于晋秦法家。

（三）功利人性论

人性也就是人之道，是社会治理的出发点。因为社会是由人组成的，要进行社会治理必须先认识人性。慎到认为人性逐利自为："人莫不自为也。"（《慎子·因循》）慎到举例说：

> 匠人成棺，不憎人死，利之所在，忘其丑也。（《慎子·逸文》）

> 家富则疏族聚，家贫则兄弟离，非不相爱，利不足相容也。（《慎子·逸文》）

> 能辞万钟之禄于朝陛，不能不拾一金于无人之地；……盖人情每狃于所私故也。（《慎子·逸文》）

慎到认为人性自为，追逐功利，但慎到并不是像儒家那样批判这种自利的人性，而是承认这种人性，并将它作为社会治理的基本依据，提出"因人情"：

> 天道因则大，化则细。因也者，因人之情也。人莫不自为也，化而使之为我，则莫可得而用矣。（《慎子·因循》）

这段话说得很精辟，足见慎到对人性的洞察力。慎到不仅认为人性自利是社会治理的基础，治国要因人情，而且令人惊奇地指出，不自利的人不可以委以重任。可见慎到是彻底的功利主义者。功利主义者通常认为，人一般是趋利避害的，但也不排除有利他的人。慎到则认为，所谓利他的人是靠不住的，表明法家对人性看法的冷峻，商韩莫不如此。所以法家主张放弃德教，专任法治。慎到"用人之自为，不用人之为我"（《慎子·因循》）的以利用人思想，与儒家的利他主义以德用人思想形成鲜明的对比。

（四）任法论

慎到从大道出发，纵论权势、人性，追求安邦富民，最后落实到以法治国，鲜明主张法治。由于韩非子对慎到势治理论的片面诠释和大力推崇，人们常以为，势治是慎到思想的核心内容，这是长期以来由于韩非曲解慎到思想而造成的误读，其实法治才是慎到思想的核心内容。只不过慎到的法治不再是晋秦法家的集权法治，而是无为法治。

1. 民本位

与晋秦法家国家本位价值取向不同，慎到持民本位，并以之为法令的价值基础和衡量标准。

> 法非从天下，非从地出，发于人间，合乎人心而已。（《慎子·逸文》）

慎到进而指出，君主必须重视民生，富民安民：

> 善为国者，移谋身之心而谋国，移富国之术而富民，移保子孙之志而保治，移求爵禄之意而求义，则不劳而化理成矣。（《慎子·逸文》）

慎到提出立天子以为天下，非为利一人：

> 故立天子以为天下，非立天下以为天子也。（《慎子·威德》）

慎到的民本位思想与韩非的君本位思想形成鲜明对比。韩非从君本位价值观出发，认为君主神圣不可侵犯，暴君亦君，汤武革命都是乱臣贼子犯上作乱。慎到从民本位价值观出发，认为天下是天下人的天下，不是一人的天下，故慎到赞成禅让制。他说："尧让许由，舜让善卷，皆辞为天子，而退为匹夫。"（《慎子·逸文》）

2. 无为法治

无为法治必然要求君主无为，垂法而治：

> 不以智累心，不以私累己。寄治乱于法术，托是非于赏罚，属轻重于权衡。（《慎子·逸文》）

慎到认为，君主无为而治并不是无所事事，而是守法而治。"大君任法而弗躬，则事断于法矣。"（《慎子·君人》）只要君主依法治国，以法律为准绳，"不引绳之外，不推绳之内"（《慎子·逸文》），治国就不用劳心费力，而变成一件轻松的事情，这就是无为而治。所以，慎到主张法治，要求任何人不得违反法律："故智者不得越法而肆谋，辩者不得越法而肆议，士不得背法而有名，臣不得背法而有功。"（《慎子·逸文》）慎到进而要求君臣上下百姓皆守法：

> 以力役法者，百姓也；以死守法者，有司也；以道变法者，君长也。（《慎子·逸文》）

慎到强调不论亲贵平等适用法律。他说：

> 无法之言，不听于耳。无法之劳，不图于功。无劳之亲，不任于官。官不私亲，法不遗爱。上下无事，唯法所在。（《慎子·君臣》）

君主无为法治的另一面，是相信人民能够自治。慎到说：

> 圣人虽不忧人之危，百姓准上而比于下，其必取己安焉，则圣人无事也。（《慎子·威德》）

慎到认为人民群众杂居在一起，各有各的才能，都能为国家所用，所以明君治国要包容并蓄，让人尽其能。他说：

> 民杂处而各有所能，所能者不同，此民之情也。大君者，太上也，兼畜下者也。……大君不择其下，故足。（《慎子·民杂》）

3. 君无为而臣有为

慎到在强调君主无为的同时，要求臣子必须有为，即君无为而臣有为。他说：

> 君臣之道，臣事事而君无事。君逸乐而臣任劳。（《慎子·民杂》）

善治天下的君主善于用人，懂得"臣事事而君无事"，充分发挥众人之智，君主无为而天下治。不会治天下的君主，好大喜功，把各种权力紧紧抓住不放，事无大小都必亲躬，臣子反而落得清闲，不用发挥其聪明才智，甚至掩盖自己的才智，以免有争功之嫌。这样，国家治理得好自然是君主的功劳，但治理得不好也是君主的责任，臣子倒没有干系。

因此，君无为而臣有为，也是君主保全自己的一种策略方法。让臣子去有为，臣子有功则赏，有过则罚，君主无为，深藏不露，则不会犯错误。慎到说：

> 昔者，天子手能衣而宰夫设服，足能行而相者导进，口能言而行人称辞，故无失言、失礼也。（《慎子·逸文》）

4. 智力有限论：中人治国

慎到还从认识论角度阐明法治的必要性。慎到认为君主的智识未必超过众人，体力也有限，所以君臣应该分工。如果君主对国事大包大揽，事必躬亲，必然造成逆乱。他说：

君之智，未必最贤于众也。以未最贤而欲以善尽被下，则不赡矣。(《慎子·民杂》)

为了弥补君主个人智力的不足，君主必须以法律代替智力来治理国家。慎到说：

有权衡者，不可欺以轻重；有尺寸者，不可差以长短；有法度者，不可巧以诈伪。(《慎子·逸文》)

慎到认为，由于个人的智识是有限的，人治有很大弊端。人治会产生赏罚不公，招致怨恨，导致上下不和；相反，法治则赏罚由法定，因而是公平的，人们不会怨恨君主。他说：

君舍法，而以心裁轻重，则同功殊赏，同罪殊罚矣，怨之所由生也。(《慎子·君人》)

在慎到看来，既然个人智识有限，因而治国不依靠所谓圣贤，只要抱法而治，中人可治国。他说：

厝钧石，使禹察锱铢之重，则不识也。悬于权衡，则氂发之不可差，则不待禹之智，中人之知，莫不足以识之矣。(《慎子·逸文》)

相反，舍弃法制，再聪明的人也治理不好国家。儒家主张圣贤治国，常将一人之识凌驾于天下，慎到对此发出质问：

弃道术，舍度量，以求一人之识识天下，谁子之识能足焉？(《慎子·逸文》)

慎到认为，将治理国家寄托于"一人之心"，舍法而心裁是非常危

险的。他说:

> 今也国无常道, 官无常法, ……慕贤智则国家之政要在一人之心矣。(《慎子·威德》)

众人之智总是优于一人之智, 君主治国要善于运用众人之智, 所以慎到说:"众之胜寡, 必也。"(《慎子·逸文》)

5. 反对人治德治

基于人性自私和智力有限, 慎到批评儒家尽忠、尚贤思想, 旗帜鲜明地反对人治德治, 分析其危害性。

首先, 慎到批评儒家的尚贤思想。亲亲、尚贤是儒家治国的重要原则, 而慎到则认为其是治国的大忌, 是祸乱的源头。因此, 治国的大道, 不仅要去私, 更要不尚贤, 只有唯法是从:

> 今立法而行私, 是私与法争, 其乱甚于无法; 立君而尊贤, 是贤与君争, 其乱甚于无君。(《慎子·逸文》)

其次, 慎到极力批评儒家的尽忠思想。慎到认为国家治乱与臣子是否尽忠没有必然关系, 乱国并非没忠臣, 治国并非都是忠臣。他说:

> 乱世之中, 亡国之臣, 非独无忠臣也。治国之中, 显君之臣, 非独能尽忠也。(《慎子·知忠》)

慎到认为国家治理在于忠于法而非忠于人, 在于臣子守法尽职, 而不在于忠于君主其人。他说:

> 故明主之使其臣也, 忠不得过职, 而职不得过官。(《慎子·知忠》)

君主治国在于任法而不在于忠心, 忠不仅不能治理国家, 反而会祸害国家:

将治乱在乎贤使任职，而不在于忠也。故智盈天下，泽及其君；忠盈天下，害及其国。（《慎子·知忠》）

基于人性自利，慎到主张"用人之自为，不用人之为我，则莫不可得而用矣"（《慎子·因循》），认为用人以利不以德。

最后，慎子认为法治优于人治。慎到认为法律具有立公去私的功能，公正行则人心无怨，人心无怨则社会安定，这是法治优于人治的鲜明特征。他说：

法虽不善，犹愈于无法，所以一人心也。……法制礼籍所以立公义也。凡立公，所以弃私也。（《慎子·威德》）

与《商君书》类似，《慎子》还说了一个百人逐兔的故事：

一兔走街，百人追之，贪人具存，人莫之非者，以兔为未定分也。积兔满市，过而不顾。非不欲兔也，分定之后，虽鄙不争。（《慎子·逸文》）

所以法律还有定分止争的功能。法律确定了名分，事物各得其所，人们也就不争，社会也就稳定有序；相反，如果没有法律对名分的确定和保护，则贤人也会争抢，社会必然混乱无序。这也有力说明，法治优于人治。

6. 反对重刑主义

慎到虽然主张法治，但他同时反对重刑主义。他说：

斩人肢体，凿其肌肤，谓之刑；画衣冠，异章服，谓之戮。上世用戮而民不犯也，当世用刑而民不从。（《慎子·逸文》）

晋秦法家商鞅韩非迷信重刑主义，认为重刑可以吓阻民众犯罪，从而达到"以刑去刑"的目的。慎到不同意这种观点，他认为，只要治理得当，轻刑也没有人犯罪；治理不当，重刑也不能阻止犯罪。例如，有虞之诛，轻刑而人民不犯罪；现在用重刑而人民不从。所以慎到认为，依靠重刑不能禁止犯罪。从道法家的立场来看，"宪律制度必法道"（《管子·法法》），法律必须合乎天道民心，重刑主义违反天道民心，所以不可行。

三　田骈的法治思想

田骈是一位由道入法的思想家，以"贵齐"著称。田骈从大道出发，提出"齐万物以为首"，贵齐尚法。齐法家是一种客观主义思想，寻求一种以规则为基础的客观秩序，反对人治的不确定性。因此，田骈贵齐，齐于普遍理性（道），齐于客观规则（法），而不是齐于帝王的个人意志。田骈主张集中众人之智，对内实行法治，反对人治；对外主张和平，反对侵略战争。这正是齐法家内外政策的集中体现。

（一）贵齐之道

田骈是黄老学派的尚法派，借道明法，其思想以贵齐尚法著称。《吕氏春秋·审分览·不二》说："陈骈贵齐"。田骈曾师从彭蒙学到"贵齐"要领，主张"齐万物以为首"（《庄子·天下》）。田骈要求人们摆脱各自狭隘的是非观念，回到"明分""立公"的自然之道，从"不齐"中实现"齐"。人各有所欲，这是不齐，但人们都有公正的需要，这是齐，所以要通过制定公正的法律来治理国家，规范人们的行为。

战国时代，诸子百家，学派林立。《吕氏春秋·审分览·不二》说：

> 老聃贵柔，孔子贵仁，墨翟贵廉，关尹贵清，子列子贵虚，陈骈贵齐，阳生贵己，孙膑贵势，王廖贵先，儿良贵后。

百家争鸣，莫衷一是，然诸侯治国，必有取舍。鲁用儒家，秦用法家，而齐用道家。黄老学派思想最为包容，故齐国稷下，百家荟萃。田骈作为黄老学派人物，以贵齐之道调和各派争议。万物虽有多样性，但在道的层面则是统一的。因此，田骈认为，不齐中有齐，齐中有不齐，意图以道家学说统摄各派观点，同时也允许各派保持各自的独立性。这种态度与儒法两家的尖锐对立显然是不同的。

从"贵齐"思想出发，田骈要求"因性任物"，认为"无政而可以得政"（《吕氏春秋·审分览·执一》）。因为大道齐一是治国的最高要领，所以田骈主张以黄老学派思想治国，实行无为政治。可见，田骈是将黄老思想引向无为政治的重要人物之一。

（二）用众思想

田骈认为个人的智识、能力都是有限的，众人之智优于一人之智，因此，要治理好国家，必须充分发挥众人之智，使人尽其才。以众智治国，超过尧舜再世，更能治理好国家。这也是田骈主张法治，反对人治的依据。《吕氏春秋》有记述田骈的用众思想，治理天下必须依靠民众。田骈曾对齐王说：

> 孟贲庶乎患术，而边境弗患；楚、魏之王，辞言不说，而境内已修备矣，兵士已修用矣。得之众也。（《吕氏春秋·孟夏纪·用众》）

君主制定法律要出乎于众，合乎民意，不能将个人意志凌驾于众人意志之上。田骈"得之众"的主张，说明其重视民众在国家治理中的地位和作用。

（三）法治论：无为任法

田骈与慎到一样，主张君主无为法治，同时，田骈强调法治优于人治。

1. 无政主义

因为大道齐一，是治国的最高要领，所以田骈要求君主以黄老学派思想治国，实行无为政治。《吕氏春秋·审分览·执一》记载田骈以道术说齐，齐王应之曰："愿闻齐国之政。"田骈对曰：

> 臣之言，无政而可以得政。譬之若林木，无材而可以得材。愿王之自取齐国之政也。……变化应来而皆有章，因性任物而莫不宜当。

田骈"无政而可以得政"的治国思想是典型的黄老"无为而治"的政治思想，即君主虚静无为，"因性任物"，让人民各得其所，就可以实现天下大治。

2. 法治因循人性

田骈认为人性自利，"人皆自为"，人的行为莫不为利益所引导。田骈说：

> 天下之士，莫肯处其门庭，臣其妻子，必游宦诸侯之朝者，利引之也。游于诸侯之朝，皆志为卿大夫，而不拟于诸侯者，名限之也。（《尹文子·大道上》）

人性自利，所以相争，相争必乱，所以只能用法律来界定名分，才能限制人们的欲求，规范人们的行为，稳定社会秩序。

田骈认为既然人性自为，德治无效，只能依据人性实行法治。田骈说：

> 人皆自为，而不能为人。故君人者之使人，使其自为用，而不使为我用。（《尹文子·大道下》）

所以，田骈主张治国要用人的"自为"，不用人的"为我"，也就是主张法治，反对德治。不求私爱于己，而以名法齐之，以禄赏劝之。

3. 法治出自理性

田骈还认为法治出自理性，法治优于人治。《尹文子·大道下》记载了田骈等人关于人治与法治优劣的讨论。田骈与宋钘探讨尧时太平的原因，宋钘认为是圣人人治的缘故。彭蒙在一旁插话说，是法治的缘故，而不是人治。宋钘追问，人治与法治有什么不同？田骈赞成彭蒙的回答：

> 圣人者，自己出也。圣法者，自理出也。理出于己，己非理也；己能出理，理非己也。故圣人之治，独治者也；圣法之治，则无不治矣！

宋钘听了还有些疑惑，田骈则赞成彭蒙的观点，"蒙之言然"。这段关于人治与法治孰优孰劣的论述非常精彩。法治出自普遍理性，人治出自个人意志，人治意味着独断专制，所以，法治优于一人之治，只有法治才能实现天下大治。

4. 崇道尚法，反对人治

《庄子·天下》批评田骈言道而不懂得道，"其所谓道，非道"。田骈师从彭蒙，学得贵齐之道，进而主张法治，田骈"公而不党，易而无私"，这正是法家的特征。

> 弃知去己，而缘不得已。泠汰于物，以为道理。……无用知之累，动静不离于理，是以终身无誉。

田骈、慎到主张从万事万物中寻求道理，进而依据道理制定理性的规则用来规范人的行为，绝圣弃智，立公去私，实行法治。显然，田骈的贵齐之道已是道法的结合，用来治理国家社会，与庄子的齐生死、齐万物、同归于道的无治思想已有很大的区别，前者入世，后者出世，故受到庄子后学的批判："田骈、慎到不知道。虽然，概乎皆尝有闻者也。"意思是说田骈、慎到对道的理解很肤浅。庄子后学对田骈、慎到的批评，反映了田骈、慎到出自道家而超越道家，已成为注重经世致用的法家。

《荀子·非十二子》则批评田骈不懂得法："尚法而无法"。因为田骈是功利主义法家，主张法治，反对人治，所以遭到主张圣人法治的荀子的批评也就不足为怪。荀子把慎到和田骈归为尚法的一派，"上则取听于上，下则取从于俗，终日言成文典，反纷察之"。但批评其思想无儒，不可以治国：

> 尚法而无法，下修而好作，……则偶然无所归宿，不可以经国定分。

荀子认为田骈"尚法而无法"。说其尚法，是指田骈主张法治；说其无法，是指其反对儒家德治人治。田骈主张立法"取从于俗"，严格执行法律，所以是功利主义法家；同时，他反对儒家的人治德治，所以荀子批他欺惑愚众，不可以经国定分。荀子对田骈的批评，反映了儒法两家在人治法治问题上观点的对立。

四　尹文的法治思想

金受申说："稷下派的学说，大旨在'正名''唯道''尚法'。"①说得很好，不过顺序稍改一下：唯道—正名—尚法，就更好了。稷下学正是由道学向名法的发展，而尹文完成了这一发展。《尹文子·大道下》说："以无事取天下，……以名法治国。"尹文是齐法家的集大成者，自道以至名，由名而至法，上承老子，下启韩非，其学说以法理见长，是齐法家的法理学家，集中体现在《尹文子》一书之中。尹文区分道治、法治与人治，并认为道治优于法治，法治优于人治。尹文法治思想的核心是"正名"。如何正名呢？正名必因天道人性。正名然后循名责实，就是法治。正名其实就是我们今天所说的立法，法治就是依法办事。在尹文子看来，道治是治国的最高境界，法治是道治退而求其次的方法，而人治是最差的统治方法。谁说中国古代没有法理学家？尹文的因道循法不逊亚里士多德的良法善治，尹文的无为法治更胜过韩非的严刑峻法。尹文的正名立法方法就是逻辑法学的方法，与德国概念法学有相似之处，若后世将其发展下去，可推动形式法学的发展。

（一）道治论

从大道出发，尹文主张无为而治，而法治是无为而治的实现方式。

1. 无为而治

尹文认为万物的变化都是由道主宰的，体悟大道，就能懂得有形的人和万事万物本质上皆为虚幻，懂得虚幻就能顺应自然，与大道同一。《列子·周穆王》记载尹文论虚幻：

> 有生之气，有形之状，尽幻也。……造物者其巧妙，其功深，固难穷难终。因形者其巧显，其功浅，故随起随灭。知幻化之不异

---

① 金受申：《稷下派之研究》，商务印书馆1930年版，第50页。

生死也，始可与学幻矣。

因为大道以虚幻为本，所以尹文主张君主无为而治。《说苑·君道》记载尹文向齐宣王进论人君之事：

> 大道容众，大德容下；圣人寡为而天下理矣。

尹文对无为与有为的关系有比较辩证的看法。尹文认为，无为并非无所作为，提出以是否"有益于事"来衡量取舍是否作为，要求言行必行合乎道法。这就要求君主治国既要无为，同时又要发挥主观能动性，有所不为而有所为。他说：

> 君子非乐有言，有益于治，不得不言。君子非乐有为，有益于事，不得不为。（《尹文子·大道上》）

"不得不言""不得不为"充分表明了尹文务实倾向，体现了黄老之学积极有为的色彩，但这种积极有为仍然不能违背"名法"。所以，尹文将老子的无为观念转化为法律框架内的有为观念。如此，无为就是不能越法有为；有为就是法律内有为，从而将无为而治转化为依法而治。也就是说无为与有为的依据就是法律，法有禁止不可为，法无禁止即可为。不得不说，尹文成功地进行了道法转换。道不可捉摸，而法律清晰可见，因道循法，就可实现社会大治。

2. 道高于名法

作为名家的法家，尹文认为法令必须合乎自然。法令有可行的，也有不可行的。违反自然的法令不可行。所以，尹文注重法令的可行性：

> "去贵妻，卖爱妾"，此令必行者也。因曰："汝无敢恨，汝无敢思。"令必不行者也。故为人上者，必慎所令。（《尹文子·大道下》）

尹文子区分治道与治术，认为治国之术必须服从治国之道。治国的大道是无为而治，而治国之术有八。《尹文子·大道下》指出："仁义礼乐名法刑赏，凡此八者，五帝三王治世之术也。"然此八者"用得其道则天下治，用失其道则天下乱"。在尹文子看来，道是诸家的统领，名、法、儒、墨皆为治国之术，均低于道。所以《尹文子·大道上》说：

> 大道治者，则名、法、儒、墨自废。以名、法、儒、墨治者，则不得离道。

道、法、术、权、势在治国上是依次递降的等级关系，但又相互依存：

> 道不足以治则用法，法不足以治则用术，术不足以治则用权，权不足以治则用势。

在治道与所有治术中，尹文最看重道治与法治，认为道治是最高的理想境界，法治是最低的底线保障，道是自律，法是强制，法不及道，大道归隐，才不得已采取法治。《尹文子·大道上》说：

> 道行于世，则贫贱者不怨，富贵者不骄，……定于分也；法行于世，则贫贱者不敢怨富贵，富贵者不敢陵贫贱。

(二) 正名论：立法

尹文以名家闻名，其正名定分思想具有很高的法理性和学术性。尹文是严谨的法理学家，阐述了立法的原理，正名定分，可谓近代德国概念法学的先声。道家认为"道不可道"，作为世界之源的大道是无可言说的，无形无名的，为了方便思考和交流，强加一个名字"道"，而由道而派生的万物则是有形有名的。在道器形名的关系上，尹文也认为，大道无形无名，而器物都是有形有名的。《尹文子·大道上》说，"大道无形，称器有名"；"大道不称，众有必名。生于不称，则群形自得其方圆"。可见，有一物必有一名，形与名是对应关系，两者统一于道。可见，尹文子将不可知的"道"引向可知的"名"，正名是法治的前提，"大要在乎先正名分"。

1. 正名定分

尹文在形名关系中，更看重名的作用：

> 名也者，正形者也。形正由名，则名不可差。（《尹文子·大道上》）

名称是规定事物形态的依据，一事物（形）之所以是一事物（名），具体的形态必须合乎其名称。例如，人们看见的一个似马的动物形态，之所以称呼其为马，是因为该形态合乎马这一概念的规定性。反过来说，判定一个事物是不是马，必须以马的概念反观这事物，才能得出结论。所以，尹文说"名以正形"，强调名称或概念对认识事物的重要性。所以，他说：

> 名者，名形者也；形者，应名者也。……故形名者，不可不正也。（《尹文子·大道上》）

从大道出发，尹文更看重名，显示了其道家唯心主义倾向。同时，尹文认为名与形是事物不可分割的两个方面，两者相辅相成。他说：

> 故亦有名以检形，形以定名，名以定事，事以检名。察其所以然，则形名之与事物，无所隐其理矣。（《尹文子·大道上》）

形名互相对照、检验，可以判定作为认识对象的事物是不是某事物，从而从具体和抽象两个角度来认识该事物，考察其内在机理。如果形名对应关系确定不变，马是马，鹿是鹿。没有人指鹿为马，则万事万物是其所是，井然有序；如果有人指鹿为马，则破坏了形名关系，必然导致社会失序。所以，尹文说：

定此名分，则万事不乱也。(《尹文子·大道上》)

名、分常相连，意义相近，但有区别。名是对事物的描述和评价，如形状、特征、属性等，分是指事物的归属，指权益、分配等。因此，尹文认为，名是分的前提，分比名更高一层。名分确定，则无争心。他说：

名定则物不竞，分明则私不行。(《尹文子·大道上》)

可见，正名的作用就是定分止争。用今天的话来说，就是通过立法界定权利关系，并加以保护，从而维护社会秩序。

2. 名称及法律分类

尹文吸收了稷下名家概念辨析的方法，对名法的逻辑分类提出了一种新的说法："名有三科，法有四呈"(《尹文子·大道上》)，尹文常将名法相提并论，可以说是最早对法律分类进行研究的人。

首先，尹文将名称分为三类：

一曰命物之名，方圆白黑是也；二曰毁誉之名，善恶贵贱是也；三曰况谓之名，贤愚爱憎是也。(《尹文子·大道上》)

名称包括自然领域的名称（一类）和社会领域的名称（二、三类）。尹文认为，除了第一类名称（自然名分）如马、鹿不能乱之外，第二、三类名称（社会名分）即社会领域的高低贵贱和善恶贤愚尤其不能乱。这显然是为封建等级社会制度辩护的。

在社会名分中，尹文尤其重视君臣上下关系，这是封建社会不变的大法：

君不可与臣业，臣不可侵君事。上下不相侵与，谓之名正。名正而法顺也。(《尹文子·大道上》)

其次是善恶贤愚的关系：

> 善名命善，恶名命恶。故善有善名，恶有恶名。圣贤仁智，命
> 善者也；顽嚚凶愚，命恶者也。（《尹文子·大道上》）

可见，社会领域的名分主要是君臣上下关系和善恶贤愚的区分。如
果社会领域这些名称或名分乱了，名实不符，贵贱不分，善恶不明，贤
者不贤，愚者不愚，贱者反而贵，贵者反而贱，则必然造成社会失序。
因此，如果事物不能各就其位，必须立法规定名分之间的关系，保证名
实相符，对名实不符者予以惩戒纠正，从而恢复社会秩序。《尹文子·
大道上》说：

> 名称者，别彼此而检虚实者也。……今亲贤而疏不肖，赏善而
> 罚恶。

最后，在名称分类的基础上，尹文将法律分为四类：

> 法有四呈。……一曰不变之法，君臣上下是也；二曰齐俗之
> 法，能鄙同异是也；三曰治众之法，庆赏刑罚是也；四曰平准之
> 法，律度权量是也。（《尹文子·大道上》）

法律则包括四类：不变之法——相当于政体法、齐俗之法——相当
于民法、治众之法——相当于刑法、平准之法——相当于计量法。四种
法律的划分是尹文对古代法理学的重大贡献，由此我们认识到中国古代
法律并非只有刑法。四类法律正是为了正名，维护封建社会统治秩序。

3. 名实分离的危害

名实分离，名实不符，必然造成社会混乱，尹文举了几个有趣的
例子。

其一，齐宣王之弓，有名无实：

> 宣王好射，说人之谓己能用强也，其实所用不过三石。（《尹
> 文子·大道上》）

齐宣王好射，喜欢听人夸赞自己能用强弓，其实他所用的不过是三石之弓。左右侍从都试着来拉弓，拉到一半都停下了，都说弓力不下九石，不是大王谁能拉得了？齐宣王听了很高兴，然而他不知侍从是奉承而已，还自鸣得意。九石之弓是名，三石之弓是实，宣王之弓有名而失实。以此自鸣得意，则不知己；以此识人，则受蒙蔽；以此治国，岂不乱乎？

其二，黄公之女，有貌（形）无名：

> 齐有黄公者，好谦卑。有二女，皆国色。以其美也，常谦辞毁之，以为丑恶，丑恶之名远布，年过而一国无聘者。（《尹文子·大道上》）

齐人黄公好谦卑，女儿本是倾城国色，他偏偏对外宣传自己女儿长得丑。养在深闺人未识，造成其女难嫁，最后只好嫁给了鲧夫。其女国色是实，称其女为丑女是名。鲧夫娶其女，违名而得实。可见名实不符，害人不浅。

其三，名称乱用，名实分离：

> 庄里丈人字长子曰"盗"，少子曰"殴"。盗出行，其父在后追，呼之曰"盗，盗"。吏闻因缚之。（《尹文子·大道下》）

一个乡下人给两个儿子取名，一个叫"盗"，一个叫"殴"。喊其大儿"盗"，吏捆其大儿；又忙呼其小儿"殴"，吏听了便猛揍其大儿。可见，名实分离，容易引起混乱。

其四，同实而异名，同名而异实：

> 郑人谓玉未理者为璞，周人谓鼠未腊者为璞，周人怀璞谓郑贾曰："欲买璞乎？"郑贾曰："欲之。"出其璞，视之，乃鼠也。（《尹文子·大道下》）

郑人之璞与周人之璞名同而实不同，造成了市场交易秩序的混乱。相同的名称，在不同的地方或者不同的时期，其所指称不相同，也会造成混乱，甚至引起纠纷。

上述种种名实分离，名不符实的例子，都造成了混乱，由此可见，正名是治国的第一要务。尹文看到了战国时期礼崩乐坏，旧的社会秩序崩溃，新的社会秩序还没有建立起来，所以尹文要求统治者先正名，确定人与人、人与物之间的关系，名分确定以后，通过法治，循名责实，才能使社会秩序安定下来。因此，正名是法治的首要环节。

4. 名实的变通

尹文强调正名，在反对名实分离的同时，也指出是非具有相对性，名实分离在特殊条件下有其必要性，因此盲目固守名分也是有害的。《尹文子·大道上》说："是者常是，非者常非，亦吾所信。然是虽常是，有时而不用；非虽常非，有时而必行。"他举宋襄公与楚人战于泓的例子：

> 公子目夷曰："楚众我寡，请其未悉济而击之。"宋公曰："不可，吾闻不鼓不成列。"

宋襄公固守周礼之名，等楚军渡河列阵以后再战，错失有利时机而战败被俘。宋襄公不懂是非的相对性，不懂得名与实的分离在一定条件下的必要性，尝到了恶果。因此，既要正名，确定是非标准，并严格遵循；同时，随着时间推移和条件变化，也不能死守成法，不知变通。

宋钘的正名与孔子所讲的正名已大不相同。孔子说，"名不正，则言不顺"（《论语·子路》），将正名看作治国的第一要务。不过，孔子所说的正名是"克己复礼"（《论语·颜渊》），就是要恢复周礼的等级制度，实行礼治。宋钘的正名则是从无为之道出发，要求顺应时代的变化，与俗同好恶，定分止争，实行法治。

（三）法治论

尹文由名入法，以民为本，主张循名责实，实行法治。

1. 民本位

尹文的法治价值取向是民本位，顺从民心，以人民的是非为是非标准：

> 则犯众者为非，顺众者为是。（《尹文子·大道上》）

所以，尹文主张人民的权益通过立法确定下来，加以保护。所以要求立法与世俗同好恶：

> 世之所贵，同而贵之，谓之俗；世之所用，同而用之，谓之物。（《尹文子·大道上》）

从民本位出发，尹文要求君主"酬万民"，为民众谋福利，争取人民群众的拥戴：

> 故为人君，不可弗与民同劳逸焉。故富贵者可不酬贫贱者，人君不可不酬万民。（《尹文子·大道下》）

2. 功利人性论

法治要因循自然，因循人性。在人性论上，尹文与田骈看法一致，认为人性自利，而这正是实行法治的基础。

尹文子认为人性趋利：

> 亲疏系乎势利，不系于不肖与仁贤也。……今天地之间，不肖实众，仁贤实寡。趋利之情，不肖特厚。（《尹文子·大道上》）

尹文子认同田骈对人性的看法：

> 善哉田子之言。古者君之使臣，求不私爱于己，求（不）显忠于己。而居官者必能，临阵者必勇。禄赏之所劝，名法之所齐，不出于己心，不利于己身。（《尹文子·大道下》）

这段话表明尹文对田骈所说"人皆自为，而不能为人"（《尹文子·大道下》）观点的认同，人性自为，故赏罚可用。禄赏劝于前，刑罚责于后，则化人之自用为我用。尹文认为，君主要想使人尽力效忠，禄赏不可不厚。

3. 法治方法：循名责实

尹文的法治方法是循名责实。尹文主张以名法治国。"政者，名法是也。以名法治国，万物所不能乱。"（《尹文子·大道下》）法是名，是非曲直的准绳。法治就是保证名实相副，以名法治国也就是以法治国，只不过这里的名法具有道家色彩，名法出自于道，非君主任意为之。《尹文子·大道上》说：

> 以名稽虚实，以法定治乱，以简治烦惑，以易御险难。万事皆归于一，百度皆准于法。

可见，名与法是一致的，法就是社会领域的名分，当君臣上下、是非善恶等社会关系和行为标准被确定以后，就必须严格执行法律，使名实相符。如果名不符实，则予以惩罚。"治国无法，则乱；有法而不能用，则乱。"（《尹文子·大道上》）可见，所谓法治，就是运用强制性法律，使人人守法，名实相符：

> 上不胜其下，下不犯其上，上下不相胜犯，故禁令行。（《尹文子·大道下》）

尹文认为立法就是正名，正名就是定是非的标准。正名以后，君主不得随意违背它，否则必然造成混乱，国家难以治理。尹文批评齐王不依据法律治罪，造成名实分离。尹文说：

> 今有人于此，将治其国，民有非则非之，民无非则非之，民有罪则罚之，民无罪则罚之，而恶民之难治可乎？（《吕氏春秋·先识览·正名》）

民有罪而罚，名实相符；民无罪也罚，名实不符。这就造成了混乱，民不知何从。尹文说：

> 王之令曰："杀人者死，伤人者刑。"民有畏王之令，深见侮
> 而不敢斗者，是全王之令也。而王曰"见侮而不敢斗，是辱也"。
> (《吕氏春秋·先识览·正名》)

法律制定以后，君主的言论如果与法律不一致，也会造成混乱。如
果法律本身没有问题，君主应该遵循法律；如果法律本身不完善，君主
应该修改补充法律。立法必须界定概念的内涵与外延，规定排除情形。
例如，法律规定杀人者死，但自卫杀人应该排除在外，否则，必然造成
混乱。

4. 反对废法任私

尹文反对废法任私。以名法治国，就必须行公法，废私政：

> 君宠臣，臣爱君，公法废，私政行，乱国也。(《尹文子·大
> 道下》)

儒家总是提倡人治德治，主张君宠臣，臣爱君，这就导致因私情而
弃公法而不用，必然导致国家的混乱。

5. 反对重刑主义

尹文反对晋秦法家的重刑主义，重刑只会激起民众的反抗，达不到
治国的目的，因此尹文主张刑罚适中。《尹文子·大道下》说：

> 凡民之不畏死，由刑罚过。……刑罚中则民畏死，畏死，由生
> 之可乐也。

6. "先诛"思想

尹文子虽然反对重刑主义，但对危害国家和君主统治的罪行则主张
毫不手软，必须先诛，施以重罚。《尹文子·大道下》说：

> 先诛者，非谓盗，非谓奸。……乱政之本下侵上之权，臣用君

之术，心不畏时之禁，行不轨时之法，此大乱之道也。

我们知道，法家鼻祖李悝的《法经》以《盗贼》为首，以为"王者之政，莫急于盗贼"（《晋书·刑法志》）。尹文认识到，像盗窃奸私这些普通犯罪并不是最重大的犯罪，并不危害统治的根本，危害统治根本的是篡权和野心，因此思想犯罪才是最重大的犯罪，必须先诛。尹文子引用孔子诛杀少正卯为例，孔子摄相，干的第一件事就是七日而诛少正卯①。少正卯授徒讲学传播法家思想，与孔子的治国理念相对，所以成为孔子施政的一大障碍，故孔子诛杀之。孔子的弟子质疑孔子为什么要杀少正卯？孔子列举了诛杀少正卯的五条罪状："人有恶者五，而窃盗奸私不与焉。一曰心达而险，二曰行僻而坚，三曰言伪而辩，四曰强记而博，五曰顺非而泽。"（《尹文子·大道下》）这五条先诛之罪，少正卯兼而有之，怎能不杀？从当时孔子推行礼治的立场来说，这样做也许是必要的，但无疑开了思想专制的先河。尹文子赞成先诛，这也反映了战国思想由百家争鸣走向一统的要求，下启了荀子和韩非子。荀子也赞成先诛。韩非子与孔子的做法相反，韩非子认为儒家是导致战国混乱的罪魁祸首，"儒以文乱法"（《韩非子·五蠹》），所以要用先诛来对待儒家，"是故禁奸之法，太上禁其心，其次禁其言，其次禁其事"（《韩非子·说疑》）。但目的是一样的，排斥思想异己，维护专制统治。先诛的本质是"诛心"，实行思想专制。先诛思想的历史影响是很大的，后来的重罪十条将这一思想制度化，文字狱是其典例，维护了封建统治，但禁锢了思想发展。

（四）权势论

法与权的关系是法家绕不开的话题，在君主制下，法律的权威寄托于君主，因此齐法家与晋秦法家一般主张君主要集中权势。只不过，晋秦法家主张绝对君权；齐法家则认为君权受自然法约束。尹文一方面认为君主要有权势；另一方面又强调君臣分工，与众共治，同时反对君主人治。可见在权势问题上，尹文学说具有一定的矛盾性。

---

① 《荀子·宥坐》有相同记载并认可了此事，但朱熹以来，儒家常质疑此事真假，其效果反而是宣传了此事。

1. 势治论

尹文关于势的概念是指权势、权威。《尹文子·大道上》说，"势者，制法之利器，群下不可妄为"。尹文主张君主要集中权势，"术可秘，势可专"。集中权势就是要牢牢把握赏罚大权，《尹文子·大道下》说：

> 今使由爵禄而后富，则人必争尽力于其君矣；由刑罚而后贫，则人咸畏罪而从善矣。

为了集中权势，尹文认为不杀不足以立威，"治主之兴，必有所先诛"。然而什么是君主要率先诛杀的呢？晋秦法家李悝曾说，王者之政，莫急于盗贼，把盗贼看作破坏社会安定的主要因素。尹文则不同，认为"先诛者，非谓盗，非谓奸"，盗与奸虽然也危害社会，但并不是引起社会混乱的最大因素，最大的因素是下侵上之权。尹文说：

> 乱政之本下侵上之权，臣用君之术，心不畏时之禁，行不轨时之法，此大乱之道也。（《尹文子·大道下》）

同时，尹文也认识到，权势来源于众人，"犯众者为非，顺众者为是"（《尹文子·大道上》）。因而要求君主顺从群众，为民众谋福利，争取人民群众的拥戴：

> 人君不可不酬万民。不酬万民则万民之所不愿戴，所不愿戴则君位替矣。（《尹文子·大道下》）

尹文要求君主集中权势，这是君主主权条件下的无奈之举，但是作为理论家，他也意识到君主过度集权的危害性，也与道家无为而治的思想相背离，故提出君臣分工以及与众共治思想。

2. 君臣分工

尹文主张君臣分工，君主立法定名，臣子执法效能，即君无为而臣有为：

> 庆赏刑罚，君事也；守职效能，臣业也。……君不可与臣业，臣不可侵君事。(《尹文子·大道上》)

3. 与众共治

齐法家一般认为法治优于人治。田骈、宋钘等人曾在一起读书，展开了一场关于古代尧时太平盛世的原因是人治还是法治的讨论。宋钘认为尧时太平盛世是由于圣人之治的结果，彭蒙则认为是圣法之治而非圣人之治所致。尹文对法治与人治关系的认识则比较复杂。

首先，《尹文子·大道上》认为，人的智能是有限的：

> 物皆不能自能，不知自知。……夫不能自能，不知自知，则智好何所贵？

所以人不可全能，独善独能反而造成天下大乱：

> 独行之贤，不足以成化；独能之事，不足以周务；出群之辩，不可为户说；绝众之勇，不可与征阵。凡此四者，乱之所由生。

由于个人的智能有限，所以尹文认为不能将天下系于一身，因此尹文反对一人独治：

> 天下万事，不可备能，责其备能于一人，则贤圣其犹病诸。

但不同于田骈，尹文同时认为法治也需要贤人来施行。《尹文子·佚文》说："有贤有不肖，故王尊于上，臣卑于下，进贤退不肖，所以有上下也。"因此，与田骈等人鲜明反对圣人之治，主张圣法之治有所不同，尹文并不一般地反对圣人之治，但主张圣人与众共治。《尹文子·大道上》说：

> 故所贵圣人之治，不贵其独治，贵其能与众共治也。

也就是说，治国需要圣人，但反对圣人独治，而是要求圣人与人共治。理想的治理是使每个人都能充分发挥自己的才智。《尹文子·大道上》说：

> 是以圣人任道以夷其险，立法以理其差。使贤愚不相弃，能鄙不相遗。

与人共治的思想带有朴素的民主成分，也就是说法治要与民主结合起来，充分调动每个人的积极性来治理国家。尹文认识到，法治的权威不在于君主集权，而在于充分发挥众人的才智和作用，因为，君主集权必然造成独断，独断就是独治，独治就是人治，所以君主集权根本上必然是与法治不相容的。因此，在势治与法治的关系上，尹文认为法治优于势治，势治只是法治的必要辅助。所以他说：

> 道不足以治则用法，法不足以治则用术，术不足以治则用权，权不足以治则用势。（《尹文子·大道上》）

由此可见，在尹文看来，权术不过是法治的辅助，法治高于势治。

需要注意的是，晋秦法家和齐法家都讲势治，但他们的势治论是有很大不同的，甚至可以说是对立的。晋秦法家的势治理论是赤裸裸的"权力至上"论，过于强调君主集权而走向专制独裁；而齐法家的势治理论则是"借势"论，指向权力来源于民众的支持而要求君主无为，以防范君主独裁专制。例如，晋秦法家韩非要求君主大权独揽，"权势不可借人"（《韩非子·内储说下》）；齐法家田骈则要求实行无为之治，"无政而可以得政"（《吕氏春秋·审分览·执一》）。

第 四 章

齐法家的法治实践

齐国自管仲变法以后，基本上沿用了以法治国的方式。但管仲以后，齐国积弊日久，霸主地位已大大衰弱。田氏代齐以后，齐国逐渐形成了研究管仲治国经验的齐法家，为复兴桓公霸业出谋划策。邹忌是田齐时代齐法家理论的重要实践者，适应时代变化采取了一系列修法革新措施，辅佐齐威王、宣王使齐国成为战国前期的强国。本章还简要介绍了齐国的法制。

第一节　威宣之治及其成功要素

威宣之治可以说是齐法家的成功实践，探讨威宣之治的成功要素，对于我们进一步认识齐国法治方式具有重要意义。

一　威宣之治

司马迁说："是以齐富强至于威宣也。"（《史记·货殖列传序》）威宣之治是齐法家理论的成功实践。齐国在齐威王和齐宣王时期，大兴稷下学宫，重用齐法家实行变法，经济发展，文化繁荣，国力强盛，成为战国中期首屈一指的强国，此所谓"威宣之治"。

经过威宣之治，齐国成为中原盟主，恢复了桓公霸业。齐威王曾多次与诸侯会盟，公元前334年与魏惠王举行徐州会盟，徐州会盟是战国中期最重要的外交事件，标志着周礼秩序的崩溃和齐国取代魏国成为中原盟主。魏惠王率领韩国和一些中原小国到徐州朝见齐威王，"与诸侯会徐州，相王也"（《史记·魏世家》），魏惠王尊齐威王为王，齐威王也承认魏的王号，史称"徐州相王"。要知道，此前只有楚国、吴国、越国这些非中原国家称王，且不为中原国家所承认，因为中原国家仍然尊周天子为天下共主。所以，徐州相王标志着周礼秩序的彻底崩溃，中原诸侯不再是隶属周天子的诸侯而是与周王平起平坐的王；还标志着齐国取代魏国成为新的中原霸主，魏国等中原国家尊齐以抗衡日益崛起的秦国的威胁。这也说明，战国中期，虽然魏衰秦起，但齐国的国力仍然在秦国之上。齐威王登位之际，秦国重用商鞅开始变法，此时秦国的国力上升，但尚不及齐、魏等大国。在中原是魏、齐争雄，会盟都不带秦国参加。齐国重用军事家孙膑，两次大败魏国，魏国在齐秦东西夹击之下开始走向衰落，而齐秦先后崛起，成为战国中期两强。

齐宣王时，随着国力强盛，齐宣王的称霸野心有所显露。公元前314年，齐宣王发兵平燕国子之之乱，仅仅5个月就占领了燕国。平乱本来是受燕人欢迎的，然而齐宣王却不肯退兵，想趁机吞并燕国，在诸侯的干涉和燕人的反抗下，才不得已退兵。这件事也为后来燕国攻齐和齐国的衰落埋下了伏笔。

二 威宣之治的成功要素

威宣之治的成功要素归纳起来主要有三点：一是尊士，二是法治，三是议行分开政体雏形。

（一）尊士

田氏代齐后，最初三君在位时间短，国力不显。齐威王继位初期，沉湎酒色，不理朝政，诸侯来伐，国内不治。稷下先生淳于髡等敢于并善于劝谏。淳于髡劝威王说，"酒极则乱，乐极则悲，万事尽然"（《史记·滑稽列传》），齐威王听后幡然悔悟，从此罢长夜之饮，除淫靡之风。对于齐威王不理朝政，淳于髡以大鸟止于王庭讽喻威王"三年不蜚又不鸣"（《史记·滑稽列传》），齐威王遂亲理朝政，重用齐法家，实行一系列改革措施，振兴齐国。其中首要的就是广开言路、尊贤养士，所以有稷下学宫的兴盛，自不必说。

齐威王死后，齐宣王即位，在位之初，喜好声色，不重视人才。稷下元老淳于髡劝齐宣王尊贤纳士。在与齐宣王谈论帝王所好时，淳于髡直言宣王少一好。淳于髡说古代帝王有四好，古代帝王好马、好味、好色，此三好王亦好之，然而"古者好士，王独不好士"（《说苑·尊贤》）。齐威王虚伪地为自己辩解说，不是不好士，而是国中无士可好。淳于髡说，古代的名马骅骝骐骥、古代的美味豹象之胎、古代的美女毛嫱西施，今天没有，王选于众，所以大王对于良马、美味、美女是真的喜好。为什么唯独对士的要求那么高呢？"王必将待尧舜禹汤之士而后好之，则禹汤之士亦不好王矣。"（《说苑·尊贤》）

齐宣王虚心接受了批评，决心延续威王政策，尊贤养士。于是大兴稷下学宫，扩大规模，提高待遇，招揽天下贤士。稷下学宫发展到了极盛时期，齐国成为中原首屈一指的大国。

（二）法治

齐威王即位之初不理朝政，后在淳于髡、邹忌等人的劝谏下，行赏罚，振朝政。齐威王审视各地治理以后，发现即墨大夫治理有功，田地开辟，人民丰衣足食，齐国东方安宁，然而朝中有不少人说他坏话。威王认为，这是即墨大夫没有贿赂他身边的人来求取荣誉的缘故。威王因而召来即墨大夫"封之万家"（《史记·田敬仲完世家》）。同时，威王发现阿大夫治理不力，田野荒芜，人民疾苦，防卫松弛，然而朝中却有不少人说他好话。威王认为，这是阿大夫重金贿赂他身边的人来求取荣誉的缘故。因此召来阿大夫，而"烹阿大夫"及左右曾赞赏阿大夫的人。齐威王循名责实，一赏一烹，充分运用了法家的治国手段，取得了良好的治国效果：

> 于是齐国震惧，人人不敢饰非，务尽其诚。齐国大治。诸侯闻之，莫敢致兵于齐二十余年。（《史记·田敬仲完世家》）

威宣之治使得齐国复兴，齐国成为继战国初期雄主魏国之后崛起的中原霸主，民富国强。由于齐国工商业发达，齐都成为东方大都会。齐都人口众多，市面繁华，文化体育活动也非常兴盛。不仅著名的古代足球运动——蹴鞠在齐国兴起，还有齐国贵族的赛马会也经常举行。正如司马迁所说："齐带山海，膏壤千里，宜桑麻，人民多文采布帛鱼盐。临菑亦海岱之间一都会也。"（《史记·货殖列传》）

(三) 议行分开政体雏形

威宣之治的关键是稷下学宫的兴起。稷下学宫不仅为威宣之治提供了人才，更为威宣之治提供政策方案。稷下学宫具有双重性质，一是大学性质，二是议会雏形。很多学者都承认稷下学宫的大学功能——学术机构，但很少有人注意到稷下学宫的准议会性质——参政议政机构。

稷下学宫首先是一所官方大学，承担发展学术和培养人才的功能。稷下学宫是继魏国西河之学后的战国中期学术中心，吸引着各国学子前去留学，不仅为齐国同时也为各国输送了大量治国人才，韩非、李斯是其中的杰出代表。

但稷下学宫创立的初衷是为齐国治理献计献策，因此稷下学宫网罗天下贤才给予士大夫待遇，职能是"不治而议论"（《史记·田敬仲完世家》），与现代议员职能不谋而合。"不治而议论"却位列大夫，这是破天荒的制度创举，其政体意义非同凡响，但尚未引起研究者的注意。学界一般认为稷下学宫"不治而议论"具有官方智囊团的性质，但这远非官方智囊所能囊括的。官方智囊往往承担官方交给的任务和事项，提出对策供官方施政参考。议会是相对独立地议论时政，并提出政策方案。稷下先生享受大夫待遇，"不治而议论"，参政议政，还常被齐王作为外交使节派遣出使他国。可见，稷下学宫初步具备了准议会性质，有点类似我国今天的政协会议。不过这个议会雏形的议员不是选举的，而是官方招揽的贤才，即当时的知识精英。

威宣之治是在由作为议会雏形的齐法家提供治国之策、齐王予以采纳、邹忌为首的大臣负责施行的三方合作政治实践并取得了成功。稷下齐法家不治而议论，初步充当了议会功能；丞相邹忌承担了行政功能；齐王任用贤才，垂法而治。可见，威宣之治已具备议行分开的政体雏形。在齐法家无为法治理论指引下，立法与行政功能将逐渐分开，这是齐国法治的应然趋势，只是这种进程最终被秦灭齐打断了。

第二节　邹忌修法

邹忌是威宣之治的主要实施者，主持修法。战国时期，各国通过变法实现了由奴隶社会向封建社会的转变。战国变法风起云涌，魏国李悝变法、楚国吴起变法、秦国商鞅变法、韩国申不害变法，还有齐国的邹忌修法，此起彼伏，书写了战国的时代风骚，然而各国变法的方式和程度有所不同。晋秦法家的变法是大刀阔斧，尤其商鞅变法可以说是暴风骤雨，所以惊世骇俗，阻力很大，斗争激烈。相对来说，齐法家的变法就温和得多，只能说是和风细雨，所以阻力较小，比较顺利。秦国通过变法实现了由奴隶社会向封建社会的巨变，齐国的封建化变革则是渐进式的。严谨来说，邹忌变法只是一种政治改良，因此称作邹忌改革或邹忌修法比较准确。

一　广开言路，尊贤纳士

邹忌主张君主要虚心纳谏，以革除政治弊端。邹忌常常劝说齐威王，但他说话很讲究策略，善于因物比类。无论是鼓琴，还是比美，他都能从这些身边的事例中引出治国的大道理来。

《战国策·齐策》中记载了邹忌以"比美"劝齐王纳谏的故事。邹忌身材高大，相貌英俊，一天早朝前穿衣照镜子，看到镜中穿朝服的自己，有些自鸣得意，就问妻子："我孰与城北徐公美？"妻子回答说，当然是先生更美。城北徐公是齐国著名的美男子，所以邹忌有些不自信，又问他的妾，小妾的回答与妻子一样。第二天，有客人来拜访，邹忌又问了客人同样的问题，客人的回答和他妻妾的回答还是一样的。第三天，徐公自己来了，邹忌盯着徐公看，认为自己比不上徐公美丽；又对着镜子看自己，更觉得比徐公差得远。三个人为什么说谎呢？邹忌晚上躺在床上反复思考，弄清了三人不说真话的道理：

> 吾妻之美我者，私我也；妾之美我者，畏我也；客之美我者，欲有求于我也。

邹忌从中悟出自己受到了蒙蔽，进而认识到齐威王受到的蒙蔽比自己更严重。于是入朝见威王，以自己在与徐公比美这件事上受到妻子、小妾和客人的蒙蔽来劝谏齐王广开言路。他说：

> 今齐地方千里,百二十城,宫妇左右莫不私王,朝廷之臣莫不
> 畏王,四境之内莫不有求于王:由此观之,王之蔽甚矣。

齐威王倒也开明,听取了邹忌的谏言,下令奖赏臣民进言批评朝政,此即有名的齐威王"进言令"。命令说:

> 群臣吏民能面刺寡人之过者,受上赏;上书谏寡人者,受中
> 赏;能谤讥于市朝,闻寡人之耳者,受下赏。

齐宣王这个进言令是继子产不毁乡校后又一个彪炳史册的倡导言论自由的光辉典范。进言令相较于秦始皇的焚书坑儒乃至明清的文字狱来说,那真是天壤之别。专制统治下,表面一片祥和,人们不是对统治者施政没有意见,而是不敢说呀!所以,遇到如此开明的君主,人们争先恐后进言:

> 燕、赵、韩、魏闻之,皆朝于齐。此所谓战胜于朝廷。

邹忌建议齐威王广开言路,改良政治,使得齐国不废一兵一力,在朝堂上就战胜了别国。这或许就是民主政治的魅力吧,众人之智胜过一人之智。

邹忌一方面举荐贤才,一方面又裁减冗员。也就是说,庸者下,能者上。《战国策》记载,齐宣王初即位时沉湎酒色,独不好士人。邹忌等人劝谏齐宣王尊贤纳士,重用法家。邹忌举荐仕人众多,宣王不高兴,因而重用举荐人少的晏首。邹忌告诉齐宣王"一人之孝不如五子之孝"的道理,贤能之人是越多越好,因为齐国富强和称霸需要大量人才。齐宣王这才明白晏首嫉贤妒能,堵塞压制能人而不用。

二 谨修法律,实行法治

当邹忌以鼓琴喻治国之道博得威王赏识而得到相国之职后,淳于髡带领稷下先生前去拜访邹忌,探其虚实,询问其治国主张,并借以提出治国建议。

《史记·田敬仲完世家》记载，淳于髡说了五个寓意深刻的微言：
"得全全昌，失全全亡"；"豨膏棘轴，所以为滑也，然而不能运方穿"；
"弓胶昔干，所以为合也，然而不能傅合疏罅"；"狐裘虽敝，不可补以
黄狗之皮"；"大车不较，不能载其常任；琴瑟不较，不能成其五音"。
淳于髡的微言隐喻治国的方方面面，如治国要考虑周全，要正直尽职，
要以民为本，要善于用人，要实行法治。

对此，邹忌心领神会，对答如流。邹忌表明了"请谨毋离前""请
谨事左右"的尽职思想；"请自附于万民"的民本思想；"请谨择君子，
毋杂小人其间"的用人思想；"请谨修法律而督奸吏"的法治思想。邹
忌的回答正合乎齐法家推行法治的政策主张，因而赢得了稷下先生的赞
赏。淳于髡说：

> 其应我若响之应声，是人必封不久矣。

淳于髡对此次考察很满意，因此认为大王没有用错人，并预言邹忌
不久会受封。后邹忌果然被封为成侯。这段对话，反映了淳于髡具有民
本位功利主义法治思想。淳于髡对邹忌的赞赏，也说明他们的治国主张
是一致的。邹忌采纳了稷下齐法家淳于髡等的建议，修明法律，实行
法治。

齐国法律，因俗简礼，本以习俗法见长。邹忌修法，促进了齐国法
律的法典化，增强了法治。邹忌修法，差不多与商鞅变法同时，但没有
商鞅变法那样轰轰烈烈，这正是反映了齐法家与晋秦法家思想的不同。
齐法家以道家无为思想为指导，"因俗简礼"，因此齐国的封建化法律
是渐进式发展的，所以邹忌修法没有遇到明显阻力。而在秦国，商鞅要
完全打破秦俗和旧礼制，移植从魏国带来的《法经》，推行郡县制改
革，是一场激烈的社会和法律变革运动，所以其变法遭遇贵族保守派的
强大阻力。

三　邹忌慎战主和

前文提到，齐国尚道，有慎战的传统。但到了田齐，随着外部战争
形势严峻和内部经济实力增强，主战派有所抬头，这就形成了主战和慎

战两条路线的斗争。邹忌属于慎战派，与主战派的田忌一向不和，两人斗争尤为激烈。

1. 齐国主战派的崛起

齐国有慎战传统，但到了田齐之时，情形有所变化。威宣之时，齐国国力增强，具备争霸实力，齐国开始形成了反战派和主战派两种政治力量。当然，这也与战国诸侯争霸的严峻形势分不开。主战派主要有大臣储子、将军章子、田忌、兵家孙膑等。

齐国先后开展了几场对外战争，其中齐魏之间的桂陵之战和马陵之战、齐燕之间的灭国与复仇之战是最为重要的事件。但由于主战主和两派的反复较量，齐国的战争意志始终不坚定，最后在五国伐齐以后，变得更加保守以至于亡国。

先来看看田齐的伐燕战争。公元前 316 年，燕王哙禅位于相国子之。第三年，太子平攻打子之，燕国内乱，死者数万，燕民苦之。齐国主战派大臣储子对齐宣王说：

因而赴之，破燕必矣。（《战国策·燕策一》）

据《史记·燕召公世家》记载，连此时正在齐国为卿大夫的孟子也赞成伐燕。孟轲对齐宣王说："今伐燕，此文、武之时，不可失也。"齐宣王因令章子将五都之兵伐燕。燕人欢迎齐师，"士卒不战，城门不闭"。燕君哙和子之被杀，齐军占领了燕国。子之既死，产生了一个新问题，齐国是撤军呢还是继续占据燕国呢？主战派主张吞并燕国，主和派认为应该撤军。《孟子·梁惠王下》记载，齐宣王犹豫不决，咨询孟子："或谓寡人勿取，或谓寡人取之。……取之，何如？"孟子回答说："取之而燕民悦，则取之"，这样做的，周武王是先例；"取之而燕民不悦，则勿取"，这样做的，周文王是先例。孟子的回答是模棱两可的，而齐宣王更舍不得这块到嘴的肥肉，所以不肯撤军。这就引起了以赵国为首的其他诸侯联合干涉，扶立燕昭王（太子平，一说公子职）复国，终于迫使齐国撤军。"燕昭王收破燕后即位，卑身厚币以招贤者，欲将以报雠。"（《战国策·燕策一》）燕昭王在位期间励精图治，一心想报齐国灭国之仇，为后来的五国伐齐埋下了种子。

到了齐湣王即位，齐湣王奉行对外扩张政策，先是与秦国共同称帝，后一举灭宋，惹怒了诸侯。齐湣王灭宋给了燕昭王复仇的机会，燕昭王联合诸侯攻打齐国，所以有五国伐齐之战。

然而，齐法家慎战，邹忌和稷下先生都反对对外扩张战争，属于齐国的慎战派。所以，齐国国内存在着主战派与慎战派两条路线的斗争。

2. 邹忌与田忌的斗争

邹忌属于反战派的齐法家，反对对外战争，因此与属于主战派的田忌、孙膑等素有矛盾。眼看主战派将领日益崛起，邹忌力图削弱主战派的势力，以免将齐国拖入战争的泥潭。两派的斗争影响着齐国的历史走向。

司马迁在《史记·孟尝君列传》中记载：

> 成侯与田忌争宠，成侯卖田忌。田忌惧，袭齐之边邑，不胜，亡走。会威王卒，宣王立，知成侯卖田忌，乃复召田忌以为将。

因这段记载，后人多将邹忌视为争权夺利的卑鄙小人、不顾国家利益的奸臣。邹忌设计陷害田忌，虽然手段不光彩，但不能因此说邹忌是为了巩固个人权位的奸佞小人，实际上是出于打压好战派的无奈之举。如果说只是为了个人争权夺利，好战派则更有借战功为自己谋利益而不顾国家百姓安危的嫌疑。

对田忌领兵的齐、魏之间两次著名战役——围魏救赵和围魏救韩，邹忌一开始都持反对态度：

> （威王）二十六年，魏惠王围邯郸，赵求救于齐。齐威王召大臣而谋曰："救赵孰与勿救？"驺忌子曰："不如勿救。"段干朋曰："不救则不义，且不利。"（《史记·田敬仲完世家》）

> （宣王）二年，魏伐赵。赵与韩亲，共击魏。……韩氏请救于齐。宣王召大臣而谋曰："蚤救孰与晚救？"驺忌子曰："不如勿救。"田忌曰："……不如蚤救之。"孙子（主张晚救）曰："……晚承魏之弊。"（《史记·田敬仲完世家》）

齐王先后都听取了段干朋、田忌、孙膑等主战派的主张，派兵攻打魏军，最后杀死魏将庞涓，取得了大胜。然而，齐、魏争霸，虽然提高了齐国的威望，却大大地削弱了魏国这一阻止秦国东进的重要制衡力量。早在桓公午的时候，秦、魏攻韩，韩求救于齐。齐桓公召大臣商讨是否救韩？邹忌主张："不若勿救。"段干朋主张："不若救之。"（《史记·田敬仲完世家》）可见，邹忌一向反对伐魏。这里也可看出反战派的邹忌对地缘政治的先见之明。要知道，秦国经商鞅变法而崛起，东进企图也日益明显。

田忌在战场上的胜利提高了其威望，因此邹忌与田忌之间的政见和权力之争也越来越激烈。在马陵之战，孙膑报了庞涓之仇，重创魏国；班师回齐时，孙膑又鼓动田忌兵不解甲乘机除掉政敌邹忌，田忌未敢采纳。《战国策·齐策》记载：

> 孙子曰："将军无解兵而入齐……使轻车锐骑冲雍门。若是则齐君可正，而成侯可走。不然，则将军不得入于齐矣。"田忌不听，果不入齐。

果然不出孙膑所料，邹忌欲除掉政敌田忌，已在齐王面前诬告田忌谋反。为此，邹忌不惜采纳了公孙阅的陷害之计：

> 公何不令人操十金卜于市，曰："我田忌之人也。吾三战而三胜，声威天下。欲为大事，亦吉乎不吉乎？"卜者出，因令人捕为之卜者，验其辞于王之所。（《史记·田敬仲完世家》）

田忌知道了这件事，就率兵攻打临淄，要求交出邹忌，结果兵败而逃。邹忌诬蔑田忌欲谋反，逼走了田忌，田忌只得投奔楚国："田忌亡齐而之楚。"（《战国策·齐策》）

邹忌与田忌的恩怨，表面看是争权夺利，实际上主要还是由于政见的不同，属于道家与兵家之争，主和派和主战派之争。作为兵家的田忌一向主战，孙膑除了主战之外还夹杂着个人复仇因素；而作为齐法家的邹忌一向主和，力求自保，不干涉他国内政。很多人依据史料关于邹忌陷害田忌的记载认为邹忌为奸险贪权之人。这种看法有失公允，没有看到邹忌一向具有反战主张，固然有他的道理。我们来看齐魏争霸的结果。魏齐是战国前期强国，两强相争，秦国得利。经过桂陵、马陵之战，魏国受到重创，走向衰弱。齐国并无开疆拓土的实惠，仅获得一个中原盟主的虚名，"其后三晋之王皆因田婴朝齐于博望，盟而去"（《史记·田敬仲完世家》）。秦国东出战略少了一个强力屏障，等于是齐国为秦国而战。田忌、孙膑善于打仗，但地缘政治战略则显然不及邹忌深谋远虑。当然，在战国时代，偏安一方也是不可能的，应有所战有所不战，因而逼走大将田忌是齐国的损失。

邹忌死后，齐国好战派抬头。齐宣王时一度占领燕国，后退兵。齐湣王即位后，更是穷兵黩武，脱离了齐法家的路线，灭了宋国，导致五国伐齐，齐国走向衰落。

第三节　补充：齐国的法制

由于文献资料的缺乏，我们对齐国法制的研究难以展开，但研究齐国法治不能撇开齐国法制，本节对齐国法制作初步探讨，有待深入。

一　齐国政制

齐法家先驱管仲为齐国进行了地方自治的制度设计，即"参其国而伍其鄙"（《管子·小匡》）。"参国伍鄙"制度勾画了一幅文武分政的地方自治图景。与商君的"郡县制"改革有所不同，郡县制度重在加强中央对地方的集权统治，而齐法家重在地方自治，"武政听属，文政听乡"（《管子·小匡》），五鄙享有地方自治权，而且军政分开。

这套文武分政的制度到了田齐发展成为五都制。除了首都临淄以外，还在四境设立四个较大的都城（东边的即墨、南边的莒、北边的高唐、西边的平陆），兼有商贸和军事重镇的功能，对首都临淄形成拱卫之势。五都相当于秦国的郡县，但与郡县制又有着不同。虽然两种行政体系都是由国君统治，但是五都制的各个都的自治程度比郡县制的更高，相当于今天的自治区。在五都制中，各都拥有自己的常备军，负责保卫国境及本都的安全，并可以在对外战争发生时由国家统一调动。如齐国伐燕时，"王因令章子将五都之兵，以因北地之众以伐燕"（《史记·燕召公世家》）。后来五都制在齐国复国中发挥了重要作用，乐毅大军攻破齐国后，即墨军民坚守孤城与燕军长期对峙，最后一举复国。

五都制是一种中央地方分工制，介于分封制与郡县制之间。五都制有利于地方经济的发展，但不利于君主集权。齐王的权势远不及秦王，齐国的五都体制使得齐王的权力大为削弱，没有秦王那样的战争动员能力，因此在强敌面前齐国缺乏战斗动员能力，是经济大国齐国被军事强国秦国所灭亡的重要原因之一。

二 齐国的商业习俗

齐法家主张因俗简礼，从民所欲，所以齐国商业习俗得以保留和发展，商业经济在诸侯国中最为发达。

司马迁说："太公至国，修政，因其俗，简其礼，通商工之业，便鱼盐之利，而人民多归齐，齐为大国。"（《史记·齐太公世家》）

在姜太公看来，如果在齐地强力推行周礼，容易产生民族矛盾，不利于治国安邦。所以姜太公没有在齐国推行繁琐的周礼，而是保持齐地的习俗，赢得了齐民的支持。齐地原本瘦瘠，多盐碱地，没有中原农业发达。《汉书·地理志》载："齐地负海潟卤，少五谷，而人民寡。"姜太公因地制宜，没有以农业为主，而是注重工商业的发展。齐地位于东海之滨，素有鱼盐之利，因此姜太公减轻工商业的赋税，鼓励鱼盐业的发展。齐民发自内心拥护姜太公，周边人民不断来归，齐发展成为诸侯大国。

管仲"令顺民心"发展工商业，是对姜太公所定的"因俗简礼"国策的继承和发展。

田齐延续齐国因俗简礼的政策，农商并重，齐国因鱼盐之利而是最富有的。战国中期，齐都临淄是各国商业和文化中心，富甲一方，不仅是东方的大都市，也是当时的世界大都市。

从齐国因俗简礼的治国政策来看，齐国的习俗法不仅较为发达，而且是得到官方承认的。

三　齐国的刑罚制度

古代文献关于齐国刑罚制度的记载比秦国少得多，使得我们对齐国的刑罚制度知之甚少，这也从一个侧面说明，齐国的刑罚相对来说应该没有秦国那么严酷。

《晏子春秋·内谏下》曾记载晏婴劝齐景公减轻刑罚。齐景公时，加重了刑罚，致使齐国"藉重而狱多，拘者满囹，怨者满朝"。一时之间，国内民众因为违法犯罪而被砍去双脚的人有很多，以致集市上"踊贵屦贱"（《左传·昭公三年》）。对这种情况，晏子抓住机会进行劝谏。一次，景公要为晏婴更换位置更好的住宅，晏婴以靠近市场便于体察民情，有利于正确决策为由而拒之。《左传·昭公三年》载：

> 公笑曰："子近市，识贵贱乎？"对曰："既利之，敢不识乎？"公曰："何贵何贱？"于是景公繁于刑，有鬻踊者。故对曰："踊贵屦贱。"既已告于君，故与叔向语而称之。景公为是省于刑。

景公刑罚过于严酷，而陈氏施德于民。晏婴以"踊贵屦贱"告诫景公："齐其为陈氏矣！公弃其民，而归于陈氏。"景公听言，遂下令减轻酷刑。这大概是减少肉刑的最早记载，比汉初文帝除肉刑早了三百多年。

陈氏代齐，靠的是推行仁政，向民众施惠，因此，齐民不仅不反对，而且非常认可。田齐时期，很少关于刑罚严酷的记载。齐威王时，《史记》曾记载齐威王烹了渎职的阿大夫，可见田齐存在烹刑这种残酷的肉刑。据《七国考》搜集整理，田齐的刑罚种类有烹、杀、斫、车裂、刖、金刀等。可见，齐国还保留有一些残酷的肉刑，但种类比秦国要少得多。

金刀（又作金分）指"金刀之法"，最初由管仲制定。《国语·齐语》记载：

> 制重罪赎以犀甲一戟，轻罪以鞼盾一戟，小罪谪以金分，宥间罪。索讼者三禁而不可上下，坐成以束矢。美金以铸剑戟，试诸狗

马；恶金以铸钼、夷、斤、劅，试诸壤土。

　　管仲用赎刑的方法解决齐国兵甲不足的问题，规定犯罪可以剑戟、金分赎刑，且重罪轻罪都可以赎。管仲的赎罪法不仅使得齐国甲兵大足，而且实际上也是变相地废除肉刑。这种赎罪法被田齐延续下来，"齐宣王行金刀之法"（《七国考·田齐刑法》）。汉代也承继了齐的赎刑，且赎刑的种类更加丰富。在肉刑普遍存在的时代，赎刑是一种进步，但不可否认，赎刑客观上加重了刑罚的不平等，使得权贵以及富有阶层能够有特权逃脱严酷刑罚的制裁，而底层民众是无力交钱赎刑的，即使是司马迁这样的廉吏也因为交不起巨额赎金而只得接受了宫刑。

　　关于车裂之刑的存废，《孔丛子·对魏王》第十三章记载，齐王行车裂之刑，群臣谏，不听。子高曰：

　　　　今天下悠悠，士无定处，有德则往，无德则去。欲规霸王之
　　　　业，与众大国为难，而行酷刑以惧远近，国内之民将畔，四方之士
　　　　不至，此乃亡国之道。

　　齐王遂除车裂之法。先来考证一下这个齐王是谁？可以从子高入手。子高为孔子七世孙孔穿，战国中后期鲁国人，曾与公孙龙辩论，《公孙龙子·迹府》记载："龙与孔穿，会赵平原君家。"据钱穆考证，其生卒年约公元前 312 年到公元前 262 年，可见活动于齐湣王（公元前 302—前 284 年在位）时期。因此，上文中这个齐王大概就是齐湣王。子高还曾向齐王推荐管穆为临淄宰，齐王嫌穆容貌陋，民不敬。子高回答说："夫见敬在德。"（《孔丛子·对魏王》第十三章）齐王"于是乃以管穆为临淄宰"（《孔丛子·对魏王》第十三章）。可见，齐王是比较听信这个孔子后裔子高的。又据《吕氏春秋·恃君览·达郁》记载："列精子高听行乎齐湣王。"这个列精子高是个贤人，曾效命于齐湣王，似与孔穿子高是同一人，不太可能同时有两个子高为齐湣王效力，这两个子高又都奉行儒家思想。综上所述，行废车裂之刑的是齐湣王。

　　齐湣王是有名的不道之君，为巩固权力，加重了刑罚，不顾群臣反

对，采用车裂之刑。孔子的后裔子高认为治国之道在德不在刑，劝说齐王行德政、废酷刑，反之则亡。齐王听从了子高的建议，废除了车裂之刑。可是，在受到苏秦间谍事件的刺激后，齐湣王还是对苏秦施行了车裂之刑。可见，齐国肉刑的存废是不稳定的，往往在君主的一念之间，但与秦法的严酷相比，则是小巫见大巫了。

第五章

齐法家的衰落与分化

　　齐法家主张君主无为法治，鼓励人民致富，齐国采用齐法家政策经过威宣之治走向强盛，成为战国中期能与秦国相抗衡的强国，一度并称东、西帝。除了军事外，齐国综合国力实则强于秦国，尤其是在经济文化方面。然而，在五国伐齐之后，齐国走向衰落，齐法家也同时走向衰落，齐国最终亡于秦国。秦齐两国都是法家治国的成功典范，然而最后统一天下的是秦国而不是齐国，其原因值得深刻思考。稷下学宫后期的著名学者荀子对齐法家思想进行反思和改造，引儒济法，形成礼法家；荀子的弟子韩非则反儒尚法，回归醇法家。

第一节　为何统一天下的是秦国
而不是齐国？

　　战国中期，齐国都城临淄不仅是东方的大都市，也是当时代的世界大都市。临淄富甲诸侯，对其富裕程度，司马迁在《史记·苏秦列传》中借苏秦之口有生动描述：

> 临淄之中七万户，臣窃度之，不下户三男子，三七二十一万，……临淄之途，车毂击，人肩摩，连衽成帷，举袂成幕，挥汗成雨。家敦而富，志高而扬。

　　这段话从临淄的人口规模、临淄市民的生活方式以及临淄与诸侯的贸易往来等方面描述了临淄的富裕程度。首先，临淄城中的人口有七万户，按每户六口估算有 42 万人，加上外来人口，不下 50 万，这在两千多年前的古代世界，可以算得上是首屈一指的大都市。其次，临淄市民生活富裕，有丰富的文化体育活动，如鼓瑟、斗鸡、六博、蹴鞠等，这些娱乐、赌博、体育活动已具有现代资本主义生活方式的初步特征，尤其是齐国发明的蹴鞠可谓是现代足球运动的先声。最后，齐国盛产盐铁，齐都临淄是东方商业中心，与天下贸易往来，各国商人云集，通往临淄途中各国车辆接连不断，络绎不绝。更不消说，齐国还是东方文化中心，稷下学宫是古代著名官办大学，天下名士学子云集。

《史记·孙子吴起列传》还记载了田忌赛马的故事。田忌与齐国贵族赛马，三赛三败，田忌输了，很郁闷。重新比赛时，孙膑为田忌谋划比赛策略，他对田忌说：

> 今以君之下驷与彼上驷，取君上驷与彼中驷，取君中驷与彼下驷。

孙膑以田忌的下马出对齐王的上马、田忌的上马出对齐王的中马、田忌的中马出对齐王的下马与齐王赛了三场，一败二胜，赢了齐王千金。司马迁记载这个故事本意是表明孙子的智谋，但我们也能从中知晓其时齐国贵族已经盛行赛马活动。今天著名的香港赛马活动引自西方，海南自贸港也要引进赛马。其实，赛马并非西方的专利，中国古已有之。田忌赛马的故事早已家喻户晓，不过中国人只是从谋略的角度来解读这个故事，而没有看到赛马也是一种经济活动和商业社会生活方式。如果从这个角度进一步思考，只是秦一统后而不幸夭折而已。

《孟子·滕文公下》中有一个关于楚人学齐语的讲述：

> 孟子谓戴不胜曰："有楚大夫于此，欲其子之齐语也，则使齐人傅诸？使楚人傅诸？"
>
> 曰："使齐人傅之。"
>
> 曰："一齐人傅之，众楚人咻之，虽日挞而求其齐也，不可得矣；引而置之庄岳之间数年，虽日挞而求其楚，亦不可得矣。"

楚国大夫的孩子想学习齐语，是请楚人教，还是请齐人教？就像我们今天学英语，是跟中国老师学好，还是跟英美老师学好？有条件的当然是请外教，学原汁原味的英语。所以戴不胜回答说，请齐人教齐语。孟子说，请齐人教齐语，不如让他到齐国去留学来得更好。这是学外语的经验之谈，语言环境最重要。孟子讲这个楚人学齐语的故事，本意是用来说明人的品性受环境的影响很大，欲使君王向善，则君王身边的人必须都是善士，如果君王身边围绕着一帮奸诈小人，只有一两个善人，则君王也难以向善，所谓近朱者赤近墨者黑是也。然而，我们也能从这个故事中推知，可能不仅楚大夫请人教其儿子学齐语，当时很多外国人也都在学齐语，包括经商的和求学的，就像今天我们很多人都学英语一样，齐语相当于国际语言，可见齐国在当时的影响力。后来秦国推广秦小篆，也是想在语言文字方面与齐国争锋，降低齐国文化的影响力。

《盐铁论·论儒》说："齐威、宣之时，显贤进士，国家富强，威行敌国。"从上述几则故事和描述，我们可以从中管窥齐国在齐法家政策治理下民富国强的一些情况。与秦国推动的以军事硬实力称霸天下不同，齐国以经济文化软实力成为秦国忌惮的雄主，一度与秦并称东西二帝，然而齐国最终为秦国所灭，这是为什么？

第二节　齐国与齐法家的衰落

五国伐齐是战国形势走向的分水岭，齐国由此走向衰落，齐法家也同时衰落。由于齐国的衰落，秦国得以一家独大，秦国统一天下的大势加速形成。

一　五国伐齐与齐国的衰落

战国末期秦国独霸，齐国在经历五国伐齐这一劫难后，虽然得以复国，但国力大大削弱，已经无力争霸。齐国只求偏安一方，固守自保，再也无法与秦国抗衡了。随着齐国国力的衰弱，稷下学者或流散或死亡，齐法家衰落。

（一）五国伐齐

经过威宣之治，齐国国力大增，成为战国中期数一数二的强国。齐湣王即位以后，开始对外扩张。此时秦国经商鞅变法后日益强大，齐、秦展开了争霸中原的较量。"及湣王，奋二世之余烈，南举楚、淮，北并巨宋，苞十二国，西摧三晋，却强秦，五国宾从，邹、鲁之君，泗上诸侯皆入臣。"（《盐铁论·论儒》）但齐湣王骄横跋扈，嫉贤妒能，急于称霸，一意孤行，树敌过多，终遭灭国之祸。

齐国齐宣王时曾平燕国子之之乱，一度灭了燕国。燕昭王复国后，一心想复仇。名为纵横家的苏秦实为燕国间者被派到了齐国，意欲挑动齐、秦两强争霸而坐收渔翁之利。苏秦在骗取齐湣王的信任后，先是离间齐湣王与主张合纵抗秦的齐相田文。齐湣王罢免了田文的相位，逼得这位孟尝君后半生只得游走诸侯之间与齐、秦对抗。苏秦利用合纵之名，挑动诸侯相争。在五国合纵攻秦迫使秦妥协和解后，苏秦掉转枪口，鼓动齐湣王伐宋，意欲将战火引向齐国。宋为中原膏腴之地，列强环伺，却为齐国独吞，招致"诸侯恐惧"（《史记·田敬仲完世家》）。齐国灭宋成为五国伐齐的导火索，而主要策划者是燕昭王和苏秦。燕昭王见复仇时机一到，于是联合三晋和秦，五国诸侯"合谋而伐之"（《盐铁论·论儒》），由燕将乐毅率领五国联军攻打齐国，在济水西岸大败齐军。

五国伐齐，为什么少了楚国？《战国策·楚策一》记载，五国约以伐齐。昭阳对楚王说："五国以破齐，秦必南图。"五国伐齐，最大的受益者将是秦国。对此，除了秦国外，楚国是唯一清醒的，所以没有派兵参加联军；且在济水之战后，楚国威逼利诱韩国退兵，五国合纵得以瓦解。如果不是因为害怕齐亡以后秦国的威胁，那么五国可能恨不得瓜分了齐国。

四国退兵后，唯有复仇的燕国不肯退兵。"诸侯兵罢归，而燕军乐毅独追，至于临菑。"（《史记·乐毅列传》）燕军在乐毅指挥下乘胜追击，攻破临淄，然后长驱直入，一路势如破竹，攻下大半个齐国，只剩下莒和即墨两城未攻下。齐湣王在临淄破城之前车裂苏秦后，逃到莒城。楚国派大将淖齿到莒城救援，名为救齐，实为侵地，齐湣王惨死于淖齿之手（这里也可看出不愿齐国灭亡的楚国这时也想浑水摸鱼）。

（二）田单复国

田单本不是将军，只是一个管理市场的小官。在五国灭齐之战时坚守即墨城 5 年，使得联军不得寸进。后来田单使用反间计让燕王换下了统军大将乐毅，然后巧布火牛阵大破联军，杀掉新上任的大将骑劫，然后乘胜追击，将燕军赶出了国境，收复了齐国沦陷的 70 多座城池，一举光复齐国。他这一战堪称传奇！以弱胜强，几近灭亡的齐国得以复国。

齐湣王被杀后，"莒人共立法章，是为襄王"（《史记·田敬仲完世家》）。襄王在莒五年，田单复国后，"迎襄王于莒，入临菑"（《史记·田敬仲完世家》）。齐襄王封田单为安平君。

齐襄王虽入临淄，但军政大权实际掌握在田单手里。由于田单覆灭了侵齐燕军，收复了齐国失地，也是齐国的王族，他的个人声望达到了极点，可以说威震天下。这也造成了齐襄王的猜忌，君臣之间早生嫌隙。而此时赵国愿以三座城池换田单，田单和齐襄王都比较乐意。田单交出了兵权，去了赵国；齐襄王拿到兵权，亲自治理齐国。这场君臣之斗以和平方式解决，但齐国的能人却被别国挖走了。战国时代，各国之间的争霸，除了实力以外，就是人才的竞争，得人才者得天下。燕昭王用乐毅，以弱燕灭强齐。田单以其才复国，齐襄王见妒，去齐而归赵，襄王是安心了，却是齐国的损失。

随着田单的离去，齐国再无善统兵之将。田单去了赵国，曾带兵再次攻打燕国，夺取了三座城池。还与老对手乐毅、赵国名将赵奢等交往，最后老死于赵国。

（三）齐襄王父子苟且偷安

齐湣王虽然刚愎自用，但还有称霸志向，到了齐襄王父子早已丧失了称霸天下的抱负，只求苟延残喘、偏安一方，对于六国之间的争霸，摆出坐山观虎斗的姿态，置身事外，仿佛与自己无关。

经历过这场浩劫，齐国人都有极强的厌战心理，普遍反对争霸战争。齐国元气大伤，满目疮痍，山河破碎，急需等待齐襄王重建齐人的家园。齐王、宗室、贵族、百姓都不愿再经历这种国家浩劫，根本原因就是齐国霸权惹得众怒，不争霸才是最好的生活状态。所以，君臣上下，骨子里已经有了偏安一隅的想法，并且将会越陷越深，无法自拔。

同时，齐国人对天下人失望又怀恨在心，秦国攻打他们，齐国人不仅不会施救，反而幸灾乐祸，仿佛是替自己复仇了。后期，当六国中，秦、赵、楚、魏、韩的战争正在如火如荼地进行中时，齐国在干吗？齐国一在看天下诸侯大戏，二在稷下学宫搞学术。稷下学宫得以重建，但已不能恢复以前的盛况了。

公元前 265 年，齐襄王在复国的 14 年后去世，儿子田建即位，成为齐国最后一代君主。齐国虽然经历了亡国浩劫，但经过多年的休养生息，加上盐海之利，商业发达，土地广阔，城池林立，人口众多，迅速恢复了国力，数十万人马还是有的，所以秦国对此也比较忌惮，周围国家也想联合齐国对付强秦的威胁。可惜，齐国纵然有有识之士，齐王建也不会采纳其意见。

公元前 266 年，秦昭襄王任命范雎为相，将魏冉等四大家族赶到函谷关外。范雎主张"远交而近攻"（《史记·范雎蔡泽列传》）的外交战略，破除合纵，各个击破。远交就是稳住齐国，齐国与秦国不交界，没有直接的利益纠纷，因此不能像以前再打齐国，应当与之交好，其结盟一直到公元前 221 年齐国灭亡。而近攻就是阻挡在秦军东进路上的韩赵魏，一步步蚕食其领土。韩赵魏不情愿而又不得已地为齐国挡了半个世纪的刀。尤其是赵国，从公元前 270 年开始就拖住了秦国。从而，使齐国在秦与诸侯热战的情况下抽身事外，隔岸观火，苟且偷安。

对于秦国此一连横谋略，明眼人一看就知道，黄鼠狼给鸡拜年——没安好心，然而齐国甘愿上钩，以求自保。痴心妄想只要秦国不攻打自己就万事大吉了。公元前 259 年，秦攻赵，爆发了著名的长平之战，因齐国憎恨五国，不愿援赵。秦破赵于长平，发生了历史上著名的坑卒事件，"四十余万尽杀之"（《史记·秦本纪》）。赵国国力大衰，从此一蹶不振，秦军东向遂无忌惮，齐国亦失去了赵国在前的屏障。长平之战，标志着合纵的破灭，六国再也无力联合抗秦，各国争相割地以贿赂秦国。

因此，五国伐齐是战国走势的真正转折点。战国虽有七雄，实则只有三强，战国史就是三强争霸史，其余都是配角。战国初期魏国崛起，战国中期齐、魏争雄，战国后期秦国独霸。齐国在经历五国伐齐这一劫难后，虽然得以复国，但国力大大削弱，已经无力争霸。齐国只求偏安一方，固守自保，再也无法与秦国抗衡了。后来秦国剑锋直指军力稍强的赵国，在长平之战中消灭赵军主力，进而围邯郸，诸侯莫敢救赵，而争相事秦。所以魏将新垣衍劝赵国投降。"秦所为急围赵者，前与齐湣王争强为帝，已而复归帝；今齐已益弱，方今唯秦雄天下，此非必贪邯郸，其意欲复求为帝。"（《史记·鲁仲连邹阳列传》）这段话道出了当时诸侯无力抗秦、屈膝投降的心态。齐衰秦强，战国后期的舞台，就是秦国一家独霸，各国争相割地赂秦以偷安。秦国各个击破，终于完成统一大业。

二　稷下学宫及齐法家的衰落

稷下学宫在齐威王时兴起，在齐宣王时达到极盛，到齐湣王时开始走向衰落。齐湣王没有继承威宣二王尊贤养士的传统，反而嫉贤妒能，刚愎自用，不听谏言，使得一些稷下学者纷纷离开了齐国。正如《盐铁论·论儒》所说："及湣王，奋二世之余烈，……矜功不休，百姓不堪。诸儒谏不从，各分散。慎到、接子亡去，田骈如薛，而孙卿适楚。"

（一）"慎到、接子亡去"

《盐铁论·论儒》说，"慎到、接子亡去"。由于齐湣王不尊贤纳士，稷下先生各自分散，慎到也逃走了。慎到离开齐国去向哪里了呢？史书没有直接记载。但据有关史料来推测，慎到很可能是随楚国质齐的太子横离齐去楚。

《战国策·楚二》记载，楚襄王当太子的时候，曾作为人质质于齐国。楚怀王死时，太子横向齐王提出要求归国。齐王提出条件："予我东地五百里，乃归子。"太子横说这事要与他的老师慎子（慎到）商量后才能决定。楚太子傅慎子对太子说："献之地，所以为身也，爱地不送死父，不义。臣故曰献之便。"太子便对齐王说："敬献地五百里。"齐王遂答应楚太子回国。从这段史料记载可以看出，慎到曾做过楚襄王（太子横）的老师（太子傅）。太子横质于齐是在公元前300—前299年，应是在齐湣王的时候。因此，慎到可能是随太子横离开齐国到了楚国。太子回到楚国继位后，齐湣王派人来讨要楚国东地。楚襄王召集群臣商讨对策。有人主张献地以守信；有人反对献地，要求率兵驻守；有人提出向秦国求援以抵抗齐国。楚襄王不知该听从谁的建议，便向慎子求教。慎子说，"王皆用之"，即同时采用三策：一是派人赴齐献地假装履约拖延时间；二是派大将率军坚守东地；三是派人出使秦国请求援助。齐王怒，派兵攻打东地，秦国果以五十万大军压境。"齐王恐焉。乃请子良南道楚，西使秦，解齐患。士卒不用，东地复全。"

慎到深知齐湣王贪婪，又不听劝谏，恐怕惹祸上身，故另投明主。慎到到楚国时年岁已高，可能不久就死于楚国。1993 年发掘的郭店楚墓的墓主人身份很可能是太子傅，下葬年代约在公元前 290 年上下，墓中随葬有大量道家书，因此墓主人可能就是慎到。

接子与慎到同时，在齐湣王时离开稷下，逃到哪里去了呢？未见明确的史料记载。接子是齐国人，有可能回到家乡隐居去了。

接子探究万物运动变化的原因，主张道使物动，为万物主宰，在当时影响很大。《庄子·则阳》称"接子之或使"。郭象注云："接子曰：道或使。或使者，有使物之功也。"也就是说，接子认为大道是有为的，万物之动或有某种力量使之然，这个力量即为道。

（二）"田骈如薛"

《盐铁论·论儒》说，齐湣王时，"田骈如薛"。《淮南子·人间训》亦载：

> 唐子短陈骈子于齐威王，威王欲杀之，陈骈子与其属出亡，奔薛。孟尝君闻之，使人以车迎之。

这里也说到陈骈（即田骈）奔薛，可见田骈逃到薛地投奔孟尝君比较可信。不过这里齐威王当是齐湣王之误。齐威王尊贤养士，广开言路，为明君，田骈是著名的稷下学者，威王应不会轻信别人说短就要杀田骈，换成齐湣王倒是很有可能。孟尝君活动时期与齐湣王同时，且与齐湣王不和。田骈号称"天口骈"，好议论朝政，可能批评齐湣王的穷兵黩武，为齐湣王所不容，奸人乘机陷害他，所以齐湣王动了杀心。再说齐湣王时，孟尝君也是因齐湣王听信谗言而遭罢相，回到封地薛。众所周知，孟尝君田文是以养士闻名于世，鸡鸣狗盗之徒他都收留，何况大名鼎鼎的稷下学者。威宣二王养士之风没有为齐湣王所继承，倒是由齐湣王这个堂兄弟发扬光大了。因此，田骈受齐湣王迫害而投奔孟尝君是其情理之中的事了。田骈如薛后受到孟尝君的优厚待遇，在孟尝君问田骈有何思念于齐的，田骈回答说："臣思夫唐子者。"（《淮南子·人间训》）田骈感谢唐子的陷害，才使他弃暗投明。孟尝君后来离开齐国，田骈或死于薛地，抑或随之离开了齐国。

（三）尹文"谏不从"而离去

《吕氏春秋·先识览·正名》记载，尹文见齐王，齐王对尹文说："寡人甚好士。"这个齐湣王好大喜功，独断专横，向来听不进士人的意见，却假惺惺地说他好士。尹文故意与他讨论什么是士的标准，从齐湣王回答的前后矛盾之处，尹文揭露了齐湣王好士的虚伪性，进而指出齐湣王法令混乱，名实不符，赏罚不当，必然导致士人流失，国家衰危。请看：

> 尹文曰："……此无罪而王罚之也。"齐王无以应。论皆若此，故国残身危，走而之谷，如卫。

这大概是尹文最后一次见齐湣王，指出齐湣王"无罪而罚"，搞人治而不是法治，必然导致国家不治，"国残身危"。齐王也没有听从尹文的劝谏，尹文也就离开了。公元前284年，燕军攻破了齐国，齐湣王先是逃到了齐国谷地，然后去了卫国。尹文大概死于公元前280年，很可能是客死他乡，再也没有回到齐国。

可见，齐法家的三个主要代表人物慎到、田骈和尹文在齐湣王时期都离开了稷下学宫。

此外，还有一些著名的稷下先生或已死亡，或纷纷离开了齐国，如年长的淳于髡已经死亡。淳于髡为桓、威、宣三朝稷下元老，德高望重、门徒众多。淳于髡得享高寿，死时，稷下学宫为其举行了隆重的葬礼，送葬者有三千人："诸弟子三千人为缞绖。"（《太平寰宇记》卷十九）还有齐法家实践者邹忌，为三朝元老，齐威王时为相，推行变法，宣王即位后不久，邹忌寿终正寝。

（四）稷下学宫衰落

与齐湣王嫉贤妒能相反，恰在此时，燕昭王招贤纳士，先尊燕国名士郭隗为师，为其修筑黄金台，博得尊贤名声。一时间，各国人才争相趋燕，稷下先生邹衍也因此离齐入燕。《说苑·君道》载：

> 邹衍闻之，从齐归燕。

苏秦、邹衍、乐毅、屈景皆慕名而来，"四子毕至，果以弱燕并强齐"。笔者感叹："燕昭尊郭隗，遂起黄金台。千金买马骨，四子远方来。苏秦合纵术，乐毅将相才。稷下士零落，强齐从此衰。"

邹衍到燕国后，受到燕昭王的超级礼遇。"昭王拥彗先驱，请列弟子之座而受业，筑碣石宫，身亲往师之。"（《史记·孟子荀卿列传》）邹衍在燕国运用他阴阳五行说的知识，顺应四时节气，发展农业生产，增加了燕国的播种面积和粮食产量，为燕国攻齐打下了物质基础。刘向《别录》载："邹衍在燕，燕有谷，地美而寒，不生五谷。邹子居之，吹律而温气至，而谷生，今名黍谷。"燕昭王死后，邹衍事燕惠王，曾被谗下狱。《论衡·感虚》记载："邹衍无罪，见拘于燕，当夏五月，仰天而叹，天为陨霜。"这是一起冤案，后来终于得到昭雪。邹衍晚年可能在燕赵一带活动，服务过平原君。《史记·平原君虞卿列传》记载："平原君厚待公孙龙。公孙龙善为坚白之辩。及邹衍过赵，言至道，乃绌公孙龙。"

令人感叹的是，从齐国流失的人才为别国所用，甚至反过来对付齐国。不论是身为齐国贵族的孟尝君，还是稷下学者慎到、邹衍都是如此。可见，战国之时，士为养己者死，无论祖国。秦国的商鞅、张仪等莫不如此。

总之，由于齐湣王不听谏言，邹衍、慎到、接子、田骈逃走了；到五国攻齐，临淄城破，稷下学者更是四散流失；再加上一些稷下学者前辈如淳于髡、彭蒙、环渊等可能已经自然死亡，稷下学宫就这样衰落了。

（五）荀子独撑后期稷下学宫终离去

田单复国后，齐襄王努力重建稷下学宫，部分流亡的稷下学者如荀子又回来了，"齐襄王时，而荀卿最为老师"（《史记·孟子荀卿列传》）。齐国因为稷下先生流失而补缺，荀卿被聘为祭酒主持学宫，成为稷下学宫后期最重要的人物。但是稷下学宫仍无法恢复到威宣时期的鼎盛面貌，齐法家随之衰落。之后，齐王建即位，后胜专权。荀子谏言后胜重用贤人，后胜不听，荀子反而受到排挤，便再次去了楚国，著书讲学，终老兰陵，传承儒家经典。

稷下学宫培养的学人如李斯等纷纷去了日益强大的秦国，为秦相吕不韦所延揽。吕不韦让他们撰写《吕氏春秋》，继承了稷下学宫融合百家的风格，故《汉书·艺文志》将其列入杂家：

《吕氏春秋》二十六篇。秦相吕不韦辑智略士作。

稷下著作多为秦火所毁，而《吕氏春秋》因为很多稷下学人参与撰写而保留有稷下学者的思想痕迹，成为我们今天研究稷下学术的重要参考材料。

随着人才流失，稷下学宫日渐凋零，更在齐国被灭之后，消失在历史的车轮之中。

然而这些对秦趋之若骛的人才，有法家的，有儒家的，而法家倾向的多被重用为官如李斯，还有一些儒家倾向的也被任命为议政的博士，其中有人最后竟被秦始皇坑了。荀子弟子浮丘伯（又称鲍丘、鲍白令之、包丘子，齐国人）跟李斯是同门师兄弟，也曾到秦做了秦博士，在讨论秦朝建制时曾面刺秦始皇："陛下行桀纣之道，欲为五帝之禅，非陛下所能行也。"（《说苑·至公》）秦始皇大怒："令之之言，乃令众丑我。"（《说苑·至公》）遂拂袖而去。虽然秦始皇没有杀害浮丘伯，但浮丘伯肯定也做不成博士了，只好隐居民间讲学去了。儒生不断挑战秦始皇的法家政策，这是导致后来秦始皇焚书坑儒的主要导火索。

齐法家的思想经过荀子的儒家化改造而转化成礼法家；荀子弟子韩非将商管之法并称，反儒尚法，回归功利主义醇法家。至此，齐法家作为一个独立的法家流派已不复存在。不过，还有一部分稷下黄老学者和齐法家学者隐居民间授徒讲学，将黄老学和齐法家思想辗转传到汉初。

（六）为什么齐法家与晋秦法家命运不同？

战国时代，晋秦法家勇立时代潮头，干出了一番轰轰烈烈，甚至可以说是惊天动地、彪炳史册的事业——风起云涌的变法运动，推动了中国历史的大变革和国家的统一，令人惊叹。然而，与其事业有巨大反差的是晋秦法家自身的命运却是令人叹惋，晋秦法家虽然封官拜相、叱咤风云，但往往落得悲剧的下场。吴起乱箭穿身而亡，商鞅五马分尸而卒，韩非囹圄饮毒而终，李斯腰斩于市而死。壮志已酬而身首异处，何也？人们常常为他们鸣不平，责怪昏君无道，滥杀志士。韩非子自己也是这么认为的。

韩非子对吴起、商鞅等法家人物命运深表困惑："安能蒙二子之危？"（《韩非子·和氏》）韩非子认为原因在于法治为臣民所苦，尤其是变法损害了贵族阶层的特权和既得利益，阻力重重，需要明主才能大力推行。由此，韩非子认识到明主对法家和变法的重要性。所以韩非子认为如果没有明主，法术之士推行法治就避免不了身家性命的危险。韩非子将避免变法者自身风险的愿望最终寄托于明君的身上，可以说是晋秦法家的无奈。晋秦法家的法治依靠于君主集权，所以根本不可能主张约束君主的权力，这是晋秦法家集权法治的内在缺陷。因此，晋秦法家只能寄希望于明君推行法治。而明君是否可得不是一个定数，继任者是否可续更是难上加难，因而法家的风险就无可避免。韩非子之惑在晋秦法家那里无解，所以后来的法家李斯遭遇同样的下场也就不足为怪了，甚至韩非子本人也难逃这一法家命运的魔咒。可见，法家的法治连自己都保不住。

与晋秦法家悲剧命运相反，齐法家淳于髡、慎到、田骈、尹文等倒是平安着陆。齐法家没有晋秦法家那样轰轰烈烈的变法事业，但也没有非命而死。即使是齐湣王那样的暴君虽然不听齐法家的谏言，但也没有杀害齐法家。齐法家不过是用脚投票，纷纷离开而已。慎到去了楚国，田骈投奔了孟尝君，尹文离去，大概是著书去了。

为什么齐法家与晋秦法家命运不同？大概有两个原因：一是学术思想不同，二是人生观念不同。

学术思想上，齐法家虽然和晋秦法家都主张法治，但他们的法治理念不同。晋秦法家主张纯粹法治，走向君主集权，法治依靠君主，法治在君主之下，因此晋秦法家的法治实质上是君主人治。晋秦法家不可能主张限制君主的权力，因此，一旦遇到暴君，晋秦法家就无能为力了。李斯直到死前才明白了这一道理："不道之君，何可为计哉！"（《史记·李斯列传》）可见，晋秦法家的法治寄予明主，不遇明主则适得其反，甚至祸及自身。齐法家看到了君主专断的危害，因而主张无为法治，要求君主无为，因道循法，"令尊于君"，实际上是主张限制君主的权力。所以，在晋秦法家那里，权大于法；在齐法家这里，法大于权。权与法的关系，是法治的核心问题，齐法家敏锐地抓住了这一法治核心问题，所以齐法家在法理上的成就是高于晋秦法家的，因而反对晋秦法家的严刑峻法之治，而追求"令顺民心"。正因为如此，齐国君主没有秦国君主那样的集权，就连齐湣王也声称自己"好士"，除了杀了他恨之入骨的苏秦以外，并没有杀害批评他的人。

　　人生观念上，齐法家与晋秦法家虽然都有意通过变法改造社会，但晋秦法家追求建功立业，齐法家专注思想引导。晋秦法家积极入世，追求做官，以实现宏大抱负。如吴起最为典型，少时泣别母亲立下誓言，不为卿相，不回故乡。在鲁国曾杀妻明志以谋求将军的位子，遂率鲁军大破齐军。因鲁君仍然对他将信将疑，没有重用，吴起遂离开鲁国投奔魏国。在魏国，吴起曾协助李悝推行新法，屡次领兵大败秦军，占秦西河地区，声名远扬，官至西河郡守。文侯死，武侯即位，没有重用吴起。吴起离魏入楚，被楚悼王封为令尹，终成卿相之志。遂在楚国大展宏图，但楚悼王去世后，吴起被楚国贵族乱箭射死。商鞅也是有才有志，少学刑名之术，早年曾事魏相公叔痤做个中庶子的小官，公叔痤看重其才，临死前将其举荐于魏惠王，惠王不用。适逢秦孝公下令求贤，商鞅携李悝《法经》入秦，求见孝公，得以重用。先为左庶长，后为大良造，两次主持变法，齐国大治。然而在秦孝公死后，商鞅失去靠山，被诬以谋反之罪而遭车裂之刑。再看李斯，年轻时是个管理粮仓的小官，因领悟仓鼠哲学，认识到环境决定人生境界，遂弃官求学，拜荀子为师，学帝王之术。学成以后，没有回到衰落的楚国，而是投奔日益强盛的秦国，投靠在吕不韦门下为官，后被秦王政重用，一统六国，官拜丞相，人生何其辉煌！然而，二世即位，即遭陷害，腰斩于市，临刑前对儿子慨叹：我想再拉着你的手到蔡县东门的山坡上追逐野兔而不可复得啊！与晋秦法家相反，齐法家出自道家，相对出世，以不仕为传统，不愿意在朝为官。如淳于髡与孟子同游魏国，魏惠王更看重淳于髡的治国主张而冷落孟子，有意重用淳于髡为相，淳于髡坚辞不就，只拿了礼物回到了齐国继续做稷下学士。齐法家志在著书立说，"不治而议论"，而齐国给予他们"布衣卿相"的士大夫待遇，正合他们的人生观，能够不做官而过体面的生活。不做官，就避开了官场的政治斗争乃至杀身之祸；当君主不听谏言时，他们又能够用脚投票，所以得以保全自身。中国知识分子向来以"学而优则仕"为荣，齐法家能够"不仕而议论"来改造社会，塑造了知识分子的另一种品格，的确难能可贵。知识分子需要这种"不仕"的精神，这是成为一个独立的士阶层所必需的。几千年封建社会，一些知识分子学成文武艺，卖于帝王家，寄附于封建统治者，仕途受挫又归隐或自杀，没有做独立知识分子的勇气。当然也有例外，如明朝的李贽辞官宣扬自己的学说，至死不渝。

三　齐国衰落的思想文化原因

在某种程度上可以说，齐国兴也齐法家，败也齐法家。齐法家造就了威宣之治，成为战国中期强国。但齐法家的"无为"思想、"不仕"精神，使齐法家议政而不干政，一旦遇到不贤能的国王，齐法家就无能为力。所以尽管齐国衰落的原因是多方面的，但齐法家思想的空想性和消极性无疑是重要原因。齐法家无为法治的空想性不能阻止齐湣王滥权，齐法家无为法治的消极性一定程度上导致齐王建和齐民缺乏进取精神。齐法家无为主义法治思想在非战争时期，能使齐国经济发展文化繁荣；但这种思想不能适应战时环境，齐国在诸侯争霸的战国时代，难以独善其身，不敌晋秦法家的扩张政策。此外，齐国衰落与齐文化不求进取、只求守成的无为主义精神也有关系。

（一）齐法家思想的局限性

首先，齐法家没有统一天下的野心。齐法家遵从黄老学，信奉无为而治。因此，一般不倡言对外扩张，而是要求统治者保持虚静无为，不干扰人民的活动，从而让人民自富，国家得以自治。这样齐国民富兵不强，人民生活比较富裕，但没有尚武精神，勇战不足，不喜欢战争，战斗力显然不及民风彪悍、尚武好战的秦国。而且齐国国君的所谓雄心壮志也只满足于成为诸侯霸主，最大的理想不过想恢复桓公的功业，无意兼并天下。所以稷下学宫的主要任务也是研究管仲之治，为恢复桓公霸业提供政策支持。

其次，齐法家偏向于学术和清谈，其法治主张往往得不到有效落实。晋秦法家多是积极有为的政治家，实际执掌朝政。与务实力行的晋秦法家相反，齐法家属于清谈家，"不治而议论"，主要活动是著书立说。虽然有时国君会向他们咨询一些治国事宜，但这些学者很少有机会实际参与齐国政治。稷下学者也以不仕为荣。不仕是道家的传统，道家多世外高人。庄子拒绝楚威王相印，大笑说："我宁游戏污渎之中自快，无为有国者所羁，终身不仕，以快吾志焉。"（《史记·老子韩非列传》）稷下学者淳于髡与梁惠王相谈甚欢，"惠王欲以卿相位待之"（《史记·孟子荀卿列传》），淳于髡辞谢，终身不仕。慎到也没有实际从政，最多是做过太子傅。田骈、尹文也都是不从政的言谈家，尹文劝齐湣王尊士，湣王不听，尹文就选择离开。

最后，齐法家反战，不主张对外用兵。当野心膨胀的齐湣王想与秦平起平坐，并称二帝时，但其对外扩张政策得不到齐国内民众和齐法家的支持，反而是阻力很大。

所以齐法家的衰落是时代的必然。晋秦法家的富国强兵的积极法治思想可以说更适合战国时代诸侯争霸的需要。齐法家无为而治的消极法治思想更适合于和平年代，只能守成，不能进攻，因此在时代潮流面前被历史无情抛弃。

（二）齐文化的局限性

从大的背景来说，齐国之所以没有从五霸之首进而统一天下，反而灭国，与齐文化不求进取、只求守成的无为主义精神关系很大。齐国自立国之初姜太公定下"因其俗，简其礼"的国策，就坚持以商业立国，富国不强兵。姜太公的这个定国思想注定只能把齐国打造成为一个经济、文化强国，而不是一个军事强国。在富裕起来之后，齐国代代国君和贵族们大多贪图享乐，玩蹴鞠，抱美人，歌舞升平，对秦国的狼子野心缺乏应有的警戒。在国力强大时，不思进取；在国力衰弱时，只求自保，纵容秦国对各国各个击破，最后轮到自己灭亡也就不足为奇了。

不过，齐国衰落乃至灭亡的直接原因是齐湣王和齐王建的错误对外政策。因此，齐法家的消极无为思想并非齐国衰亡的主要原因。

四　齐国衰落的体制原因

齐法家使得齐国民富国强，但齐湣王的对外扩张招致五国伐齐，齐国被洗劫一空，由盛转衰，加上后来的齐襄王和齐王建父子惧怕战争，采取鸵鸟政策，任凭秦国侵略各国而不施救，结果坐以待毙。齐湣王的有为与齐王建的无为都不是齐法家倡导的无为之道，这对爷孙的错误政策断送了齐国。

（一）齐湣王的盲目扩张引来五国伐齐

战国中期，经过邹忌修法的齐国和经过商鞅变法的秦国成为东西方两大超级强国，战国七雄形成两超五强的局面，曾与秦国一度并称二帝。在五国伐齐以前，齐是东方大国，综合国力不亚于秦国，军事上击败魏国能与秦国相抗衡，诸侯惧齐。齐湣王因此野心膨胀，对外扩张。齐国向南扩张，占据了楚国的淮水以北土地，泗水一带的诸侯如邹、鲁等国的国君都向齐称臣，各国诸侯都很恐惧。齐湣王决定再向西扩张，侵入三晋，首先是要灭掉宋国。

公元前286年，齐国讨伐宋国。但是在齐国灭掉当时第八大国宋国时，因宋国十分富饶，尤其是宋都陶邑是当时的商业中心，齐吞宋后在国力上立马将秦国甩在身后，导致战国两超多强的局势被打破，变成一超多强，其他六国心存恐惧。燕国要复仇，秦国要弱齐，韩魏赵惧怕齐国西进，楚国想要拿回淮泗之地（后改变策略主张退兵），于是便在燕国的主要推动下形成了五国伐齐，并一战将齐国打得只剩两座城池，差点灭国。虽然后来田单复国，但齐国国力大损，再无称霸能力，自此后变成由秦国主导的一超多强局面。

五国伐齐是齐湣王中了苏秦的间谍之计所致。苏秦是燕国间谍，献计伐宋，以为燕国复仇，而齐国孟尝君主张联合攻秦。"齐王惑于秦、楚之毁，以为孟尝君名高其主而擅齐国之权，遂废孟尝君。"（《史记·孟尝君列传》）齐湣王刚愎自用、嫉贤妒能。"诸儒谏不从，各分散"（《盐铁论·论儒》）。孟尝君以尊贤爱士闻名，其被废，齐国的宾客也跑走了不少。齐湣王见利而不见其害，一意孤行，伐宋损害了各国利益，促使各国联合攻齐，齐国大败，齐湣王惨死，齐国由盛转衰。

齐秦实力相当，为什么秦国的扩张能够成功，而齐国的扩张却失败了呢?

首先,时机未成熟。秦国虽然军事实力最强,其对外扩张也是小心翼翼地采取蚕食政策,打两步,退一步,得到一些割地后就退兵,诸侯干涉的意志不强。反观齐国,在各诸侯国的实力都还没有实质性地削弱,尤其是在秦国拥有强大的军事实力时,齐湣王悍然发动灭国战争,损害各诸侯国利益,必然招来各诸侯联合干涉,其失败是必然的。要不是楚国从自身利益出发,劝四国退兵,齐国就会被灭国了。五国伐齐弱了齐国,为秦国最后兼并六国消除了一大障碍,齐湣王的鲁莽行动是为他人作嫁衣裳。

其次,地理原因。秦国地处关中,易守难攻。六国攻到函谷关前,都踌躇不敢向前,害怕成为瓮中之鳖。反观齐国,地处华北平原,一马平川,无险可守,所以乐毅大军长驱直入。

再次,外交原因。对于各国的合纵伐秦,秦国以连横抗之。反观齐国,一国战五国,而没有通过外交途径加以分化瓦解,足见齐湣王太过刚愎自用。

最后,内政原因。秦国自商鞅变法以后,富国强兵,对外扩张,已形成秦国的既定国策,也得到了秦国上下的支持;而且秦国的郡县制改革加强了秦王的集权和战争动员能力。反观齐国,齐湣王的扩张政策得不到国内支持,因为齐国有反战传统,齐民只想过好自己的安定生活,还没做好战争准备;而且齐王的权势远不及秦王,齐国的五都体制使得齐王的权力大为削弱,没有秦王那样的战争动员能力,因此在强敌面前齐国缺乏战斗动员能力。

(二)齐王建的鸵鸟政策导致坐以待毙

齐湣王死后,齐襄王继位。经历破国之痛的齐襄王父子不愿打仗,面对秦国的虎狼之心采取鸵鸟政策,只求自保。对邻国被侵不愿施以援手,而且之后的合纵齐国均不参加,外交结盟秦国,导致其余五国被逐个攻破,秦一统六国。

齐王建六年,秦攻赵,战于长平。《史记·田敬仲完世家》记载,赵军缺粮,向齐国求援:"赵无食,请粟于齐,齐不听。"齐王难忘前嫌,不予理睬。周子劝谏齐王建救赵:

不如听之以退秦兵，……且赵之于齐楚，扞蔽也，犹齿之有唇也，唇亡则齿寒。今日亡赵，明日患及齐、楚矣。

周子以唇亡齿寒的道理劝齐王，齐王听不进去。据史书记载，劝谏齐王改变政策的至少还有即墨大夫以及稷下学者荀子等人。《战国策·齐策六》中记载，即墨大夫力主伐秦，收复晋楚失地，与秦一决雌雄：

即墨大夫入见齐王曰："齐地方数千里，带甲数百万，……夫舍南面之称制，乃西面而事秦，为大王不取也。齐王不听。"

即墨大夫反对投降路线，要求齐王以齐国的实力联合各地诸侯旧贵族，共击暴秦，决一死战，必能战胜秦国而称霸天下。齐王建惧怕秦国，不听谏言。赵国战败之后，齐国再无屏障。而齐王建仍然没有醒悟过来，继续走投降路线。"秦日夜攻三晋、燕、楚，五国各自救于秦，以故王建立四十余年不受兵。"（《史记·田敬仲完世家》）齐国不仅不援助邻国，反而与秦结盟，妄想独善其身。

齐王建二十八年（公元前237年），"王入朝秦，秦王政置酒咸阳"（《史记·田敬仲完世家》）。齐王建千里迢迢跑到咸阳访问秦国，秦王嬴政盛情款待。两国把酒言欢，再次申明继续保持结盟关系。齐王建满心欢喜，岂不知秦王政摆的是"毒酒"，让齐王苟且偷安的迷魂酒。而这时，李斯掌管的间谍们成功策反了齐王的宾客、大臣，达到齐国不进入合纵联盟，不帮助五国攻打秦国的目的。亡国之君齐王建延续父辈的不战政策，在位四十余年没有兵战。舅舅后胜，做了几十年的相国，排挤贤人，不幸也被秦国策反了，主张对秦采取绥靖政策。《史记·田敬仲完世家》记载：

（后胜）劝王去从朝秦，不修攻战之备，不助五国攻秦，秦以故得灭五国。

"五国已亡，秦兵卒入临淄。"齐王建四十四年（公元前221年），秦兵攻打齐国。"齐王听相后胜计，不战，以兵降秦。"作为东方大国，齐国是秦统一战争的旁观者，却未能独善其身，只不过是最后一个被吞并者，多苟活了几年而已。至此，齐国灭亡，秦终于一统天下。对于齐国人来说，亡国之后才明白置身事外的恶果，才懂得唇亡齿寒的道理，可惜已经晚了。

（三）齐国衰落的体制原因是缺乏君权约束机制

齐国衰落从表面上看，是由于齐法家的消极反战思想。但齐法家反战，反的是对外扩张的侵略战争，而救援他国则不在此列，更遑论自卫战争。

齐湣王穷兵黩武、对外扩张，齐法家是反对的，然而反对无效，导致齐法家纷纷出走，慎到去楚，田骈如薛，孙卿适楚。

齐王建鸵鸟政策，惧怕强秦，不敢救赵。齐国有识之士力谏，晓之以唇亡齿寒的道理，然而齐王建听不进去，坐山观虎斗，最后被获胜的老虎吃了。

回想齐湣王的祖父齐威王，"用兵行威，大放穰苴之法，而诸侯朝齐"（《史记·司马穰苴列传》）。《司马法·仁本》说："国虽大，好战必亡；天下虽安，忘战必危。"这一格言真可谓对齐国亡国的生动阐释。齐湣王好战，强大的齐国差点灭国；齐王建偏安一方，在瓦釜雷鸣的战国乱世，四十余年不修战备，终于被秦国灭亡。齐儒和齐法家虽然反对侵略战争，但并不反对防御战争。齐王建将国家安全的希望，寄托于和秦国的一纸盟约之上，抽身于天下战乱之外，偏安一隅，其最终灭亡的结局，其实在这一政策的开始就决定了。

齐国亡于错误的外交政策，然而齐国大臣和稷下学者并非没有有识之士，他们力劝齐王与诸侯合纵攻秦，然而齐王不听。有识之士受到排挤，只得逃离齐国。主张齐王重用贤能的荀子，也离开齐国到楚国去了。

齐法家虽然主张君主无为法治，要求君主无为，但齐国的无为法治还处于观念形态，缺乏一个有效体制。无为法治需要一套约束君权的机制，同时还需要一个集思广益的决策机构。这两种职能在现代立宪君主制中由议会执掌。而在齐国则由"不治而议论"的稷下学宫充当这种角色，但稷下学宫没有实权，其议论仅供君主决策参考。所以齐法家没有一套约束君权的机制，既无力阻止齐湣王这样的暴君穷兵黩武、对外扩张，也无法阻止齐王建这样的庸君贪图安逸、坐以待毙。齐国的命运还是掌握在专制的君主手里，齐法家也只有遇到威王、宣王这样的明君，他们的意见才会被采纳。由于没有探索出君主无为法治的实现机制，君主无为法治不过是齐法家的一厢情愿而已，齐国的体制实际上还是君主专制，放权也好，收权也好，全在君主一念之间。不过，齐国的君主专制与秦国比起来，那是小巫见大巫，而这在战时恰恰又是一大缺点，齐王的集权有限，所以齐国难以出现能与秦始皇比肩的大独裁者，败给秦始皇也是必然的。如此看来，齐国的体制有些尴尬：分工没有分到位，集权没有集到家，无法应对秦国的攻势。

　　齐法家的无为主义法治，既不是无所作为，更不是恣意妄为，而是无为而无不为。齐国本应顺应天下大势而有所为有所不为，然而齐湣王冒天下之大不韪而灭宋，齐王建坐视秦国侵略他国而不伸张正义。所以，齐国衰落的深层原因，不在于齐法家无为主义法治的消极性，而在于齐法家没能建立君主无为法治的体制，既不能防止君主擅权妄为，也不能防止君主无所作为。这乃是齐亡的深刻原因。

　　总的看来，晋秦法家的尊君集权法治更适合战时争霸的需要，齐法家的君主无为法治更适合和平环境下发展经济文化，所以采用齐法家路线的齐国最后不敌采用晋秦法家路线的秦国而灭亡了。特别是当齐王建这个庸君加上齐法家的无为思想遇上了秦始皇这个雄主加上晋秦法家的势治思想，他们根本就不是一个级别的对手。就像绵羊遇到了老虎，结局是可想而知的了。齐国为秦国所灭亡的历史事实削弱了齐法家的历史影响力，齐法家也因之衰落。齐法家思想除了在汉初短暂复兴以外，在中国历史的政治舞台上已终结。汉兴以后，主张积极有为的儒家和严刑峻法的晋秦法家相结合，主导中国历史的进程。不能因齐亡而片面否定齐法家。齐法家的无为主义法治理论比晋秦法家严刑峻法思想更加深刻，也更蕴含现代法治精神。只是齐法家没有找到君主无为法治的实现方式而过早地衰落了。

第三节　荀子对齐法家的改造与
齐法家的分化

荀子（约公元前313—前238年），名况，字卿，战国后期赵国郇（今山西临猗）人。荀子五十岁到齐国稷下讲学，主持学宫，"三为祭酒"，是战国末期儒家现实派的代表性人物，思想具有兼容性。面对战国后期的乱世，批判各家之言，寻求治国良方，"于是推儒、墨、道德之行事兴坏，序列著数万言而卒"。现存《荀子》一书，是研究荀子思想的主要文献。荀子虽然是稷下学宫后期最后一位大师，但其学术已不属于稷下黄老学，而是对齐法家进行儒家化改造，剔除其黄老无为思想，代之以儒法结合，从而创造了荀学，走向礼法家。当然荀子对齐法家改造的同时，也吸收了齐法家的功利思想以及尹文的正名思想等。

一　荀子对齐法家的批判

荀子作为稷下学宫最后的著名学者，目睹齐国的衰落而心中忧愤，对齐法家思想进行了深刻反思。荀子批评齐法家的无为主义法治，只讲法治，而不懂得礼的作用，只讲无为而看不到贤人的积极作用，所以齐法家蔽于一曲，不懂得儒家的大理。

（一）批评齐法家重法不重礼

荀子批评齐法家慎到、田骈"尚法而无法"：

> 尚法而无法，……终日言成文典，反纠察之，则偶然无所归宿，不可以经国定分；……是慎到、田骈也。（《荀子·非十二子》）

荀子认为慎到、田骈只知道法治，却不知儒家的礼仪教化，所以不能安定国家。在荀子看来，礼是本，法是末，舍礼教而单求法治，是舍本求末，因而不可能治理好国家。

（二）批评齐法家无为而看不到人为的作用

道家和以道家思想为圭臬的齐法家都主张君主无为垂法而治。在荀子看来，这种无为主义法治忽视人的能动作用，具有消极性。荀子批评庄子和慎子蔽于一曲而看不到贤人的作用：

> 慎子蔽于法而不知贤。……庄子蔽于天而不知人。……由法谓之道，尽数矣。……由天谓之道，尽因矣。（《荀子·解蔽》）

荀子认为法家只讲法治而不知道贤人的作用，道家只讲自然秩序而不知道人为秩序的作用。荀子批评法家眼里一切都是规定的，道家眼里人只能因循。总之，他们都看不到人的积极作用。因此，荀子反对道家的无为思想，提出天人之分。荀子看到了道家因循无为思想的消极性，强调发挥人的主观能动性，主张"制天命而用之"（《荀子·天论》）。荀子反对消极顺应自然，要求人为改造世界，也就是运用儒家的礼积极改造社会。

二　荀子对齐法家的改造：引儒济法

随着齐法家衰落，稷下学发生分化，由道法结合走向儒法结合。荀子引儒济法，以儒家有为思想改造了齐法家无为思想，强调贤人在法治中的重要作用，开启儒法合流，形成礼法家。

《荀子·天论》认为，百家蔽于一端而不知大理，因而都是片面的，进而以儒家思想为指导来改造法家思想：

> 万物为道一偏，一物为万物一偏。……慎子有见于后，无见于先。老子有见于诎，无见于信。……《书》曰："无有作好，遵王之道。"

这段话是说慎子"有见于后，无见于先"，后当指法，先当指礼，意即慎子只讲法，不讲礼，慎子不懂得礼在法先，实在是蒙蔽得很呀！荀子批评法家不知礼、不知贤，从而站到了儒家的立场上试图改造齐法家，要求"遵王之道"。

荀子亲历五国攻齐和稷下学宫的衰落，深知稷下黄老学和齐法家学说的局限性之所在，于是引儒济法，"推儒、墨、道德之行事兴坏，序列著数万言"（《史记·孟子荀卿列传》），改造齐法家消极无为的法治思想，主张积极有为的德法合治，所以提出"隆礼重法则国有常"（《荀子·君道》）。

齐法家是道法结合，主张无为主义法治，反对人治。荀子反对慎到、田骈"尚法而无法"（《荀子·非十二子》），只讲因循自然的无为法治，不讲人治礼治。荀子看到了齐法家的消极性，引儒济法，强调人为（即伪）在法治中的作用，将人治与法治结合起来，变无为主义法治为有为主义法治，所以荀子主张"隆礼重法"（《荀子·君道》），实行贤人法治。

三 齐法家的分化

横向来看，稷下学宫百家争鸣；纵向来看，稷下学术的发展，经历了从黄老学说到管子学说，再到荀子学说的过程，从中我们可以看到稷下学术史发展演变的脉络。黄老学一变而为管学（齐法家），管学一变而为荀学。管学以道法为主，兼容儒墨，荀学是从管学中分化出来的，荀子以儒家思想改造齐法家，剔除其黄老学成分，将孔子礼治思想与《管子》的法治思想相结合，主张礼法并治，开启了儒法合流，形成儒法结合的礼法家。可见，礼法家是从齐法家中分化出来的。荀子以礼法结合代替齐法家的道法结合，所以荀子不属于齐法家，而是礼法家。

差不多在荀子引儒济法的同时，荀子的弟子韩非子反对荀子的儒法结合而激烈地批评儒家，将《管子》的法治思想与《商君书》的重刑主义结合，主张法治，反对儒家的人治德治。韩非子不仅从人性论、历史进化论等方面批判儒家德治思想，还从怀疑主义认识论、国本位价值观、德教的无效性等方面对儒家展开批评，是彻底的反儒主义者。他说，"故有道之主，远仁义，去智能，服之以法"（《韩非子·说疑》），最终回到功利主义醇法家（晋秦法家）的立场。韩非虽然也吸收了部分道家思想，但只是在治术的层面，而不是在治道的层面，因此韩非子也不属于道法结合的齐法家，而是醇法家。

总之，齐法家思想上接黄老，下启荀韩。稷下学宫后期，道法结合的齐法家思想由于其无为主义色彩浓厚而衰落，但由于法治思想仍然是时代的需要，因此齐法家思想体系发生新的分化。一方面，大儒荀子引儒家思想改造齐法家，主张礼法并治，开启儒法结合，形成礼法家思想；另一方面荀子的弟子韩非子等反对荀子的儒法结合而激烈地批评儒家，反对人治德治，主张专任法治，回到醇法家。

第 六 章

齐法家思想的总体评价

齐法家由道入法，道法结合，主张无为法治。齐法家提出法自然的自然法思想、民本主义的价值取向和包容主义的文化政策，这些都具有历史进步性。但齐法家也不可避免地具有历史局限性，其消极无为思想贬抑人的主观积极性，一定程度上不利于国家的强大；其君主无为法治思想由于没有君权约束机制具有空想性。

第一节　齐法家的演变与特征

齐法家的演变逻辑是由道入法，再由道法结合转向儒法结合。齐法家思想体系总的特征是道法结合，要求君主无为，任法而治，可以称为道法家。与晋秦法家的集权法治明显不同，齐法家主张无为法治。

一　齐法家的演变逻辑

晋秦法家与齐法家的演变逻辑是不同的。晋秦法家由儒转法，再由法治走向势治。晋秦法家由儒家转化而来，而最终走向了儒家的对立面，极端反儒，实行严刑峻法的高压统治，以致发生了"焚书坑儒"这样的历史事件。

齐法家由道入法，再由道法结合最后转向儒法结合。这是齐法家形成演变的主线，走出了一条与晋秦法家迥异的思想轨迹。齐法家出自黄老，一般身兼道家和法家，将道家无为而治转化为君主无为、任法而治，极大地放松了对社会的高压管控，统治比较宽松，商业习俗法得到尊重，经济文化得以繁荣，特别是思想学术界呈现出"百家争鸣"的状况，与晋秦法家形成鲜明对比。

　　齐法家上接黄老下启荀子，在道法向儒法的转变过程中，荀子发挥了主要作用。齐法家对儒家的态度是相对融合的，齐法家虽然也反对儒家的人治，但并不一般地反对教化，所以对儒家的态度也比晋秦法家温和得多。正是齐法家有融合的特征，齐法家在稷下后期开始向儒法结合的方向转化，即由无为法治转向礼法之治。荀子引入儒家的有为思想改造齐法家的无为思想，主张德法结合，实行贤人法治，从而形成了礼法家。虽然礼法家思想在当时并不为诸侯采纳，但却成为汉以后中国两千年封建社会的主流统治思想，发生了深远的历史影响。封建统治者采取德教和刑压的两种手段，礼法并用，以维护封建专制统治，这是对荀子礼法思想的发挥和运用。难怪清末维新派人物谭嗣同深刻感悟道："二千年来之学，荀学也。"[①]

　　礼法家是不同于齐法家的一种儒法交叉学派。学界常常将齐法家与礼法家不加区别，认为荀子是齐法家，这是将道法家与礼法家混为一谈，认为他们都是讲德法合治的。其实不然，他们之间的差别不是微乎其微而是相当巨大。齐法家主张法治，反对人治，认为法治是普遍理性（自然法）的事业，所以法治优于人治；而礼法家强调贤人的作用，所以认为人治优于法治。因此，严格说来，齐法家还可以说是法家，而礼法家是法家的边缘学派，附庸于儒家而已。区分齐法家与礼法家，对于我们深刻全面地理解法家思想和先秦法家的发展演变，甚至对于我们理解中国历史都是很有意义的。

二　齐法家的思想特征

　　齐法家思想的总体特征是"道法结合"，齐法家将道家的无为主义自然法思想与法家的功利主义法治理论相结合，主张无为法治。因此，齐法家可以说是道法家。与主张形式法治的晋秦法家不同，齐法家主张依法治国的同时，要求道须合法，属于实质法治。

　　（一）自然法思想

　　齐法家从道出发，认为道高于法。人大于法必须合乎道（自然法）

　　[①]　谭嗣同：《谭嗣同全集》，蔡尚思、方行编，中华书局1981年版，第337页。

的要求，也就是法不能违背自然法则。换句现代的话说：自然法高于人定法，人定法不得违背自然法。齐法家这一"道高于法"的思想，是其与晋秦法家的根本分野之所在。晋秦法家从君权至上出发，认为凡是君主制定的命令就是法律，因而法律是从属于君主的。那么，在法与权的关系上，君权显然凌驾于法律之上，因此，晋秦法家无法解决约束君权的问题。这就是商鞅感叹"无使法必行之法"的原因，也是晋秦法家法治最终失败乃至被历史抛弃的根本原因。齐法家高明在，法治之法虽然是君主制定的，但君主不能随意制定法律，齐法家给君主立法加了一个限制条件或者说衡量标准，那就是法律必须合乎道的要求，即因道立法。用现代的话来说，就是君主只能发现法，而不能制定法，同时君主也要遵守其制定的法律，即"令尊于君"。可见，晋秦法家承认君主的绝对权威和无限立法权；而齐法家则认为君权是有限的，受到道和法的约束。

（二）无为主义法治

齐法家以道家之"道"为哲学指导和理论出发点。大道的根本属性是"虚静无为"，因此，老子主张"我无为而民自化"，要求君主无为，人民能自然地把国家治理好，君主有为会给国家添乱。然而，历史证明，把国家治理好并不是一件简单的事情，甚至有时是一件令人头痛的事情。内忧外患往往需要一个有为的政府才能有效解决，同时，怀着良好政治愿望的有为政府的施政效果又有可能适得其反。这一切说明，完全无为是治理不好国家特别是大国的，而过于积极有为也可能导致社会不稳定。因此，正确权衡无为与有为的关系显得十分重要，成为齐法家思考的一个主题。

齐法家以"无为"作为构建起治国学说首要的和基本的原则，要求君主以无为本，虚静无为。然而，在齐法家看来，无为并不等于无所事事，而是要求君主垂法而治。国家的治理，纠纷的解决，是非的标准都寄托于事先制定好的法律，一切按照法律办事，君主无须劳神费力就能把国家治理好。这种把治理国家寄托于法律制度而不是人的私智的思想，就是法治。因此，无为而治的实现形式只能是法治。那种老子倡导的既排斥道德，也排斥法律的绝对的无为之治，只能是原始乌托邦式的空想而已。因此可以说，齐法家找到了一条通向无为而治的现实途径——法治。

因此，齐法家法治思想包含两个要素：一是法须合道即自然法思想；二是君主无为任法而治。法须合道必然要求制定良法；君主无为必然要求约束君权。可以说，齐法家的无为主义法治，是一种必然导向限制君权的法治学说，暗含更多现代法治元素，代表着中国古代法治智慧的顶峰。

（三）齐法家是道法家

齐法家出自道家，道家主张无为而治，然而齐法家将老子的"无为而治"转化为"任法而治"，从而将道家的无为主义与法家的法治主义结合起来。齐法家既不是醇道家，也不是醇法家，而是二者的有机结合，因此，齐法家可称为道法家。为什么道法两家容易走向结合？法治主义是一种客观主义思维，由外到内，强调对行为的规制；人治或德治主义是一种主观主义思维，由内而外，强调内心的教化。所以法治刚好是道法两家的客观主义原则的要求，人治刚好是儒家主观主义原则的要求。

道家在政治上主张无为主义，而齐法家将"无为"向"有为"方面转化，这一转化即"因循"。因循是一种客观有为，人必须发挥主观能动性，按客观规律办事，这是一种积极的无为，克服了老子无为学说的消极性。

醇法家主张功利主义法治，君主可以利用人性的功利主义，通过严刑峻法，积极有为地驱使民众为国家效力，实现富国强兵和对外扩张。齐法家看到了这种严刑峻法是违背人们的本性的，给人民造成极大痛苦，也是不合乎无为之道的，势必招致人民的反抗而自取灭亡。

齐法家将道家的无为主义与法家的功利主义结合起来，以无为约束功利，以功利改造无为。一方面，要求君主无为，反对君主对人民强加干涉；另一方面，又允许人民功利，不反对人民追求财富，仅以法律约束之。君无为而民有为，君守法而民从法，同时"令顺民心"，君民之间就必然琴瑟和谐了。

因此，齐法家将道与法有机结合起来，将无为主义与功利主义有机结合起来，开辟了一条"君主无为，任法而治"的法治路径，使得道家思想从哲学殿堂步入尘世政治，使得法家思想从治国工具上升为治国方式。可以说，齐法家是政治领域的道家，是道家无为而治理想唯一可能的实现形式。

奉行齐法家思想的齐国不仅是战国数一数二的强国，而且相对奉行晋秦法家思想的秦国来说较少侵略性。汉初休养生息政策与其说是黄老学的实践，不如说是齐法家思想的实践更来得确切。汉武帝之后，统治者抛弃了齐法家的思想，独尊儒术，走上了儒法合流的道路，实行德法合治。今天，建设法治中国，要充分吸收齐法家思想的积极成分，排除人治思想的干扰。

（四）齐法家属于实质法治类型

齐法家融合道法，主张无为法治，不像晋法家那样排斥德教，具有广泛的包容性，与晋秦法家的排他性形成鲜明对照。

晋秦法家主张法治，排斥道德，其矛头直指儒家，激烈地反对儒家的人治、德治、礼治，代之以严刑峻法的法治。

齐法家以道法为主，包容百家，融合儒家的德礼，但把德礼放在治国的第二位，功利放在治国的第一位。所以，齐法家认为，"仓廪实则知礼节，衣食足则知荣辱"（《管子·牧民》）。

可见，虽然齐法家与晋秦法家都主张法治，反对人治，但齐法家的法治与晋秦法家有很大不同。晋秦法家的法治属于形式法治，排斥道德；齐法家的法治属于实质法治，主张法须合道（自然法）。所以齐法家反对晋秦法家的重刑主义，主张令顺民心。故齐法家说："刑罚不足以畏其意，杀戮不足以服其心。"（《管子·牧民》）

齐法家的实质法治对儒家礼法之治产生了很大影响。荀子以礼法结合，代替齐法家的道法结合，为汉初董仲舒所继承和发挥，形成儒家的实质法治。

第二节　齐法家的进步性与局限性

齐法家代表着古代法治的理论高峰，当然也不可避免具有时代局限性。齐法家主张以民为本，制定良法，依法治国，具有历史进步性；同时其无为法治思想具有消极性和空想性。

一　齐法家的历史进步性

齐法家以民为本，因道循法，主张法治，其思想在多方面与现代法治精神是暗合的，具有历史进步性。

（一）民本主义价值取向

齐法家的价值取向是民本主义。齐法家强调"顺民心"，从民所欲，以民为本。齐法家的价值观与晋秦法家形成鲜明对比。晋秦法家的价值取向是国家主义，追求国家利益最大化，逆民所欲，弱民强国。齐法家认为，"治国之道，必先富民"（《管子·治国》），与商鞅弱民强国的思想形成鲜明对比。齐法家认为民富则易治，民贫则难治；而商鞅认为，民贫则易治，民富则难治。

虽然齐法家与晋秦法家都以功利主义为法治基础，但由于价值取向不同，前者把人民的功利和幸福放在第一位，后者把国家的功利和富强放在第一位，因而他们的法治方式也就显示出差别。晋秦法家实行重刑主义，严刑峻法，强制民众服从国家利益；齐法家则温和得多，他们反对重刑主义，主张令顺民心，从而让民众自觉自愿地服从法律。

齐法家认为道存于人心之中，得民心者得天下，失民心者失天下，这也是对田氏代齐合法性的一种诠释。因此，齐法家主张先民后贵，始终把民众的利益放在第一位。要让利于民，藏富于民，轻徭薄赋，养民以利。

齐法家主张正名定分，重视保障人们的所有权。《尹文子·大道上》说："名定则物不竞，分明则私不行。"在齐法家看来，定分才能止争，只有用法律明确名分（所有权）并加以保障，才能遏制人们的私欲，从而从源头上减少纠纷，进而使社会得到大治。齐法家重视所有权的保障，所以齐国的商品经济比较发达，人民生活富裕。

民本主义价值取向使得国家的发展与民众利益是一致的；国家主义价值取向往往使得国家的富强与人民的获得感发生偏差。例如，秦国虽然强大了，但秦民担负着巨大的军费开支，以及成为战争牺牲品，未必有齐民幸福。相反，齐国藏富于民，人民生活富裕，歌舞升平，文化娱乐活动发达，齐国上下都不喜战争。不过，齐国的战争动员能力也因此不如秦国，最终为秦国所灭。由此看来，民本主义是康庄大道，但国家主义在战时也是必须的。

（二）因道循法的法治精神

齐法家主张因道循法，一方面法须合道，另一方面任法而治。齐法家与晋秦法家，虽然看上去都是主张法治，但实则大不相同。在齐法家这里，"宪律制度必法道"（《管子·法法》），法治之法不是源自君主，而是源自高级法——"道"，也就是自然法则，这就对君主立法权加了约束，人定法必须因循自然法，君主的头上有道压顶，所以君权也就从源头上虚化了。不仅如此，齐法家还要求君主清静无为，任法而治，不干涉民众的自治。在外交上，齐法家奉行和平主义，因此齐国的对外扩张与其国力相比是相当克制的，与奉行晋秦法家扩张政策的秦国更是形成鲜明对比。

齐法家从道生为一出发，认识到国家需要一个君主，作为国家同一和普遍理性的象征；同时也认识到君主必然有其个人倾向和爱恶。所以，这两者之间必然会产生冲突。如果赋予君主无限的权力，必然以其个性代替国家理性实行独裁统治，损害被统治者的利益乃至国家利益。因此，齐法家从道性虚静出发，主张君主无为法治，要求君主虚静无为，轻徭薄赋，对社会不多加干涉，让民众自主地生产生活。齐法家认识到，立君为国，非立国为君，权力为天下之公器，不得私用；然而齐法家同时又认为人性是自私的，这就难免公权私用。那么怎样防止公权私用呢？齐法家提出了君主无为法治，要求君主无为，垂法而治。

齐法家认识到，立君为国，非立国为君，权力为天下之公器，不得私用；然而齐法家同时又认为人性是自私的，这就难免公权私用。那么怎样防止公权私用呢？齐法家提出了君主无为法治，要求君主无为，垂法而治。齐法家主张的君主无为法治，具有历史进步性，但由于没有发展出一套约束君主权力的制度设计，君主无为法治流于空想，难以实现。绝对的君主权力往往导致法治的破坏，因为两者在根本上是相悖的。

齐法家的法治高于晋秦法家的法治，晋秦法家的法治是君法之治，齐法家的法治是道法之治。齐法家的自然法思想与古希腊自然法思想相比也毫不逊色。齐法家的君主无为法治思想比西方中世纪的虚君思想更是早了几百年。西方的虚君思想，发展到后来就是君主立宪制；齐法家的君主无为法治思想有相似于君主立宪制的特征，只是后来被儒家圣人治国思想所代替。可见，在中国先秦时代，齐法家的治国智慧和政法思想在世界上处于领先水平。

（三）包容主义思想争鸣

齐法家可以说是稷下百家争鸣的产物，同时齐法家也引领了稷下百家争鸣。齐法家代表人物慎到在稷下学宫多次主持论辩。电视剧《大秦帝国》的片段"商鞅论战孟子"虽然是虚构的，但也反映了那个时代稷下学宫百家争鸣的盛况。

齐法家主要是道、法结合的产物，但同时也兼纳名家、儒家等思想，将其融合进自己的体系。齐法家是无为主义与法治主义的结合物。齐法家慎到、田骈出自黄老法而主张法治；齐法家尹文身兼道、名、法而主张法治。因此，齐法家具有海纳百川般的包容性。

齐法家的包容主义不仅造就了威宣之治，还造就了思想文化的繁荣。齐威王采纳齐法家的建议，广开言路，改良政治，齐宣王广揽人才而尊崇之，造就了威宣之治。天下名士、学子齐聚临淄，坐而论道，儒墨道法，百家争鸣，在瓦釜雷鸣的战国时代，造就了一个文化盛世。儒家的孟子、荀子等，道家的宋钘、环渊、接子等，阴阳家的邹衍、邹奭，名家的兒说等，还有齐法家慎到、田骈、尹文等一大批文化巨匠都到过或长期居住在稷下学宫讲学，其中享受士大夫待遇的达76人之众，不治而议论，更有天下学子，数百千人，在此留学。齐都临淄不仅俨然成了战国时代东方的文化中心，而且是当时世界的一个学术中心。儒墨道法构成了中华文化的基因，今天中国人的思想都可以追溯到那个播种的时代。

齐法家的包容性与晋秦法家的排斥性形成鲜明对比。晋秦法家"以法为教，以吏为师"，"燔诗书而明法令"，直至去除"五蠹"，焚书坑儒，实行文化专制。晋秦法家是纯粹的法家，法与权术结盟，极端反儒，也排斥道家无为守静思想。韩非子虽然也讲无为而治，但他的术势思想最终淹没了他的法思想，变成了赤裸裸的君主极权统治理论，以及思想上的专制主义。

（四）和平主义慎战思想

晋秦法家的法治目标是追求富国强兵，对外实行扩张政策，尤其重视奖励军功。赵鞅在铁之战战前发布军功令；李悝在魏国实行军功制以食有劳而禄有功；吴起在楚国实行军功制而削除世卿世禄制；商鞅更是在魏国军功制的基础上发展出了系统的军功爵制度，使之成为秦国变法的最重要组成部分。商鞅将爵位划分为二十级，"一级曰公士，二上造，……十九关内侯，二十彻侯"（《汉书·百官公卿表上》）。官爵的升迁与杀敌斩首之功相称，"斩一首者爵一级"（《韩非子·定法》）斩获一个甲首的升爵一级，所以斩首越多，升迁越大。同时，赏罚并行，对有过者罚，如商鞅规定，"一人兆而到其四人"（《商君书·境内》）。商鞅将士兵编伍为组，实行连坐，若有一人临战而逃，其余四人斩首，除非将功赎罪，谁能斩敌首一颗就可免除处罚。不仅有过者罚，甚至无功者也要受到惩罚，如商鞅规定战斗时，"百将、屯长不得首，斩"（《商君书·境内》）。百人之将，五人之长不得敌首者斩，也就是说将官要带头奋勇杀敌，无功者斩。在商鞅的军功制下，秦人只有杀敌立功一条出路，不是杀人就是被杀，别无他择，因而成了战争机器，所以秦军作战都很勇敢，将士拼命搏杀，所向披靡，常打胜仗。正如韩非子所说："是以其民用力劳而不休，逐敌危而不却。"（《韩非子·定法》）在信赏必罚军功制的推动下，秦国上下成了战争机器，极力对外扩张。因此晋秦法家又常常被称作战时法家或战争法家。

与主战的晋秦法家相反，齐法家则反对侵略战争。齐法家以民为本，追求富民强国，让人民安居乐业，反对对外扩张。齐法家为什么慎战呢？因为齐法家是道法家，而道家是反战的。

道家一贯反战。《老子》第三十一章说："夫兵者，不祥之器，物或恶之，故有道者不处。"又说，"以道佐人主者，不以兵强天下。其事好还"。《六韬·武韬·兵道》也说："故圣王号兵为凶器，不得已而用之。"因此，传承道家文化的齐国有慎战传统，秉承道家宗旨的齐法家也一向是慎战的，如慎到主张备战而不好战，田骈反对好得恶予，尹文主张禁攻寝兵。

慎到认为圣王不好战，天下无军兵之事，民众富且寿。《慎子·逸文》说：

> 周成王问鬻子曰："寡人闻圣人在上位，使民富且寿。若夫富，则可为也；若夫寿，则在天乎？"鬻子对曰："夫圣王在上位，天

下无军兵之事，故诸侯不私相攻，而民不私相斗也，则民得尽一生矣。"

慎到反对轻启战端，但主张备战，做好防御准备，一旦有敌人进攻，则可发动民众参战。"藏甲之国，必有兵遁，市人可驱而战。安国之兵，不由忿起。"

田骈对战国时期的一些游说纵横之士表示反感，批判他们好得恶予，怂恿诸侯征伐，是灾祸的源头，之所以如此，原因是他们不懂得素朴无为的大道。有客人拜见田骈，穿着合乎礼法，进退有度，态度优雅，言辞敏捷。这差不多是战国时代纵横诸侯的辩士了。田骈不愿意与其多谈，显然话不投机，就把客人送走了。弟子问田骈，这个客人是士人吗？《吕氏春秋·士容论》记载：

　　田骈曰："殆乎非士也。今者客所弇敛，士所术施也；士所弇敛，客所术施也。客殆乎非士也。"……好得恶予，国虽大不为王，祸灾日至。

田骈口中所谓士人，显然是像他那样的道家人士，"心甚素朴"，超然物外，不偏私不结党，柔弱而又刚强，清虚而又充实；而来客志欲强烈，纵横驰说，不知收敛，过于张扬，算不上士人。这个说客很可能就是苏秦，或者是苏秦一类的人。苏秦曾游说齐湣王攻打宋国，田骈等稷下先生反对灭宋。以尊贤礼士闻名的孟尝君主张联合攻秦，也反对攻打宋国。然而齐湣王一意孤行，不听谏言，罢免了孟尝君的相权，还听信谗言打算杀了田骈。孟尝君回到了封地薛，田骈也投奔了孟尝君。

出自道家的尹文继承了道家的反战思想。《庄子·天下》将宋钘、尹文列为道家之一派，他们主张静心寡欲，反对诸侯争霸战争。文章评述了他们禁攻寝兵的思想：

　　见侮不辱，救民之斗，禁攻寝兵，救世之战。以此周行天下，上说下教。……以禁攻寝兵为外，以情欲寡浅为内。

宋钘、尹文作为黄老道家，"愿天下之安宁以活民命"，体现了他们民本位的价值追求。为了人民的安宁，理所当然反对战争，所以主张"禁攻寝兵"。虽然诸侯不采纳他们的主张，但他们仍然不放弃自己的主张。在个人修养方面，他们主张节欲，"以情欲寡浅为内"。节欲与反战主张是相通的，既符合其民本位立场，又体现了道家无为思想的要求。

当齐湣王穷兵黩武，对外发动侵略战争，稷下先生表示反对，然而齐湣王不予采纳，"诸儒谏不从，各分散"。劝谏无效，稷下先生纷纷出走。齐湣王的好战毁了齐国。

齐法家慎战思想无疑是战国时代的一曲清流，在瓦釜雷鸣的战时，反映了人民渴望安居乐业的心声，具有历史进步性。然而，这在战争年代是难以实现的，只有到了天下一统后，齐法家的思想为汉初统治者所采纳，解兵归田，与民休息，天下归于太平。

二 齐法家的历史局限性

齐法家的历史局限性主要表现在两个方面，其消极无为的思想不利于发挥人的主观能动性；其君主无为法治方式缺乏约束机制具有空想性，不能防止君主滥权。

（一）无为法治的消极性

齐法家从道法思想出发，主张令顺民心，从民所欲，藏富于民，不与民争利，并且反对扩张战争。这种消极无为的治国思想，造成民富国不强的局面。对内来说，齐法家因俗简礼，农商并重，齐国因鱼盐之利是最富有的，齐都临淄在当时商业最繁华，齐民比较满足于自己的生活。对外来说，齐法家反对对外侵略，齐民比较厌战，没有悍勇武侠之风，且国库相对不足，军力并不强大。

稷下后期先生荀子早就看到了黄老思想的消极性，致力于改造黄老思想的消极性，引儒济法，宣扬人定胜天的积极有为之道。荀子认为："治乱非天、地、时，治乱在于人。"（《荀子·天论》）在荀子看来，无为是天的职能，人必须有为，参照天地以治理国家："不为而成，不求而得，夫是之谓天职。……天有其时，地有其财，人有其治，夫是之谓能参。"（《荀子·天论》）总之，荀子要求治国要发挥君主的积极作用，不能无所作为，也不能一味从民所欲，而要积极改造民俗以建立美好国家。

《荀子·强国》记载，荀子曾向齐相进言"驱此胜人之势、赴胜人之道"。荀子所说的胜人之道，即以儒术治国："道也者，何也？礼义、辞让、忠信是也。"荀子劝言齐相以胜人之势就胜人之道，实行德法并举，有为而治，但不为奉行黄老无治思想的齐国所采纳。

齐法家思想比起晋秦法家来说虽然难能可贵，但由于过于消极，而不能抵挡秦国的并吞之心和锐利雄师。齐法家的"君主无为，从民所欲"，败给了晋秦法家的"严刑峻法，富国强兵"。

虽然荀子看到了齐法家的消极性，然而其开出来的药方以儒家的有为之道否定齐法家的无为而治则是错误的。荀子幻想有为之君的统治，然而其学说不能解决如何预防和阻止这个所谓有为之君成为暴君的问题。所以，克服齐法家的消极性不在于引进儒家的人治，而在于建立君无为而臣有为的分工机制。

今天看来，君无为而臣有为的机制的代表就是君主立宪政体，君主与宰相分工，君主世袭而无实权，宰相有实权而实行任期制。君主世袭保持了国家的连续性，君无实权防止了暴君的产生；宰相有实权使得贤能治国成为可能，宰相轮换制又防止宰相专权。按照齐法家君无为而臣有为的思路探索下去，虚君立宪或许会成为历史发展的一种可能。只可惜随着齐国的灭亡，齐法家的法治事业最终也葬送了，除了在汉初一度短暂复兴以外。

君主无为的思想萌芽于二千多年前的中国，而君主无为的实现机制却在一千多年后的英国开始率先探索并最终形成。1215 年的英国《大宪章》是君主立宪制度的萌芽，1689 年的英国《权利法案》正式确立了君主"统而不治"的君主立宪制，这正是先秦齐法家"君主无为法治"思想的实现机制。中国在汉初短暂采取齐法家无为政策以后转而实行儒法结合的君主专制制度，长达二千余年，始终未能探索出君主无为法治的实现机制。

（二）无为法治的空想性

齐法家从道性虚无出发，首先要求作为天道在人间的代表的君主必须执守大道，去智去欲，虚静无为；同时提出"君无为而臣有为"，主张君臣分工，君主行使立法权，群臣行使执行权，也就是说君主制定好法律就不要多管事了，群臣勤勉执行法律，依法办事，实现国家大治。

然而，君臣分工的实质不过是群臣分工，国家统治大权仍然掌握在君主手里。首先，立法大权掌握在君主手里，"生法者，君也"；其次，行政权中的执行权虽然授予群臣，实际上君主也不可能事事自己执行，但用人权牢牢掌握在君主手里，军权更不用说；最后，最高司法权也仍然掌握在君主手里。总而言之，君主总揽统治权，群臣只不过是执行君主法律和命令的奴仆而已，或者说是实现君主统治的工具。

在君主大权独揽的情况下，要求君主无为只不过是齐法家的一厢情愿而已。摄于舆论的压力，君主明里可能尽量"表现"无为，隐藏有为，暗地里大搞权术，重用奸佞小人，陷害忠良。当君主不甘于无为时，公开表现有为，齐法家也毫无办法约束君主。例如，齐湣王好大喜功，穷兵黩武，齐法家无法阻止，只得一个个离齐出走，另投明主或归隐乡野。因此，齐法家的君主无为法治具有空想性。既然无为而治依靠君主的自觉，而没有制度的安排，那么，由于君主的自觉是多么的不可靠，所以齐法家无为而治的理想也就难以真正实现。

齐法家虽然提出过"令尊于君"，但法令又是君主制定的；齐法家要求君主无为，但又害怕大权旁落，奸臣篡位；齐法家要求以自然法约束君主的立法权，但不能立法限制君主的权力。所以，齐法家是矛盾的，欲有所突破君权，又迈开不了大步伐，作为一个臣子，心里幻想限制君权，却始终摆脱不了依附君权的命运。问题的原因何在？齐法家是囿于君主制之内，而谈君权的无为，无异于缘木求鱼，不可得也。

齐法家的君主无为法治由于没有有效制度化而流于空想，难以实现。君主立宪制是君主无为法治的近现代实现形式。代议制使得君主无为法治由应然的理想状态变为实然的制度形式。限制君主的权力成为近现代法治发展的轨迹和方向，西方由此走上了君主立宪的道路，议会民主的代议制取代了君主专制。当今仍然保留君主制的国家，一般实现了虚君化，君主只是名义上的国家元首和国家统一的象征，已无实际权力。

可见，齐法家君主无为法治思想和近代君主立宪思想的差距就是缺少一个议会。只要有了真正意义上的议会，君主无为法治就可以从空想变成现实。不管是君主立宪制还是民主共和制，都有一个共同的指向，那就是国家权力是有限的，必须对其加以限制。限制政府权力的基本制度安排是议会，政府由议会产生，受议会监督。

由于汉武帝以后"独尊儒术"，道家和齐法家在中国影响式微，中国没有独立走上君主立宪的代议制道路。相反，由于儒家与晋秦法家合流，极大强化了君主集权统治，使得中国君主集权专制制度长达二千年之久。直到清末才重新开始齐法家未竟的君主无为法治事业，预备实行君主立宪制，筹备议会，制定宪法，但为时已晚，很快就为民主革命所淹没了。

我们知道，近代西方走上了君主立宪道路，以宪法上的权力分工机制约束君主的绝对权力，至高无上的君权由此变成了有限权力，君主只得守法无为，想突破法律的限制而有为已变得不可能。中国古代法治没有走上君主无为法治道路，与齐法家无为主义的空想性，没有找到分工约束机制是分不开的。而实质分工这一点，齐法家是不可能做到的，因为在齐法家那里，君主制是国家的前提。齐法家以道为一，而君主又是道在国家的化身和代表，因此，从齐法家的理论出发，齐法家最多主张君臣分工，而权力不可分享。其实，如果说国家之道有化身的话，那只能是人民全体，只有民主才是国家之道的真理，作为个体的君主只不过是国家统一形式上的象征和代表而已。恰如马克思所说："民主制是君主制的真理，君主制却不是民主制的真理。"[1] 也就是说，君主只有在代表人民的公意这一点上才可称为国家的代表。对于这一点，齐法家由于其历史局限性是无论如何也认识不到的。

第三节　先秦法家两种法治类型

先秦法家可以划分为晋秦法家和齐法家两种并驾齐驱的法家学派，与此相对应，先秦法家法治可以划分为两种法治类型：晋秦法家的形式法治与齐法家的实质法治，分别以秦国和齐国为典型代表。晋秦法家与齐法家两者都主张法治，反对人治。不同之处主要有二：其一，在于前者还主张法律与道德分离，后者则主张法律必须合乎道；其二，前者主

---

① 《马克思恩格斯全集》第 1 卷，人民出版社 1956 年版，第 280 页。

张绝对君权，后者主张君权有限。

一　晋秦法家的形式法治

晋秦法家的纯粹法治是以功利主义为理论基础，以君主集权为依托，排除道德和私智的干扰，严格依照君主制定的一套形式性的法律体系来治理国家事务的一种治国方式，故晋秦法家的法治属于形式法治。

纯粹法治之所以纯粹，是因为其坚持实证法律观的形式法治，主张法律与道德相分离，坚定反对德治、人治，同时维护君主主权。

晋秦法家以功利主义为理论基础，以国家主义为价值取向，以重刑主义为法治方式，依据君主颁布的实定法治理国家，推行君主集权法治，追求富国强兵，可谓纯粹法家或醇法家。晋秦法家出自儒家现实派，重视功利而主张法治，是典型意义上的法家，我们通常讲法家就是指晋秦法家。

晋秦法家主张法律和道德相分离，法律就是法律，与道德无关。晋秦法家主张严格依法治国，不能以道德干涉法律，晋秦法家反对儒家的人治德治礼治。因此晋秦法家的纯粹法治属于形式法治。形式法治具有可预测性的优点，但形式法治脱离道德，容易导致恶法亦法，损害社会公平正义，最终损害法治。

晋秦法家是君主集权与依法治国的结合物，其法治蕴含着难以克服的内在矛盾，法与权的冲突，法治与人治的冲突。从纯粹法律观出发，晋秦法家将法律的权威寄托于专制的君主。这就使得君主居于法律之上，权大于法，从而最终陷入君主人治。君主拥有绝对的立法权，可以一言兴法，也可以一言废法，君主也可以不遵守自己颁布的法律，所以晋秦法家的法治需要有一个开明的君主为前提，才能有效施行。

商鞅之治是纯粹法治的典型。商鞅坚持刑无等级，一断于法。太子犯法，与民同罪。秦孝公是明君法治的典范，不以个人意志干预法治，商鞅得以推行形式法治，故秦国法治昌明。

韩非子主张法术势相结合，将纯粹法治推向极权法治，以维护君主专制。秦始皇奉韩非学说为圭臬，集大权于一身，推行专制独裁统治，最终走向君主人治。但秦始皇并非桀纣一样的暴君，不可否认秦始皇利用集权法治干了一件历史伟业，即统一六国，完成了中国的统一大业。

不过，由于权力不受约束，秦始皇大修陵墓、焚书坑儒，其暴政最终激起人民的反抗，秦帝国二世而亡。

所以，纯粹法治的优点是严格守法，纯粹法治的缺点是君主权力不受制约。这是纯粹法治的内在矛盾。在君主专制社会，这一矛盾遇明君尚可调和，遇暴君则无解，必然破坏法治。法治的关键是须解决法大还是权大的问题，因此，只有树立起法律至上的权威，而不是依靠君主个人的权威，才能真正建立起法治秩序。晋秦法家将法律的效力寄托于君主的权威，所以最终走向君主人治。

二　齐法家的实质法治

齐法家以道家无为主义自然法思想和道家功利主义法治思想为理论基础，以民本主义为价值导向，推行法治，追求富民强国，可谓道法家。齐法家主张依法治国的同时，要求法律必须合乎道，所以齐法家并不完全排斥道德，而是主张无为法治，齐法家的无为法治属于实质法治。

齐法家将道家的无为主义与法家的功利主义结合起来。一方面，要求君主无为，反对君主对人民强加干涉；另一方面，又允许人民追求功利，允许人民追求财富。君无为而民有为，君无欲而民自化，同时"令顺民心"，法令合乎民心，人民的利益要求得到法令承认。因此，齐法家将道与法有机结合起来，将无为主义与功利主义有机结合起来，开辟了一条"君主无为，任法而治"的法治路径，使得道家思想从哲学殿堂步入尘世政治，使得法家思想从纯粹治国工具上升为基本治国方略。可以说，道法结合是道家无为而治理想唯一可能的实现形式。

齐法家提出"法须合道"的自然法思想，是其与晋秦法家"法定于君"的实在法思想的根本分野之所在。晋秦法家所言法律是指君主颁布的法令，即国家制定法。齐法家认为"道生法"，从而将法律分为自然法与制定法，认为自然法高于制定法，制定法必须遵循自然法。制定法虽然是君主制定和颁布的，但君主的立法权受到自然法的制约；君主不能任意制定法律，而是要因道立法。自然法思想，要求法自然，顺民心，从民所欲，所以法律以民为本位，因俗简礼，将民意要求上升为法律，而且习俗法也得到承认，从而将国家治理建立在民意民情的基础之上。齐法家的道法思想属于实质法治，实质法治的优点是主张法律的道德性，以法律维护公平正义，但忽视了法律形式化的努力，齐国的法典化不及秦国发达。

齐法家以道家思想引领法治，将法律的地位提高到君权之上，从理论上解决了法与权的关系。齐法家要求君主无为，任法而治。首先，齐法家以自然法限制君主的立法权，法律虽然是君主颁布的律令，但依据自然法的理论逻辑，法律的效力源于自然法，不符合自然法的律令是无效的。其次，齐法家还要求君主无为守法。因为法令是自然法的体现，所以令尊于君，君主也要遵守其颁布的法律，不能凌驾于法律之上。可见，自然法思想使法治从治国之具上升为治国之道，因此法治是依据客观性的规则治理国家，排除权力的主观臆断，即使君主也要遵从法治。

总之，齐法家力图以道法来框住君权。法须合道必然要求制定良法；君主无为必然要求约束君权。可以说，齐法家的无为主义法治，是一种必然导向限制君权的法治学说，暗含更多现代法治元素，代表着先秦法家法治智慧的顶峰。纯粹法家主张功利主义法治，君权至上，君主可以利用人性的功利主义，通过严刑峻法，积极有为地驱使民众为国家效力，实现富国强兵和对外扩张。齐法家看到了这种严刑峻法是违背人的本性的，给人民造成极大痛苦，不合乎无为之道，势必招致人民的反抗。齐法家因而主张法律必须上应天道，下顺民心，从而将天道、国法、民心统一起来，以民为本，从民所欲，富民强国，反对重刑主义，反对侵略战争。齐法家看到了晋法家绝对君权论对法治的潜在威胁和破坏性，故主张君主无为，以自然法来约束君主的立法权，并提出令尊于君，要求君主带头守法。可见齐法家是主张从立法和守法两个方面来限定君权。因此，晋秦法家与齐法家形成鲜明对照：晋秦法家主张制定法，齐法家强调自然法；晋秦法家承认君主的绝对权威和无限立法权，而齐法家则认为君权是有限的，受到道和法的约束。因此，晋秦法家的法治学说由于缺乏权力约束机制必然走向专制独裁，而齐法家的法治学说具有君主立宪思想的萌芽。

日本知名法史学者滋贺秀三认为中国古代无法治："在世界各主要文明中，中国是距离法治最为遥远的一种，甚至与欧洲形成了两极相对的反差。"① 这种看法在国内也颇有影响。推行形式法治的晋秦法家在秦亡以后一直被贴上了"暴政"的标签，声名狼藉，在国人脑海里形象不佳。但是，应该认识到法家不只有重刑主义的晋秦法家，还有主张无为法治的齐法家。晋秦法家的形式法治与齐法家的实质法治共同构成先秦法治思想宝库，内涵博大精深，与古希腊思想家相比毫不逊色，所以中华文明无法治之论根本站不住脚。因此有必要摘除对法家的有色眼镜，全面审视法家，深入挖掘这一宝贵的本土法治资源，将形式法治与实质法治有机结合起来，对于构建中国式现代法治形态的探索来说无疑具有积极意义。

---

① 转引自中国法院网《法律职业化的难题》，https：//www.chinacourt.org/article/detail/2002/09/id/12119.shtml。

第七章

齐法家的历史影响与当代意义

齐法家造就了威宣之治，并对汉初休养生息政策产生了重要影响。齐法家历史影响虽不及晋秦法家，但其蕴含的深刻法治思想和提供的不同法治道路尤其值得深入研究，对当代法治建设具有借鉴意义，既要继承其法治精神，又要改造其消极性，对其进行创新性发展和创造性转化。

第一节 齐法家思想的历史影响

齐法家虽然随着齐亡而衰落，但齐法家思想历经秦乱而在民间传承到汉初，并为汉初统治者所采纳，实行休养生息，无为放任，推进了汉初的社会稳定和经济繁荣和文化复兴。《淮南子》对黄老学和齐法家思想加以吸收和发展，总结了汉初休养生息、无为而治的经验，主张无为与有为相结合，实行法治，为窦太后所推崇。齐法家思想随着汉武帝罢黜百家、独尊儒术而最终退出历史舞台，让位于儒法结合的礼法之治。

一 齐法家思想在秦汉之际的传承

稷下黄老学主张无为而治，由此发展出齐法家无为法治思想。秦汉之际黄老学的传承并在汉初运用于指导治国，实际上也是齐法家思想的发展和延续。

司马迁在《史记·乐毅列传》里记述了秦汉之际齐地黄老学（齐法家的基础理论）传承的一条重要线索：

乐臣公学黄帝、老子，其本师号曰河上丈人，……河上丈人教安期生，安期生教毛翕公，毛翕公教乐瑕公，乐瑕公教乐臣公，乐臣公教盖公。盖公……为曹相国师。

从这段珍贵的史料记载可以看出，乐毅族人乐臣对秦汉之际黄老学的传承有很大贡献。乐臣擅长黄老之学，上承河上丈人，下传至曹参。因此，可以加以合理推测：稷下学宫衰落之后，有河上丈人在高密一带传授稷下黄老学；秦灭赵后，乐毅族人乐瑕公、乐臣公逃亡到齐国高密，从河上丈人的门人精研黄老之学，并续传河上丈人的黄老学；直到汉初，相国曹参拜乐臣的弟子盖公为师，并采用黄老及齐法家思想治国。《隋书·经籍志》也说："汉时，曹参始荐盖公能言黄老，文帝宗之。自是相传，道学众矣。"

司马迁记载的这个黄老学传承链中有几个关键人物，即河上丈人、安期生、乐臣公、盖公和曹参，我们需要分别梳理一下这几个人物的思想和事迹，才能更加清晰地认识黄老学在秦汉之际的传承。

（一）河上丈人

《高士传·河上丈人》载：

河上丈人者，不知何国人也。明老子之术，自匿姓名，居河之湄，著《老子章句》，故世号曰河上丈人。……传业于安期生，为道家之宗焉。

河上丈人亦称"河上公"，河上真人，战国末年人，黄老哲学的集大成者。河上丈人是黄河边上的修道隐士，其姓名生地无人能知。《神仙传》载："河上公者，莫知其姓名也。"其为老子作注的《河上公章句》为成书最早、流传最广、影响最大的《道德经》注本，仅此一项足以说明其对道家学说传承做出的重大贡献。

神话传说中，河上公修仙得道之处在琅琊（今琅琊台附近）天台山。对此，东晋葛洪在《嵇中散孤馆遇神》中说："东海外有山曰天台，有登天之梯，有登仙之台，羽人所居。……后河上公丈人者登山悟道，授徒升仙，仙道始播焉。"

（二）安期生

《高士传·安期生》载：

> 安期生者，琅琊人也，受学河上丈人，……秦始皇东游，请与语三日三夜，赐金璧直数千万。出置阜乡亭而去，留赤玉舄为报，留书与始皇曰："后数十年求我于蓬莱山下。"及秦败，安期生与其友蒯通交往，项羽欲封之，卒不肯受。

安期生是河上丈人的著名弟子，善长生之术，卖药东海边，老而不仕，为方仙道创始人。秦始皇东游，曾慕名会见安期生，"请与语三日三夜"，后秦始皇又遣徐福、卢生为使者前往蓬莱山向安期生求取长生不老之药，徐福等人入海未归。

（三）乐臣公

《高士传·乐臣公》载：

> 乐臣公者，宋人也。其先宋公族，其后别从赵。其族乐毅，显名于诸侯。而臣公独好黄老，恬静不仕。及赵为秦昭王灭，臣公东之齐，以《老子》显名，齐人尊之，号称贤师。

《史记·乐毅列传》也有记载："乐氏之族有乐瑕公、乐臣公，赵且为秦所灭，亡之齐高密。乐臣公善修黄帝、老子之言，显闻于齐，称贤师。"乐臣公是伐齐名将乐毅的族人。乐毅家族先祖是乐羊，乐羊为魏文侯将，灭中山国，封灵寿，后属赵国。故乐毅族人居赵国。乐臣公好黄老学。及秦灭赵，乐臣公逃到齐国，收徒讲学，显名于齐。

（四）盖公

《高士传·盖公》载：

> 盖公者，齐之胶西人也，明《老子》，师事乐臣公。汉之起，齐人争往于世主，唯盖公独遁居不仕。

盖公是乐臣公的学生，善治黄老言，主张："治道贵清静，而民自定。"汉朝初定，曹参为齐丞相，师事盖公，齐果大治。"盖公虽为参师，然未尝仕，以寿终。"

（五）曹参

河上丈人六传而至曹参，曹参师从盖公。据《史记·曹相国世家》记载，曹参初为齐丞相时，不知如何治齐，请教齐国长老士人近百人。人人观点不同，曹参不知所从。这时，他打听到了盖公是高人：

> 闻胶西有盖公，善治黄老言，使人厚币请之。既见盖公，盖公为言治道贵清静而民自定，推此类具言之。

曹参采纳了盖公的治术，并拜盖公为师。"参于是避正堂，舍盖公焉。"曹参做了汉相后，将盖公之道推而广之，清静无为，与民休息，天下安定。

上述黄老学传承链条中，河上丈人真实姓名及年代难以考证，很可能是战国末年稷下学宫最后一批黄老学者，差不多与荀子同时或略晚于荀子。荀子晚年离开稷下在兰陵讲学，而河上丈人在高密琅琊（或先在黄河边后至海边）一带传道。与荀子对稷下学加以综合和改造不同，河上丈人则延续了稷下黄老学。其后，有年代可考的是，赵国灭亡（公元前228年）前逃到齐国高密的乐毅族人乐瑕公、乐臣公师从安期生的弟子修习黄老学，再其后（约十年后），秦始皇东游（公元前219年）曾亲见河上丈人的弟子安期生，向其请教长生不老之术。汉初齐相国曹参约于公元前201年向盖公请教治国之术，盖公教以"治道贵清静而民自定"。时距赵国灭亡不到30年，距河上公活动年代约50年。

二　《淮南子》对齐法家思想的发展

《淮南子》又称《淮南鸿烈》，是西汉初期博学多才的淮南王刘安召集宾客方士集体创作的一部奇书。该书是对稷下黄老学和齐法家思想的系统总结和发展，是汉初黄老学的代表作，在中国道家思想史上具有重要地位。老子的《道德经》言道而不言事，失之玄奥抽象；史家记载往往言事而不言道，知其然而不知其所以然，显得纷繁芜杂难以把握其中真谛。《淮南子·要略》认为："言道而不言事，则无以与世浮沉；

言事而不言道，则无以与化游息。"《淮南子》将道与事相结合，以道释事，以事喻道，要求胸怀大道，脚踏实地，使得道家思想丰富和鲜活起来。《淮南子》除了对道家的宇宙论加以发挥以外，更多的是讲道的运用，重点是如何运用自然法则和法律来治理国家，继承和发展了齐法家无为法治思想。

（一）无为与有为相结合

1.《淮南子》的道观念

道是万物的本源，"夫太上之道，生万物而不有，成化像而弗宰"（《淮南子·原道训》）。道包裹天地，化生万物，无所不在：

> 夫道者，覆天载地，廓四方，柝八极，高不可际，深不可测，包裹天地，禀授无形；……故植之而塞于天地，横之而弥于四海；施之无穷，而无所朝夕。（《淮南子·原道训》）

从道出发，《淮南子·原道训》要求人们："无为为之而合于道，无为言之而通乎德。"无为就是因其自然：

> 执道要之柄，而游于无穷之地。是故天下之事，不可为也，因其自然而推之；万物之变，不可究也，秉其要归之趣。

2.《淮南子》的无为观：因循而为

《淮南子·修务训》首先批判了人们对道家"无为"观念的错误理解：

> 或曰："无为者，寂然无声，漠然不动，引之不来，推之不往。如此者，乃得道之像。"吾以为不然。

这种寂然不动的无所作为，显然是治理不好国家的，"故自天子以下至于庶人，四肢不动，思虑不用，事治求澹者，未之闻也"。

所以，与齐法家一样，《淮南子》将《老子》的"无为"解释为"因循而为"："所谓无为者，不先物为也；所谓无不为者，因物之所为。"（《淮南子·原道训》）无为并非消极不作为，相反要主动地因物而为。《淮南子》认为，因水行舟，江河可越，因时播种，五谷遂长，所以自然和人为要相结合。纯任自然，则无大禹治水之功，也没有后稷叫人播种。因此，《淮南子·修务训》说：

> 若吾所谓无为者，私志不得入公道，嗜欲不得枉正术，循理而举事，因资而立功，推自然之势，……非谓其感而不应，攻而不动者。

上述两段话，论述了"无为"与"有为"的辩证关系。"无为"并不是无所作为，而是"循理而举事，因资而立功，推自然之势"。这里"举事""立功"是积极有为，一般不为道家所提倡，但若"举事""立功"加上前提条件"循理""因资""推势"就大不一样了，体现了道家的"因循""借势"思想。守道无为与举事立功两相结合，在老庄的消极无为思想里加入了更多积极成分，从而将无为与有为统一起来，发挥了老子无为而无不为的思想。《淮南子》认为只有那种违背自然法则的行为如以火烧井、以水灌山才是"有为"，从而重新划定了无为与有为的界限。因此，《淮南子》将老子的"消极无为"解释为"积极无为"，克服了老子过于消极的无为思想，主张发挥人的主观能动性，因循而为，使得举事立功成为可能。

要实现这种积极无为，必须充分发挥人的主观能动性，学习和掌握事物的发展规律并加以运用。所以，在对老子无为思想进行积极化改造以后，《淮南子》强调学习和教育的重要性。像尧舜这样的圣人无须教化就是有德之人，丹朱、商均这样的不肖者教化也不能改变他们，然而普通人可以通过学习和教化来引导他们向善：

> 夫上不及尧、舜，下不及商均，……此教训之所谕也。（《淮南子·修务训》）

如果放弃学习和教化而纯任自然，则社会难以治理：

> 今无五圣之天奉，四俊之才难，欲弃学而循性，是谓犹释船欲蹍水也。（《淮南子·修务训》）

所以，与《老子》绝圣弃智的思想不同，《淮南子》认为学习有益：

> 夫学，亦人之砥锡也，而谓学无益者，所以论之过。知者之所短，不若愚者之所修；贤者之所不足，不若众人之有余。（《淮南子·修务训》）

学习不仅有益，而且要持之以恒，不能停止：

> 教顺施续，而知能流通。由此观之，学不可已，明矣！（《淮南子·修务训》）

《淮南子·要略》主张把无为与有为结合起来：

> 故言道而不言事，则无以与世浮沉；言事而不言道，则无以与化游息。

《淮南子》对老庄无为思想的积极化改造，无疑是掺入了儒家的教化思想，一方面固然使得道家思想更能适应于君主积极治理国家的现实需要，但另一方面则又模糊了道儒的界限，混同了无为与有为，容易使道家不干涉主义的要旨为儒家的干涉主义所覆盖。

（二）无为主义法治

1. 人定法要合于自然法

与齐法家思想一致，《淮南子》认为法治的前提是制定良好的法律。君主不能任意制定法，法律应该发于人间，合于人心：

> 法生于义，义生于众适，众适合于人心，此治之要也。……法者，非天堕，非地生，发于人间，而反以自正。（《淮南子·主

术训》)

《淮南子·氾论训》吸收了齐法家的变法思想，从变化历史观出发，要求适应社会的演变而改变法令制度，反对泥古法古和法先王。例如：

> 苟利于民，不必法古；苟周于事，不必循旧。

可见，《淮南子》认为，自然法则是不变的，"治国有常""政教有经"，如治国必须以民为本，实行法治，但人定法是可以因时而变的，"法度制令，各因其宜"，只要不违背自然法，就"不必法古""不必循旧"。因此，其主张变法，反对被不合时宜的旧法所束缚。

2. 素朴无为的人性论

《淮南子》继承了道家"见素抱朴"的人性论，并将这种素朴的人性描述为："轻天下，细万物，齐死生，同变化。"（《淮南子·齐俗训》）也就是说淡泊名利，无为素朴。

《淮南子》认为"性合于道"，而大道以虚静无为为本，所以人的本性是素朴无为的。《淮南子·精神训》说：

> 所谓真人者也，性合于道也。故有而若无，实而若虚；处其一不知其二，治其内不识其外。明白太素，无为复朴，体本抱神，以游于天地之樊。

虽然人的本性是素朴无为的，但由于受外物的诱惑，人会迷失自己的本性，只有淡泊名利才能恢复人的素朴本性。所以，《淮南子·精神训》说："轻天下，则神无累矣；细万物，则心不惑矣。"《淮南子》并举尧禅位的例子来加以解释。对于古圣贤的禅让，历来为人们所津津乐道，然而有趣的是儒法道三家对此的解释各不相同。儒家认为这是圣人大德的模范而对其无比推崇。法家韩非则认为所谓禅让并非出自自愿，实际上是被迫的，违反了君臣之义，而儒家提倡禅让是造成天下祸乱的根源。《淮南子·精神训》以道家思想重新解释了尧禅位的原因：

养性之具不加厚，而增之以任重之忧。故举天下而传之于舜，若解重负然。非直辞让，诚无以为也。此轻天下之具也。

《淮南子》认为，尧以素朴为本，居住简陋，粗茶淡饭，布衣裹身，而天子之位让他感到为之所累，不堪重负，所以让位于舜，如释重负。可见，尧禅位于舜是自愿的，而并非出自谦让，"尧不以有天下为贵，故授舜"。所以对于"抱素守精"，保持本性的真人来说，"势位爵禄，何足以概志也？"

虽然人的本性是素朴无为的，但往往由于后天的习染而改变。《淮南子·齐俗训》说："人之性无邪，久湛于俗则易。易而忘本，合于若性。"《淮南子·精神训》认为人容易为外物所累而迷失自己的本性，所以普通人表现为有欲望，追求名利：

尊势厚利，人之所贪也。

对于如何治理人的贪欲之情，儒家主张以礼仪法度节之。《淮南子·精神训》批评儒学不知原心反本："衰世凑学，不知原心反本，直雕琢其性，矫拂其情，以与世交。故目虽欲之，禁之以度；心虽乐之，节之以礼。"儒学违背人的本性来治理人，所以不能使人快乐。只有道家能够因循人的本性来治理人，法度合乎大道，使人回归自然本性：

达至道者则不然，……乐道而忘贱，安德而忘贫。性有不欲，无欲而不得；心有不乐，无乐而不为。（《淮南子·精神训》）

因此，《淮南子》指出，道学与儒学的差别在于对人性的看法与治理，儒学以所谓仁义教化来矫饰人性，以招号名声于世，而道学则致力于返性于初：

是故圣人之学也，欲以返性于初，而游心于虚也。达人之学也，欲以通性于辽廓，而觉于寂漠也。（《淮南子·俶真训》）

所以，《淮南子·泰族训》特别强调治国要因民之性："圣人之治天下，非易民性也，拊循其所有而涤荡之，故因则大，化则细矣。""故能因，则无敌于天下矣。"只有因民性，才能治理好国家：

> 故先王之教也，因其所喜以劝善，因其所恶以禁奸。故刑罚不用，而威行如流；政令约省，而化耀如神。故因其性则天下听从，拂其性则法县而不用。

3. 民本位价值观

《淮南子》继承黄老道家的民本位价值观。民为国之本，《淮南子·主术训》说："民者，国之本也。"因此治国在于安民，重视民生。"是故人君者，上因天时，下尽地财，中用人力，是以群生遂长。"因此，《淮南子》主张轻徭薄赋，与民休息，取下有节，自养有度：

> 人主租敛于民也。必先计岁收，量民积聚，知饥馑有余不足之数，然后取车舆衣食供养其欲。（《淮南子·主术训》）

所以，《淮南子·氾论训》提出治国以"利民为本"，《淮南子·主术训》也说：

> 上告于天，下布之民。先王之所以应时修备，富国利民，实旷来远者，其道备矣。

4. 法治方式：君主无为法治

《淮南子·原道训》主张君主无为而治："万物固以自然，圣人又何事焉？""是故达于道者，反于清静；究于物者，终于无为。"《淮南子·主术训》要求君主虚静无为不扰民：

> 君人之道，处静以修身，俭约以率下。静则下不扰矣，俭则民不怨矣。

在政体方面,《淮南子》继承了齐法家的思想,要求"君无为而臣有为",主张君臣分工。《淮南子·主术训》说:

> 人主之术,处无为之事,而行不言之教。清静而不动,一度而不摇,因循而任下,责成而不劳。

《淮南子·主术训》反复强调君主无为。甚至打了一个很贴切的比喻:"君人之道,其犹零星之尸也,俨然玄默,而吉祥受福。"把君主比作祭祀时尸位素餐的"人偶",端坐无语,默默地接受人们的供奉和祝福。君主不亲临政事,不显露个人喜好,由臣民各自行动,只以法律作为赏罚的唯一准绳,即垂法而治。

所以,无为而治的关键是实行法治,有了完善的法制,君主就可以做到无为而治,否则君主就是累坏了也治理不好国家。《淮南子·主术训》与齐法家一样主张法治:

> 治国则不然,言事者必究于法,而为行者必治于官。上操其名以责其实,臣守其业以效其功。

(三) 反对人治

《淮南子·主术训》不仅主张法治,还振聋发聩地提出法治不只是禁民,更要立法禁君:

> 古之置有司也,所以禁民,使不得自恣也;其立君也,所以制有司,使无专行也;法籍礼仪者,所以禁君,使无擅断也。

这里,《淮南子》难能可贵地提出了法治依次上升的三个层次:"禁民""制有司"(即禁官)和"禁君"。禁民、禁官这两个层次好理解,是先秦法治的主题,而第三个层次禁君,是先秦法家所不敢想的,实际上也是不可能做到的。先秦法家的法治都寄托和依赖于一个明君,所以不可能用法律来治理君主,这也是先秦法治的软肋和死穴之所在。

法家甚至为此殉葬了自己的生命。商鞅也曾意识到这个问题，因此提出
了商鞅之问："无使法必行之法？"（《商君书·画策》）商鞅没有找到
解决问题的答案，而《淮南子》显然认真总结和思考了先秦这一法治
难题，鲜明地提出"禁君"之说："法籍礼仪者，所以禁君，使无擅断
也。"也就是说，法治就是要代替擅断的君主"人治"。当然，《淮南
子》之所以要"禁君"，除了是黄老学说的应有之义，还有其现实考
量。淮南王刘安从自身利益出发维护中央与地方分工的分封制，反对中
央集权，因此反对削藩政策，要求君主无为。淮南王对年轻的汉武帝要
推行种种新政，尤其是削藩政策，要从理论上加以反击，故谆谆告诫以
无为之道："无为者，……以其言莫从己出也。"（《淮南子·主术训》）
为达到此目的，故提出以法禁君。这在"法自君出"的君主专制社会，
喊出立法禁君的口号，是前无古人的惊人之举，具有伟大的思想启蒙意
义。以法禁君，意味着将法律置于君权之上，也就是法大于权，是法治
的真谛所在，然而这在封建君主专制社会是难以想象也不可能做到的。

我们知道，法治的关键是君主带头守法。《淮南子》也早已认识到
这些深刻的道理：

> 所立于下者，不废于上；所禁于民者，不行于身。所谓亡国，
> 非无君也，无法也。……故禁胜于身，则令行于民矣。（《淮南
> 子·主术训》）

可见，《淮南子》要求君主带头守法，"先自为检式仪表"，只有这
样，才能令行天下。

除了从道家无为主义角度要求法治以外，《淮南子》还从认识论出
发来论述法治的理由。《淮南子·原道训》认为人的智能有限，因而反
对人治：

> 离朱之明，察箴末于百步之外，不能见渊中之鱼；师旷之聪，
> 合八风之调，而不能听十里之外。故任一人之能，不足以治三亩之
> 宅也。修道理之数，因天地之自然，则六合不足均也。

君主深居简出，见识更是有限，因而治国要运用众人之智：

> 人主深居隐处……目不能见十里之前，耳不能闻百步之
> 外；……是故不出户而知天下，不窥牖而知天道，乘众人之智，则
> 天下之不足有也。（《淮南子·主术训》）

所以，《淮南子·原道训》明确反对人治：

> 得在时，不在争；治在道，不在圣。

因此，《淮南子·主术训》强调，治国要运用众人之智：

> 夫乘众人之智，则无不任也；用众人之力，则无不胜也。

> 人主者，以天下之目视，以天下之耳听，以天下之智虑，以天
> 下之力争。

《淮南子·主术训》主张不论亲疏贵贱，平等适用法律：

> 尊贵者不轻其罚，而卑贱者不重其刑，犯法者虽贤必诛，中度
> 者虽不肖必无罪，是故公道通而私道塞矣。

《淮南子》反对以严刑峻法治国，《淮南子·原道训》说："夫峭法
刻诛者，非霸王之业也。"《淮南子·主术训》说："刑罚不足以移风，
杀戮不足以禁奸。"刑罚不足以禁奸，是因为舍本求末，违背了无为而
治的道家要旨：

> 法度刑罚，何足以致之也！是故圣人内修其本，而不外饰其
> 末，保其精神，偃其智故。漠然无为，而无不为也；澹然无治也，
> 而无不治也。（《淮南子·原道训》）

《淮南子》对儒家的人治批评更多：

> 今夫儒者不本其所以欲，而禁其所欲；不原其所以乐，而闭其所乐。是犹决江河之源，而障之以手也。（《淮南子·精神训》）

《淮南子·齐俗训》认为，儒家的人治礼治违背了人的本性，治理不好国家。就拿儒家的三年丧来说，太过矫饰。"夫三年之丧，是强人所不及也，而以伪辅情也。"因此，以礼治国的鲁国，却日益衰落。"故鲁国服儒者之礼，行孔子之术，地削名卑，不能亲近来远。"

总而言之，《淮南子》将齐法家道法结合思想提到了一个新高度，一方面，提出改造齐法家的消极无为思想成为积极无为思想，强调发挥人的主观能动性认识自然和人本身，进而因循自然和人性去治理国家；另一方面，明确提出以法禁君，要求君主无为而守法。《淮南子》虽然看到了君主守法的重要性，要求君主无为，但由于时代的局限性，其仍然没有从制度上构建"禁君"的有效机制，因而其无为法治仍然停留在理念和空想的层次，现实中难以实行，所以难以防范君主"有为"而破坏无为法治。其后汉武大帝摒弃黄老哲学，独尊儒术（外儒内法），强化君主集权，积极有为。对内削藩，追求大一统；对外奉行扩张政策，开疆拓土。汉初休养生息的君主无为法治也就被君主集权法治所取代了。

三　齐法家思想在汉初的实践

通说认为，汉初休养生息是黄老学的政治实践，这并不太准确；应该说，汉初统治者以黄老思想为指导，采用了齐法家的治国方略，君主无为，任法而治。因此，齐法家思想对汉初休养生息政策有重要影响，可以说，汉初休养生息就是齐法家思想在汉初的一次政治实践。经过秦末农民起义，还有四年的楚汉战争，刘邦建立起西汉王朝。西汉建立之初，人口已大大缩减，经济破败凋敝，社会刚刚稳定，新生的政权必须建立和制定一些制度和政策来恢复经济、巩固政权。这些制度和政策措施主要包括政治上的封国制度，即分封诸侯王；经济上的"轻徭薄赋"，即减轻徭役赋税；法律上的"宽刑慎罚"，即减轻刑罚的同时还要慎重处理刑罚。这一套政策后人统称汉初"休养生息"政策。经过自西汉建立到汉武帝初年七十余年间的休养生息,西汉经济得到恢复,社会比较稳定,为汉武帝亲政以后"削藩""攘匈"打下坚实的经济基础。事实证明,"休养生息"政策符合西汉初期的社会现状,对一个刚刚建立起来的政权进行巩固,发挥着巨大的作用。

（一）无为法治

汉高祖刘邦采用陆贾"无为而治"的主张,定下"与民休息"的国策。严格来说,无为而治的说法是不准确的。无为而治是一种理想,离开了法治是不可能实现的。实际上,汉初治国方式是"君主无为"与"以法治国"的结合,而这正是齐法家思想的特征。所以,汉初与其说是以黄老思想治国,不如说是以齐法家思想治国来得更准确。

1. 高祖无为

汉高祖刘邦始都洛阳,不久决定迁都长安,建造宫室一事由丞相萧何负责。《史记·高祖本纪》记载:

> 萧丞相营作未央宫,立东阙、北阙、前殿、武库、太仓。高祖还,见宫阙壮甚,怒,谓萧何曰:"……是何治宫室过度也?"

可见,汉高祖刘邦虽出身卑微,但有忧患意识,懂得休养生息,反对大兴土木、铺张浪费,吸取了秦朝速亡的教训。这与后来的农民领袖洪秀全有天壤之别,后者进城称王后就大肆享乐,嫔妃成群,挥金如土,忘乎所以。故前者能成就大业,后者半途而废。还有一件事,刘邦在其称帝后曾回过一趟故乡沛县,与乡亲纵酒欢乐,春风得意的同时仍然不忘忧患,歌曰:"大风起兮云飞扬,威加海内兮归故乡,安得猛士兮守四方!"（《大风歌》）为表达思乡之情,刘邦决定减免沛县赋税,乡亲大喜,要留刘邦多住几日。高祖说:"吾人众多,父兄不能给。"（《史记·高祖本纪》）刘邦因担心给家乡父老造成接待负担而不肯多住,可见刘邦没有因为成了帝王而忘本。

2. 萧何法治

刘邦作为开国帝王,实行无为而治,而无为而治除了帝王克制自己不扰民之外,还需要以法律维护社会秩序,而这正是作为丞相的萧何所做的，萧何在治国方式上延续了秦的以法治国。西汉建国后，在萧何的主持下，以《秦律》为蓝本，制定了系统的法律制度，称为《九章律》。《汉书·刑法志》云："相国萧何攈摭秦法，取其宜于时者，作律九章。"《九章律》是在秦《六律》的基础上，增加《户律》《兴律》《厩律》，合为九章。另外，在叔孙通的主持下，以秦的礼乐制度为基础制定了汉王朝的礼乐制度。在用人和选官方面，汉初沿袭秦制，主要以军功制为主，沿用了秦的 20 级爵位制度。《汉书·百官公卿表》曰："一级曰公士，二上造，……十九关内侯，二十彻侯。皆秦制，以赏功劳。"同时为了弥补军功官吏多武少文的缺陷，刘邦也多次下达求贤令，想方设法笼络知识分子，充实各级官吏队伍。这些制度的建立与完善，使汉朝开创了中央集权帝国发展的新局面。

（二）萧规曹随

高祖刘邦和丞相萧何相继去世，惠帝即位，曹参拜相。曹参奉行黄老学说无为而治，《隋书·经籍志》说："汉时，曹参始荐盖公能言黄老，文帝宗之。自是相传，道学众矣。"

曹参延续了刘邦萧何时期的休养生息政策和法律制度，史称"萧规曹随"："参代何为汉相国，举事无所变更，一遵萧何约束。"（《史记·曹相国世家》）惠帝曾对曹参无所作为、日夜饮酒表示不满，曹参对惠帝说：

> 高帝与萧何定天下，法令既明，今陛下垂拱，参等守职，遵而勿失，不亦可乎？（《史记·曹相国世家》）

可见，曹参的无为也并非无所事事，而是以法治国，无为而治，这正是齐法家思想的反映。治国依法行事，就是一件轻松的事情，治大国如烹小鲜，无须劳神费力。曹参就这样做了三年优哉游哉的丞相，无为任法而天下治。曹参之前任齐相时，就曾向其老师盖公请教治国之道，盖公教以"治国贵清静而民自定"（《史记·曹相国世家》）。曹参以黄老齐法家之术治理齐国九年，"齐国安集，大称贤相"（《史记·曹相国世家》）。

曹参之后，陈平为相，"陈丞相平少时，本好黄帝、老子之术"

（《史记·陈丞相世家》），所以也学曹参终日饮酒，无为而治。当时吕太后当权，她的妹妹吕媭因为与陈平有隙就向吕太后告状说："陈平为相非治事，日饮醇酒，戏妇女。"（《史记·陈丞相世家》）吕太后听了反而窃喜，当面批评吕媭进谗言。由于当时吕太后专权，陈平的无为一方面带有明哲保身的意义，另一方面他也在等待时机。后来，吕太后一死，陈平、周勃等联合刘姓诸侯王发动政变，诛杀诸吕，迎立代王刘恒为帝。可见，陈平也是深谙黄老无为之道，无为而无不为呀！

刘邦、吕后、萧何、曹参、陈平等汉初统治者，奉行黄老之术，实行无为而治，初步恢复了战后经济和社会安定，取得了休养生息的良好效果。司马迁说：

> 孝惠皇帝、高后之时，黎民得离战国之苦，君臣俱欲休息乎无为，……政不出房户，天下晏然。（《史记·吕太后本纪》）

虽然其时宫廷内斗不断，但国家大局稳定，君臣无为，老百姓安居乐业，社会呈现一派祥和景象。此即所谓"休养生息"。

（三）文景之治

吕太后死后，先后即位的文帝、景帝也奉行黄老之术，韬光养晦，无为而治。文帝对内提倡节俭，减免赋税。一次，文帝想造一座露台，召匠计之，需百金，就作罢。文帝说："百金中民十家之产，吾奉先帝宫室，常恐羞之，何以台为！"（《史记·孝文本纪》）在对外方面，文帝采取和亲政策，以免兴兵扰民。景帝对内发展生产，在其上任伊始便下令"除田半租"（《史记·孝景本纪》），将田租减半，对外采取和亲政策，"与约和亲"（《史记·孝景本纪》），避免与匈奴作战，延续了文帝虚静无为、与民休息的治国政策，使得海内殷富、国库丰盈。这就是所谓"文景之治"。尤其值得一提的是，文帝重视法治："法者，治之正也。"（《史记·孝文本纪》）文帝一方面省刑，废除了连坐之法和残酷的肉刑，使刑罚轻刑化；另一方面，又要求严格执法，不任意触犯法律，维护了法律的权威。这不正是良法善治吗？文帝的法治观显然受到了齐法家的影响。

1. 文帝废除肉刑

秦律以严酷著名，一直为道儒两家所诟病，出自道家的齐法家也反对晋秦法家的重刑主义。我们知道，汉承秦律，保留了肉刑制度，这与奉行黄老思想治国是不相容的。

在缇萦上书一案中，文帝废除了残酷的肉刑制度。齐国太仓令淳于意本来医术高明，闻扁鹊因为有高超的医术而被秦太医所害，太仓公于是自隐行迹不肯行医治病而被判处刑罚，当处以肉刑，被逮捕拘押在长安狱中。他的小女儿缇萦向皇帝上书救父，认为肉刑不合理，不能给人改过自新的机会，请求以自身作为官婢，替父赎罪。文帝被缇萦救父的精神所感动，下令废除肉刑。《史记·扁鹊仓公列传》记载：

> 书闻，上悲其意，此岁中亦除肉刑法。

《汉书·刑法志》记载更为详细，文帝令丞相张苍、御史大夫冯敬修律废除肉刑：

> 丞相张苍、御史大夫冯敬奏请定律曰："诸当髡者为城旦、舂；当黥髡者钳为城旦、舂；当劓者笞三百；当斩左止者笞五百；……罪人狱已决为城旦、舂者，各有岁数以免。"制曰："可。"

可见，承继秦律而来的汉律所保留的肉刑被变为劳役刑，或鞭刑，或弃市，从而废除了残害肢体的肉刑，使刑罚文明化。文帝废肉刑是中国法制史上的一大进步，体现了法律的人文关怀。齐法家和儒家都主张以民为本，反对晋秦法家的严刑峻法。文帝显然受到了道、儒两家的影响，因而废除了肉刑。

2. 文帝维护法治

文帝不仅使刑罚轻刑化，而且不以权力干涉司法，尊重严格依法司法的廷尉张释之的判决，体现了其维护法治的思想。在县人犯跸案中，文帝受到了惊吓，但张释之仅处案犯罚金。对此，文帝先是非常不满张释之的处罚：

文帝怒曰:"此人亲惊吾马,吾马赖柔和,令他马,固不败伤我乎?而廷尉乃当之罚金!"释之曰:"法者天子所与天下公共也。今法如此而更重之,是法不信于民也。……"良久,上曰:"廷尉当是也。"(《史记·张释之冯唐列传》)

听了张释之的解释,文帝平息了怒火,认为廷尉依法判案是对的。可见,文帝认识到法治的重要性,不能因个人喜怒而轻重处罚,这样做必然破坏法治。在其后的盗高庙玉环案中,张释之"案盗宗庙服御物者为奏,奏当弃市"。文帝这次对张释之更是不满,张释之解释说:

"法如是足也。且罪等,然以逆顺为差。今盗宗庙器而族之,有如万分之一,假令愚民取长陵一抔土,陛下何以加其法乎?"久之,文帝与太后言之,乃许廷尉当。(《史记·张释之冯唐列传》)

听了张释之的解释,文帝还是认可了张释之的依法判案,可见文帝不仅赞成法治,也逐渐推行轻刑化。文帝认为治理犯罪应从源头上去治理,着力解决民生问题,并加强教化,而不是一味依靠重刑。

经过汉初的休养生息,特别是经过文景之治,取得了良好的社会效果,汉朝经济实力大大增强,人民安居乐业。班固说:

至武帝之初七十年间,国家无事,非遇水旱,则民人给家足。……京师之钱累百巨万,贯朽而不可校;太仓之粟陈陈相因,充溢露积于外,腐败不可食。(《汉书·食货志》)

窦太后死后,汉武帝亲政,一个新的时代来临了。汉武帝采纳大儒董仲舒的建议"罢黜百家,独尊儒术",重用儒生,以儒学取代黄老学,放弃了汉初以来的休养生息政策,实施积极有为的"霸王道杂之"的新政策。秦汉以来政治思想的演变,从晋秦法家的纯粹法家政策,到齐法家和汉初的道法结合,再到汉武帝时的儒法合流,各自完成了富国强兵、休养生息、王霸天下的历史使命。此后,儒道法在中国历史上仍然轮番登场,相互吸收,其中儒学绝大部分时期都占据主宰地位,道家往往在王朝初建时发挥重要作用，法家则长期蛰伏，处于从属地位，只在国家积贫积弱时才暂时显现出来。

四　儒道之争与齐法家思想的终止

汉初在制度上承袭了秦制，在思想文化上则是承袭了齐国，齐法家思想在汉初得以复兴，然而，随着国力的增长，封建统治者已不再满足于无为而治了。年轻的汉武帝雄才大略想干一番事业，对内加强中央集权，对外征伐匈奴；儒生们更是跃跃欲试要求施展儒家治国平天下的宏大理想。儒、道两条政治路线的斗争不可避免，在这场斗争中，儒家战胜道家而独尊，同时儒法合流，道家最终丧失意识形态主导权而退出官方政治舞台，道法结合的齐法家思想至此终止。

（一）儒道之争

通常认为汉初的意识形态之争是儒法之争，实际上是儒道之争，主要包括两个方面：一方面是儒法合流，即儒家招降了法家，走上政治舞台；另一方面是儒道之争，即儒家打败了道家，占据意识形态主导传，退隐的道家转而向民间道教发展。儒法结合成功拆散了道法结合。

儒法合流是儒家和晋秦法家的结合，用德教和法治两种手段来管理国家，控制社会，维护君主专制制度。这种结合必然排斥主张君主无为、垂法而治的齐法家思想。在政治实践上，即汉初的无为政府让位于汉武帝的有为政府。在意识形态上，法家与道家分离，投入儒家怀抱。道家因此退回山林，回归庄子养生路线，继而向道教演变，远离政治，成为隐居人士和失意文人的心灵慰藉，偶尔也回过头来批判由儒家主导的沉闷的政治现实，但离开了法家支撑始终不能用来建构社会，因而对中国社会的发展只能担当一个旁观者或批评者的角色。因此，齐法家思想的解体是儒学独尊与儒法结合的必然结果。

汉景帝、武帝父子与窦太后的权力之争的背后就是儒道两条政治路线之争。

窦太后坚持维护汉初以来的齐法家政策，以黄老无为思想治国，反对儒术。对于景帝和武帝想启用儒生，她都竭力予以阻止，甚至加以打击。在这场儒道思想路线的斗争中，很多儒生沦为牺牲品。

景帝时，儒家与黄老学派因汤武"受命"问题而引发了一场著名的统治合法性之争，这是儒道之间的第一场争论，正在上升的儒家向盛行的黄老学发起挑战。据《史记》记载，儒家辕固生与道家黄生争论于景帝前，辕固生说桀、纣荒乱，天下归心汤武，汤武因天下之心而诛桀、纣，是受命，是正义的。黄生从道家和法家的立场出发，说桀、纣虽然失德，总是君王，汤武革命，是犯上作乱。这一争论对于为巩固自身政权的汉景帝来说是一个两难命题：否定汤武革命不能解释刘邦代秦；肯定汤武革命，汉景帝正面临七国之乱，这不是给野心家以借口吗？景帝只好结束了这场争辩，景帝说：

> 食肉不食马肝，不为不知味；言学者无言汤武受命，不为愚。
> （《史记·儒林列传》）

也就是说，这个问题不宜争论，于是结束了话题。此后学者再无人胆敢争辩汤武革命是受天命而立还是弑君夺位的问题了。（不过，后来董仲舒还是讨论了这个问题，提出了天命说和天谴说，汉武帝因此并不很喜欢董仲舒。）

景帝时，窦太后当权，太后好黄老学，而儒生批评黄老学。窦太后想治治儒生，于是召儒生辕固问老子书如何？哪知道辕固回答得很直率，认为其书不过是普通人的言论罢了，惹得太后大怒，欲置之死地。《史记·儒林列传》记载了这个故事：

> （太后）乃使固入圈刺豕。景帝知太后怒而固直言无罪，乃假固利兵，下圈刺豕，正中其心，一刺，豕应手而倒。

窦太后演出儒生斗豕这一曲，手段毒辣，不仅是戏弄辕固生，更是杀鸡儆猴，压制儒生，警告不太听话的汉景帝，差点要了辕固生的命。好在汉景帝急中生智，将自己的佩剑扔给了辕固生，救了辕固生一命。太后也不好说什么，只是罢免了辕固生的官职。

汉武帝即位后，儒生们又蠢蠢欲动，《史记·孝武本纪》记载：

> 而上乡儒术，招贤良，赵绾、王臧等以文学为公卿，……会窦

> 太后治黄老言，不好儒术，使人微得赵绾等奸利事，召案绾、臧，绾、臧自杀，诸所兴为者皆废。

儒生要求改正朔，用儒术治国。汉武帝启用儒生赵绾、王臧推进儒家政治。窦太后大为不悦，派人暗地里搜集赵绾、王臧贪赃罪证，将二人收押。赵绾、王臧畏罪自杀，儒家路线又一次夭折。

为掌握意识形态主导权，窦太后对淮南王刘安言黄老旨意的献书《淮南鸿烈》（即《淮南子》）大加赞赏。《汉书·淮南衡山济北王传》记载：

> 淮南王安为人好书鼓琴，……作为《内书》二十一篇，《外书》甚众，又有《中篇》八卷，言神仙黄白之术，亦二十余万言。时武帝方好艺文，以安属为诸父，辩博善为文辞，甚尊重之。

这里记载汉武帝喜爱淮南王的道家书应有所误，应该是窦太后喜欢此书，并要求汉武帝阅读此书，其时汉武帝权位未固，只得应付而已。实际上，汉武帝不是真喜欢道家书，也不喜欢淮南王其人。

《淮南子》主张无为而治，一方面是对黄老及齐法家思想的承继，另一方面也是为了维护封国制度，反对儒法派加强中央集权的削藩政策。所以，淮南王刘安曾上疏《谏伐闽越书》反对武帝征伐闽越诸国：

> 今闻有司举兵将以诛越，臣安窃为陛下重之。越，方外之地，翦发文身之民也。不可以冠带之国法度理也。（《汉书·严助传》）

淮南王认为汉制不适合于闽越之民，要求维持汉初的无为政治，允许闽越保持地方特色，这显然是反对汉儒的一统政策。人们常将《谏伐闽越书》视为淮南王有谋反之心的证据，这未免带有主观臆测的味道，犯了政治斗争的惯常套路"莫须有"的错误，所谓欲加之罪何患无辞。淮南王一直对儒法派的削藩政策心有余悸，自然懂得唇亡齿寒的道理，闽越的存在对封国有利，平定闽越后，就轮到自己了，所以，站在淮南王的角度思考，不过是为了维护封国制度而已，这和谋反毕竟是两回事。淮南王后来走上谋反，某种程度上可以说是道法之争激烈化的一种必然结果。

（二）儒法合流

法家思想因秦亡而声名狼藉，所以在汉初的思想和政治舞台上是儒道之争，黄老道家无为而治思想占据上风。醇儒的德治思想难以为马背上得天下的汉初统治者所接受，所以汉儒与法家结合，吸收法家的以法治国思想补充儒家的德治思想，从而走向儒法合流。

虽然汉初在政权体制和法律制度上承袭秦制建立了中央集权国家，但汉朝统治者鉴于秦亡的历史教训在思想意识形态和文化制度上主动与晋秦法家隔离，逐渐采取了一整套新的治国思想，即复兴儒家思想。汉初奉行黄老无为而治思想实行短暂的休养生息政策以后，儒家思想得以抬头，在儒家学者的不断鼓动下，到了武帝时终于采纳儒家政策，罢黜百家，独尊儒术，儒学独尊的地位逐渐得以确立。

"罢黜百家，独尊儒术"源自董仲舒《举贤良对策》之第三策中的一段话：

> 《春秋》大一统者，天地之常经，古今之通谊也。……臣愚以为诸不在六艺之科孔子之术者，皆绝其道，勿使并进。

显然，汉武帝采纳了董仲舒的这个建议。班固在《汉书·武帝纪》中说，汉武帝"罢黜百家，表章六经"。

由于汉初统治者对思想文化领域比较宽松，各种思潮得以复苏，以致"师异道，人异论"。思想文化的多元化不利于大一统王朝。为统一思想，统治者在总结秦亡教训的基础上终于决定"罢黜百家，独尊儒术"，将儒家思想作为治国的基本思想，使其成为官方意识形态，并从学校教育、用人选官和法典制定等方面加以全面贯彻。"举俊茂"，开科举取士之先河；"兴太学"，用儒家思想培养人才；"作诗乐"，大兴儒家礼仪文饰，等等。通过这些措施，复兴了儒家文化，全面树立了儒家思想的统治地位。

汉武帝的"独尊儒术"与秦始皇的"焚书坑儒"都是为了统一思

想，然而最终效果却大不一样。秦始皇的"焚书坑儒"失败了，汉武帝的"独尊儒术"取得了成功。这是由于秦始皇采取暴力惩罚的强制手段，失去了民心，加速了秦朝的灭亡；而汉武帝采取奖赏引导的怀柔手段，大兴儒学为官学，以之为选官晋升的进阶，从而开创了两千多年来儒家学说长盛不衰的局面。

自汉武帝后，儒家全面登上了历史舞台，从思想文化到政治领域，从法律典章到社会习俗，儒家思想无孔不入，成为中国社会从官方到民间的主流思想。每个中国人自出生就打下了儒家文化的印记，中国真正成了儒家的一统天下。汉以后的中国政治与儒家思想浑然一体，合二为一，儒学变成了儒教，中国事实上成为政教合一的国家。这与西方政教二元分立的社会是根本不同的，以至于各自走上不同的发展道路。儒学成为儒教以后，中国社会的思想文化由先秦时期百家争鸣的繁荣状态进入了漫长封建社会时期儒学独尊时期。

儒、法这两个先秦时期的老对手在封建社会（或称帝制社会）终于携起手来共同维护君主专制统治，即"儒法合流"。儒法合流表现阳儒阴法、儒表法里，主张治国要德法并治，即董仲舒所说："天道之大者在阴阳。阳为德，阴为刑。"（《汉书·董仲舒传》）堂而皇之说的是儒家仁义道德，实而行之的是法家的利害赏罚，二者结合，天衣无缝。因此，法家成了为儒家服务的工具。"外儒内法"是中国二千年封建社会专制统治的真实写照。统治者采取德教和刑压的两种手段，礼法并用，以维护封建专制统治。这正是荀子礼法思想的运用。难怪清末维新派谭嗣同在《仁学》里激烈批评："二千年来之政，秦政也，皆大盗也；二千年来之学，荀学也，皆乡愿也。"当然，不可否认，儒法结合对于维护中国帝制社会的大一统贡献颇大。

因此，所谓"独尊儒术"实际上是"儒法合流"。究其原因，儒法在维护君主专制统治这一根本点上殊途同归。晋秦法家是最强烈反对儒家的学派，然而其学说的源头却是由儒家的现实派演化而来。因此，晋秦法家表面上与儒家决裂，骨子里却含有儒家的专制基因。晋秦法家对君主专制的维护与儒家相比，过之而无不急，只是方法不同罢了：儒家以温情脉脉的道德教化的方法；晋秦法家以赤裸裸的刑罚强制的方法。也就是司马谈所说的"同归而殊途"（《史记·太史公自序》）。儒法维护君主统治的目的是一致的，只是二者的分野在于人性论认知上的不同而已。儒家认为人性善，故可以实行德治；晋秦法家认为人性恶，故必须实行法治。而就人性的现实表现来说，不是非善即恶，而是有善有恶。因此，德教与刑罚皆是统治的手段，不能执其一端，舍此就彼。这是秦亡以后，总结暴秦的教训，儒法由对抗走向合流，成为中国二千年封建社会主流统治思想的原因。但是，必须注意到，汉以后的儒法合流与荀子主张的儒法合流还是有区别的。荀子是公开主张儒法合流，儒家结合法家，其理论基础是性恶论；汉以后的儒法合流是暗里的儒法合流，儒表法里，儒家吸收法家，儒家思想成为唯一正统的封建国家意识形态，法家思想则在幕后发挥作用，软硬两手，共同维护封建君主专制统治。

汉代的儒法合流开启了此后中国封建社会的经典治理模式：阳儒阴法，德法并治。儒法结合的统治思想确立后，进一步在制度层面加以贯彻，承袭秦制而来的汉律被不断儒家化改造，从而使儒家的礼和法家的法完全结合起来，由此形成中华法治传统，在唐代达到成熟，其经典代表是《唐律疏议》。正如《唐律疏议·名例》所说："德礼为政教之本，刑罚为政教之用，犹昏晓、阳秋相须而成者也。"

（三）齐法家思想的终止

儒道之争最终以儒家胜出而终结，道家归隐山林，回归庄子的人生哲学，寄情山水，发展出追求长生不老的道教；儒家的"德"取代了道家的"道"占据意识形态的主导地位，道家的"无为"让位于儒家的"有为"，儒法结合，圣君德法并治，成为汉以后治国的圭臬。所以，儒法合流解体了齐法家思想，齐法家的无为法治让位于汉儒的礼法并治。儒法合流虽在汉初已暗流涌动，然而只是在窦太后死后儒家打败了道家才得以实现的。

直到窦太后死后，汉武帝大权在握，儒家才得以在政治上真正抬起头来，自此登上政治舞台而主宰中国历史二千余年。《史记·孝武本纪》记载：

后六年，窦太后崩。其明年，上征文学之士公孙弘等。

《汉书·儒林列传》亦载：

> 及窦太后崩，武安君田蚡为丞相，黜黄老、刑名百家之言，延文学儒者以百数，而公孙弘以治《春秋》为丞相，封侯，天下学士靡然乡风矣。

窦太后死后，汉武帝为巩固儒家路线，广招贤良，公孙弘等为五经博士，并提拔重用为各级官吏，公孙弘由平民拜相封侯，儒家不仅在意识形态上，而且在政治实践上走上了历史舞台。至此，董仲舒所倡的"独尊儒术"得以真正确立起来。

实际上，中国历史上的儒法之争只是配角，儒道之争才是决定中国历史走向的主角。法家要么和儒结盟，要么和道结盟，法不能自立独行，因为它没有自己的灵魂，本身只具工具价值，需要儒或道来引领它才能发挥长久作用。晋秦法家是战时法家，随秦亡而终结了。荀子早就指出，晋秦法家无儒，所以不能长久。齐法家思想治齐数百年，延续到汉初，但随着汉武帝独尊儒术也退出了中国历史的正面舞台。儒家需要法家辅佐，法家也找到了儒家这一新的宿主，儒法合流，德法并治，中国进入了漫长的封建社会时期。

不过，在儒学独尊的封建社会，齐法家思想发展虽然终止，但道家思想对历代统治者仍然发挥着一定程度的影响。尤其是在唐初道教被定为国教，老子被极力推崇。唐玄宗把《道德经》列入科举考试，并注释推广《道德经》，以提高治国水平。唐玄宗在其亲撰的中国历史上第一部皇帝注本《御注道德真经》和《御注道德真经疏》中，解释了老子的无为而治："顺天之时，顺地之性，因人之心。是则群臣辐凑，贤与不肖各尽其用，君得所以制臣，臣得所以事君，此理国无为之道也。"李唐统治方法可以说是"内用黄老，外示儒术"，儒道法三家结合，但儒学为显学，道法并未撼动儒学独尊的地位。这与汉初的道法结合、排斥儒家，已明显不同。

儒法结合打破了道法结合的齐法家思想，成为中国封建社会的基本统治方式和中华法系的思想内核。其特征就是礼与法相结合，德治与法治相结合，人治与法治相结合。因此，中华法系讲究情理法交融，重实质法治而轻形式法治，在世界法系中独树一帜，成为中华文化的重要组成部分。

第二节　齐法家思想的当代意义

　　齐法家虽然未造就晋秦法家那样大的功业，但齐法家无为法治思想蕴含更多现代法治元素，是重要的本土法治资源。中国的法治建设不能完全照搬西方模式，从本民族的法治思想宝库中吸取营养不失为一个建设性的选择，既弘扬了古代法治文化传统，保持了民族特色，又易于为大众所接受。关键是在筛选时，要注意剔除其封建性的糟粕，吸收其法治的精华。先秦齐法家开辟了一条不同于晋秦法家形式法治方式的法治路径——道法结合的实质法治方式，造就了威宣之治，并在汉初取得了显著成效。这种道法结合的实质法治方式，对今天的法治中国建设具有多方面的借鉴意义。

一　法律与道德相结合，制定良法

　　法律与道德的关系问题是法治的两个重要问题之一，即良法问题。正如亚里士多德所说，法治包括两个方面，一是良好的法律，二是普遍的遵守。所谓良好的法律，就是法律要合乎一定的道德，人定法之上有自然法，恶法非法。与亚里士多德同时代的齐法家也非常关心这个问题，提出"法自然"的法律观。亚里士多德的自然法与人定法的二分法与齐法家道与法的二分法是一致的，可见东西方法律思想的先驱们对这个问题的看法是惊人相似的。

　　无为主义法治要求人定法必须合乎自然法。齐法家认为，法律法令必须合乎天道，顺应人心，也就是说人定法必须符合自然法，从而提出以自然法作为衡量人定法效力的高级法。法律不是一个自足的社会现象，必须有其精神灵魂和价值追求，这就是法律之上的道。齐法家的道是因循自然以民为本，晋秦法家的道是国家利益至上，儒家的道是忠君爱民，也就是各自法律所维护的价值观。

　　与晋秦法家的纯粹法治相比，齐法家的无为主义法治更具法治精神。我们一方面要继承齐法家的法治精神，另一方面也要对其进行改造，以社会主义道德作为衡量法律善恶的标准。

党的十九届六中全会通过的《中共中央关于党的百年奋斗重大成就和历史经验的决议》（以下简称《决议》）指出，"必须把体现人民利益、反映人民愿望、维护人民权益、增进人民福祉落实到全面依法治国各领域全过程，保障和促进社会公平正义"。党的二十大报告指出，"围绕保障和促进社会公平正义，坚持依法治国"①，"推进科学立法、民主立法、依法立法"②，"坚持依法治国和以德治国相结合，把社会主义核心价值观融入法治建设"③。为此，我们要把法律与道德结合起来，制定良法。我国法律的道就是社会主义核心价值观，它是衡量我国法律的基本标准。应以社会主义核心价值观为统领，坚持以人民为中心，将新时代人民的法权要求上升为法律，不断完善以宪法为核心的中国特色社会主义法律体系。

同时，坚依法治国与以德治国相结合。法律不是万能的，在坚持依法治国的同时，还应加强思想道德教育，提高公民的道德水平和自觉守法意识，从而将法治与德治有机结合起来。法律是道德的底线，道德是最高的法律，两者相辅相成，不能将其对立起来，非此即彼。不过，也要注意防止以德代法的现象。例如，在司法审判中，对于法律有明文规定的，还需坚持依法判决，更不能以法官个人好恶使法律有出入，以维护法律的权威。当然，如果司法判决确实可能导致个案不正义，则依据规则和原则进行综合判断，或采取调解解决纠纷，或通过立法机关修改有关法律。

二　无为与有为相结合，依法治国

无为与有为的关系是法治的又一个重要问题，即守法问题。法治要求普遍守法，而普遍守法要求政府带头守法。政府守法具有典范作用，

---

① 习近平：《高举中国特色社会主义伟大旗帜　为全面建设社会主义现代化国家而团结奋斗——在中国共产党第二十次全国代表大会上的报告》，人民出版社 2022 年版，第 40 页。

② 习近平：《高举中国特色社会主义伟大旗帜　为全面建设社会主义现代化国家而团结奋斗——在中国共产党第二十次全国代表大会上的报告》，人民出版社 2022 年版，第 41 页。

③ 习近平：《高举中国特色社会主义伟大旗帜　为全面建设社会主义现代化国家而团结奋斗——在中国共产党第二十次全国代表大会上的报告》，人民出版社 2022 年版，第 44 页。

一个不遵守法律的政府是不可能建设好法治国家的。所谓无为的真正含义是守法，摒弃个人意志干扰，政府依据法律而为，这是一种积极无为。可见无为与有为是统一的，就是要遵守法律。

无为主义法治要求普遍守法，核心是约束权力。晋秦法家依靠加强君主的权力来推行法治，势必造成君主集权专制。齐法家出于对君主无限权力的担心和恐惧，君主守法，无为而治。齐法家要求君臣上下严格守法。严格守法的关键是约束权力，把权力关进制度的笼子，社会就能实现自治。权力不守法，必然损害法律的威信，最终摧毁法治。因此，现代法治要求权力主体谦抑，法无授权不可为；同时权利主体则自主，法无禁止即可为。

齐法家要求政府不得越权干涉社会自治范围内的事情。在经济领域，市场经济是市场自发调节为主的经济，必须有完备的法治体系来护驾保航。政府在市场面前应该尽量无为，不能任意干预，市场能够解决的问题都应由市场解决。政府要做的主要是完善社会主义市场经济法治体系。政府的宏观干预也应在法律的框架内进行。建立权力清单制度是一种很好的尝试，束缚权力的欲望，让市场发挥基础性作用。社会组织是社会自治的重要载体，要充分发挥社会组织的自治功能，使其成为凝聚社会力量，表达社会诉求的重要渠道。为此，必须进一步健全社会组织立法，规范和保障公民的结社权利。

无为而治是一种法治理想，并非无所作为。现实政府肩负着各种公共职能，不可能无所作为。无为的真正意涵就是守法，要求政府法无规定不可为，避免权力扩张、不该为而为；有为就是依法行事，要求政府法定职责必须为，避免懒政惰政、应为而不为。因此，必须将无为与有为有机结合起来，建立依法治国的法治政府。今天的"无为"是指政府不得越法而为，今天的"有为"指政府依法尽责，即法无授权不可为，法定职责必须为，从而在法治轨道上推进国家治理现代化。可见，此种意义上的无为是法治理念的精髓，是反对人治的必然要求。党的十九届六中全会的《决议》指出："权力是一把'双刃剑'，依法依规行使可以造福人民，违法违规行使必然祸害国家和人民。党中央强调，法治兴则国家兴，法治衰则国家乱。"这是在告诫我们法治优于人治，法治的无为胜过人治的有为。

为了有效推行法治，必须加强权力监督。党的十九届六中全会《决议》指出："必须把权力关进制度的笼子里，依纪依法设定权力、规范权力、制约权力、监督权力。"党的二十大报告指出，"强化行政执法监督机制和能力建设，严格落实行政执法责任制和责任追究制度"[1]；"完善权力监督制约机制，以党内监督为主导，促进各类监督贯通协调，让权力在阳光下运行"[2]。我国实行民主集中制，权力既要集中，也要适当分工，并建立中国特色的权力运行的监督制约机制。因此，必须探索权力的分工机制，把决策权、执行权和监督权分开，使权力有序运行。有权力必须有监督，监察权改革是一种很好的尝试，将使得权力监督全覆盖。继续完善人大之下的一府一委两院制，各国家权力机关在中国共产党的统一领导下，分工合作，各司其职，不断建设一个对人民充分负责的有限有能政府。

三　以民为本，追求共同富裕

齐法家主张以民为本，重视民生。"仓廪实则知礼节，衣食足则知荣辱。"（《管子·牧民》）齐法家的法律本位是民本位，立法要从民所欲，令顺民心，追求富民强国。这样的法治必然会得到人民的支持和拥护，推行起来自然就容易得多，也就无须晋秦法家那样的严刑峻法来治理民众。

齐法家认为，"治国之道，必先富民"（《管子·治国》），与商鞅弱民强国的思想形成鲜明对比。齐法家认为民富则易治，民贫则难治；而商鞅认为，民贫则易治，民富则难治。虽然齐法家与晋秦法家都以功利主义为法治基础，但由于价值取向不同，前者把人民的功利和幸福放在第一位，后者把国家（君主）的功利和富强放在第一位，因而他们的法治方式也就显示出差别。晋秦法家实行重刑主义，严刑峻法，强制民众服从国家和君主利益；齐法家则温和得多，他们反对重刑主义，主张

---

① 习近平：《高举中国特色社会主义伟大旗帜　为全面建设社会主义现代化国家而团结奋斗——在中国共产党第二十次全国代表大会上的报告》，人民出版社 2022 年版，第 41 页。

② 习近平：《高举中国特色社会主义伟大旗帜　为全面建设社会主义现代化国家而团结奋斗——在中国共产党第二十次全国代表大会上的报告》，人民出版社 2022 年版，第 67 页。

令顺民心，从而让民众自觉自愿地服从法律。齐法家认为道存于人心之中，得民心者得天下，失民心者失天下，这也是对田氏代齐的一种诠释。因此，齐法家主张先民后贵，始终把民众的利益放在第一位。要让利于民，藏富于民，轻徭薄赋，养民以利。

正是因为齐法家追求富民，所以齐法家实行重商主义经济政策，与重农抑商的晋秦法家形成鲜明对比。《管子·轻重甲》认为："物之所生，不若其所聚。"齐法家发现货物流通比货物生产更重要，即市场需求决定生产这一经济学规律和致富的秘密，这是多么睿智和超前的经济观点。齐国的商业经济是中国市场经济的最早萌芽，促进了齐国的富裕。党的二十大报告指出："构建高水平社会主义市场经济体制。坚持和完善社会主义基本经济制度，毫不动摇巩固和发展公有制经济，毫不动摇鼓励、支持、引导非公有制经济发展，充分发挥市场在资源配置中的决定性作用，更好发挥政府作用。"① 市场经济与市场贸易不能等同，《管子》的经济思想对中国式现代化建设仍然具有借鉴意义。

齐法家不仅追求富民，还注重通过轻重调节实现均富。齐法家要求君主"散积聚，调高下，分并财"（《管子·轻重甲》），防止社会两极分化，追求均富。齐法家提出打击豪强，反对垄断，促进就业："请以令：禁百钟之家不得事鞲，千钟之家不得为唐园，去市三百步者不得树葵菜，若此，则空闲有以相给资，则北郭之甿有所雠。"（《管子·轻重甲》）可见，齐法家在中国历史上较早关注贫富分化带来的社会问题，并主要采取轻重调节等经济手段加以解决。

党的十九届六中全会的《决议》总结党的百年经验，提出要坚持"人民至上"，"坚持发展为了人民、发展依靠人民、发展成果由人民共享，坚定不移走全体人民共同富裕道路"。党的二十大报告指出，"中国式现代化是全体人民共同富裕的现代化。共同富裕是中国特色社会主义的本质要求，也是一个长期的历史过程。我们坚持把实现人民对美好生活的向往作为现代化建设的出发点和落脚点，着力维护和促进社会公

---

① 习近平：《高举中国特色社会主义伟大旗帜　为全面建设社会主义现代化国家而团结奋斗——在中国共产党第二十次全国代表大会上的报告》，人民出版社 2022 年版，第 29 页。

平正义，着力促进全体人民共同富裕，坚决防止两极分化"①。齐法家
"以民为本"的价值本位与中国共产党人"以人民为中心"的价值追求
是契合的。社会主义立法要以人民为中心，以人民权益为价值本位，将
人民对美好生活的法权要求上升为法律权利加以保障。要把市场经济与
共同富裕结合起来。市场经济是致富之路，通过社会主义市场经济和对
外开放，不断增强国民财富，并以法律保护好国民的财产性权利；但市
场经济也不是万能的，让其自由发展而不加干涉必然导致社会两极分
化，所以要以国家法律和宏观政策调节贫富差距，缩小两极分化，加强
社会保障，实现共同富裕。

四　兼容并蓄，推进国学文化复兴

齐法家主要是道、法结合的产物，但同时也兼采名家、儒家等
思想，融合进自己的体系。因此，齐法家具有海纳百川般的包
容性。

齐法家的包容性与晋秦法家的专制性形成鲜明对比。晋秦法家"以
法为教""以吏为师"（《韩非子·五蠹》），"燔诗书而明法令"（《韩
非子·和氏》），直至去除"五蠹"，焚书坑儒，实行文化专制。晋秦法
家是纯粹的法家，法与权术结盟，极端反儒，也排斥道家无为守静思
想。韩非子虽然也讲无为而治，但他的术势思想最终淹没了他的法治思
想，变成了赤裸裸的君主极权统治理论。齐法家主张学术自由，提倡百
家争鸣，兴办学宫，允许"不治而议论"，使齐国稷下成为东方文化中
心，造就了学术思想的繁荣。齐法家邹忌劝谏齐威王广开言路、虚心纳
谏，允许民众批评朝政，齐国大治。孔子说过："君子和而不同，小人
同而不和。"（《论语·子路》）君子求和，但保留自己的独立性；小人
求同，但心中不和。思想自由的原则应该是"和而不同"，即讲
"和"，也讲"不同"，在不同中求和，和中有不同。五音相和，所以
悦耳；五色斑斓，所以悦目；五味相调，所以爽口。没有不同，就没
有和，世界不应是单一的色调；没有和，不同也难以并存，世界就会

①　习近平：《高举中国特色社会主义伟大旗帜　为全面建设社会主义现代化国家而团结
奋斗——在中国共产党第二十次全国代表大会上的报告》，人民出版社 2022 年版，第 22 页。

一片混乱。我们既要坚持主旋律的引导，统一人们的思想方向，也要鼓励独立思考和判断。真理是不断发展的，所以要坚持百花齐放，百家争鸣的方针，不断推动思想进步和文化创新。思想发展反过来必然促进社会的发展进步。

党的十九届六中全会的《决议》指出，"没有文化繁荣兴盛就没有中华民族伟大复兴"，"坚持把马克思主义基本原理同中国具体实际相结合、同中华优秀传统文化相结合"，要求"推动中华优秀传统文化创造性转化、创新性发展。"党的二十大报告重申上述观点，要求"传承中华优秀传统文化"[①]，强调"坚守中华文化立场，提炼展示中华文明的精神标识和文化精髓"[②]。民族复兴首先应是文化复兴。两千多年前的中国历史大变革时代，稷下学宫百家争鸣，创造了灿烂的中国古代文化，成为中华民族的精神家园。今天，历史又到了民族复兴的大变革时代。应以兼容并蓄的胸怀，在坚持马克思主义指导下，复兴中华优秀传统文化，必将造就一个民族的新文化。

传统文化是以儒家为主体，儒道法融合发展的。复兴传统文化，要在坚持马克思主义指导下，让儒道法在新的时代条件下相互融合，创新民族文化。儒道法思想博大精深，共同构成中华传统文化的主流，在相互辩论相互吸收中向前发展，应加强对儒道法融合的研究。把儒家的天下为公、道家的无为而治、法家的以法治国有机结合起来加以转化吸收，在坚持党的领导下，推进建设民主法治的社会主义中国。道家文化具有广泛的世界影响，除了无为而治的政治思想倍受赞赏以外，道法自然的思想，对于今天的全球环境和气候保护来说，也具有重要意义；道家的慎战思想，对于今天和平解决国际争端，反对以武力或以武力相威来说，具有重要意义。法家的以法治国主张，严格执法的思想，反对徇私枉法，反对人治，这些观点对于今天的法治国家建设来说，具有重要意义。所以，诸子百家学说都有优秀的成分，当然也有各自的糟粕。因

---

① 习近平：《高举中国特色社会主义伟大旗帜　为全面建设社会主义现代化国家而团结奋斗——在中国共产党第二十次全国代表大会上的报告》，人民出版社2022年版，第43页。

② 习近平：《高举中国特色社会主义伟大旗帜　为全面建设社会主义现代化国家而团结奋斗——在中国共产党第二十次全国代表大会上的报告》，人民出版社2022年版，第45页。

此，要复兴国学文化，就要以现代的眼光，重新审理老祖宗留下的文化遗产，去其糟粕，取其精华，在新的时代条件下进行创造性转换，推进民族文化复兴。

五　胸怀天下，构建人类命运共同体

与晋秦法家追求富国强兵、武力称霸天下的法治目标不同，齐法家主张安邦富民、不以武力称霸。齐法家对内追求富民，对外主张和平。齐法家先驱管仲，"九合诸侯，不以兵车"，以诸侯会盟形式"一匡天下"，维护国家利益并主持公道。田齐政权初期在齐法家思想指导下，民富国强，文化繁荣，贸易自由，一时万商云集齐都临淄，士人接踵来到稷下学宫，形成大治局面。齐人追求富裕生活而厌恶战争，即使与外国竞争，也是"商战优于兵战"。可惜到了齐湣王时，背弃先王富民安邦之政，嫉贤妒能，穷兵黩武，对外扩张，招致五国伐齐，齐国衰落。齐王建又苟且偷安，一味避战，坐视诸侯被秦国逐个击破而不救，最后葬送了齐国。齐法家固然反战，但反的是侵略战争，并不反对自卫战争。国大好战必亡，但不备战亦亡，所以军备建设是必须的。

首先，我们要继承齐法家的和平主义主张。今天，中国的崛起和民族复兴已势不可挡，但部分国家对我们这样一个大国的迅速崛起短期内难以适应，存有疑虑；尤其是以美国为首的西方阵营，妄图遏制中国的崛起，以维护其霸主地位和旧的世界秩序。我们要高举和平主义旗帜，宣扬民族文化中的反战思想，打消外界的疑虑。我国建设法治国家，目的是富民强国，民族复兴，但不会走国强必霸的老路。中国共产党提出构建人类命运共同体的主张，这是齐法家和平主义国际关系原则在当代世界的放大。战国时代，瓦釜雷鸣，齐法家却发出了难能可贵的和平主义反战呼声，而在21世纪，中国同样主张和平解决国际争端，反对武力或武力威胁，成为世界和平的中坚力量。在面临外部挑战时，我们也要吸取齐法家"商战优于兵战"的策略，尽量使用经济手段迫使对手屈服，不到万不得已不使用兵战。

其次，还要继承齐法家备战思想，加强国防建设。由于某些大国霸权主义思维仍然存在，国际争端时有发生，局部战争的阴霾还挥之不

去。我们主张和平，反对战争，但不能放松警惕，要增强国防力量建设，建设一支强大的现代化军队。必须具备打赢防御战争的能力，维护国家主权安全、领土完整和发展利益。国防是经济发展和人民安居乐业的后盾，所以要重视国防建设，备战而不好战。

最后，坚持齐法家的通商思想，加强对外开放。经济上，齐法家主张通商，降低关税，让各国互通有无，齐国的鱼盐因而能够顺利运到中原诸侯国，中原的粮食也卖到了齐国，改善了各国人民生活。中国要坚定不移地走改革开放的道路，推进"一带一路"建设，不断扩大对外开放，支持自由贸易政策，反对贸易战，成为推动全球化的重要力量。当中国经济和全球经济日益融为一体，当供应链把各国紧密连在一起，各国经济你中有我我中有你，相互需要不能分开，世界就变得更加和平安全。当前，我们要警惕美国拉拢其他国家与中国经济"脱钩"的图谋，对此我们要高举全球化的大旗加以分化瓦解，积极加入 CPTPP 等各种自由贸易组织，防止美国从经济上孤立中国的图谋得逞。

党的十九届六中全会的《决议》提出要坚持"我们坚持和平发展道路，既通过维护世界和平发展自己，又通过自身发展维护世界和平"。党的二十大报告也说："必须坚持胸怀天下。中国共产党是为中国人民谋幸福、为中华民族谋复兴的党，也是为人类谋进步、为世界谋大同的党。"[1] "中国始终坚持维护世界和平、促进共同发展的外交政策宗旨，致力于推动构建人类命运共同体。"[2] 胸怀天下就是要对人类的持久和平与发展提出中国方案和做出中国贡献。实现人类和平的最好保障是构建人类命运共同体。地球是人类的共同家园，不论是气候问题、环境问题、流行疾病问题，还是地区冲突、经济冲突、文化冲突问题，都需要各国携起手来，共同面对，协商解决。只有构建人类命运共同体，才能维护人类持久和平。"一带一路"是中国构建人类命运共同体

---

① 习近平：《高举中国特色社会主义伟大旗帜 为全面建设社会主义现代化国家而团结奋斗》，人民出版社 2022 年版，第 21 页。

② 习近平：《高举中国特色社会主义伟大旗帜 为全面建设社会主义现代化国家而团结奋斗》，人民出版社 2022 年版，第 60 页。

的重要纽带，坚持互利共赢，共同发展，共同克服人类社会面临的共同挑战。我们要以中国人胸怀天下的抱负和担当，构建人类命运共同体，求同存异，把"一带一路"沿线国家团结起来，坚持全球化，反对民粹主义，反对冷战思维，增进人类和平幸福。

附　　表

附表 1　晋秦法家与齐法家对照表

二分法	学术渊源	先驱	代表人物	法观点	法治类型
晋秦法家（醇法家）	儒家现实派	子产赵鞅	李悝、吴起商鞅、申不害李斯、韩非	实定法	形式法治
齐法家（道法家）	黄老道家	管仲	淳于髡、邹忌慎到、田骈尹文	自然法实定法	实质法治

附表 2　稷下学士生卒年及派系一览表①

序号	派系	姓名	生卒年约数	国籍	稷下时期	师承或渊源
1	道家	彭蒙之师?		齐?	早期	杨朱
2		黔娄?		齐	早期	
3	杂家?	淳于髡*	公元前 385—前 305 年	齐	早中期	管仲
4	黄老	告子	公元前 410—前 320 年?	宋?	早中期	墨子、杨朱
5		彭蒙	公元前 380—前 310 年	齐	早中期	彭蒙之师、杨朱
6		环渊	公元前 380—前 310 年?	楚	早中期	关尹、老子
7		宋钘	公元前 370—前 291 年	宋	早中期	墨子、杨朱

① 参照钱穆《稷下学士名表》，及白奚《稷下诸子生卒约数年表》。

续表

	派系	姓名	生卒年约数	国籍	稷下时期	师承或渊源
8		慎到*	公元前 370—前 300 年?	赵	中期	彭蒙?
9		田骈*	公元前 370—前 291 年	齐	中期	彭蒙
10	黄老	季真?	公元前 360—前 290 年	齐?	中期	环渊?
11		接子	公元前 360—前 280 年	齐	中期	环渊?
12		尹文*	公元前 360—前 280 年	齐	中期	宋钘
13	名家	兒说	公元前 375—前 300 年?	宋	中期	
14		田巴	公元前 340—前 260 年	齐	中后期	兒说
15	阴阳家	邹衍	公元前 330—前 250 年	齐	中后期	
16		邹奭	公元前 295—前 230 年	齐	后期	邹衍
17		颜斶	公元前 350—前 280 年	齐	中期	孟子
18	儒家	荀况	公元前 328—前 235 年	赵	后期	孔子、黄老
19		鲁仲连	公元前 305—前 245 年	齐	后期	

注：稷下先生一般认可 17 人，本表增加 2 人；打 * 者兼齐法家

附表 3　稷下学士著作一览表[①]

	撰写者	官方著作	私人著作（存）	私人著作（亡）
	黄老学派	《黄帝四经》		
	管仲学派（齐法家）	《管子》		
1	淳于髡			《王度记》?
2	彭蒙			
3	环渊			《蜎子》?
4	告子			
5	宋钘			《宋子》
6	季真			
7	接子			《捷子》
8	慎到		《慎子》	

---

① 参照钱穆《稷下学士名表》，白奚《稷下诸子生卒约数年表》。

续表

	撰写者	官方著作	私人著作（存）	私人著作（亡）
9	田骈			《田子》
10	尹文		《尹文子》	
11	兒说			
12	田巴			
13	邹衍			《邹子》
14	邹奭			《邹奭子》
15	颜斶			
16	鲁仲连			《鲁仲连子》
17	荀况		《荀子》	
…		…		…

附表 4 稷下学宫大事年表①

	战国（晋秦法家）	田齐	稷下学宫
公元前 403 年	三家分晋 魏国李悝变法 著《法经》		
公元前 386 年		田氏代齐	
公元前 382 年	楚国吴起变法		
公元前 374 年		齐桓公田午立	稷下学宫初创
公元前 359 年	秦国商鞅变法		
公元前 357 年		桓公卒 齐威王田因齐立	稷下学宫扩张
公元前 354 年		邹忌修法	齐法家参与修法
公元前 334 年	齐魏相王	齐强魏衰	
公元前 320 年		威王卒 齐宣王田辟疆立	稷下百家争鸣

---

① 参照《中国历史年表》，中国社会科学院历史研究所 2017 年版。

续表

	战国（晋秦法家）	田齐	稷下学宫
公元前 301 年		宣王卒 齐湣王田地立	稷下学宫衰落
公元前 288 年	秦齐并称东、西帝	齐湣王去帝号	
公元前 287 年	五国合纵攻秦	秦强齐衰	
公元前 286 年	齐灭宋		
公元前 284 年	五国破齐	齐湣王被杀	稷下学宫中断
公元前 283 年		齐襄王田法章立	
公元前 279 年		田单复齐	稷下学宫恢复
公元前 265 年		襄王卒 齐王建立	
公元前 260 年	秦赵长平之战	齐国隔岸观火	
公元前 255 年		齐王建不听谏言	荀卿适楚兰陵
公元前 221 年	秦灭齐	齐国不战而降	稷下学宫终结

参考书目

（春秋）左丘明：《国语》，岳麓书社 2015 年版。

（春秋）左丘明：《左传》，岳麓书社 2015 年版。

（东汉）班固：《汉书》，中华书局 2007 年版。

《古本竹书纪年辑校订补》，范祥雍订补，上海古籍出版社 2018 年版。

《管子》，李山译注，中华书局 2009 年版。

《韩非子》，高华平等译注，中华书局 2015 年版。

《淮南子》，陈广忠译注，中华书局 2012 年版。

《黄帝四经今注今译》，陈鼓应译注，商务印书馆 2013 年版。

（晋）皇甫谧：《高士传》，上海古籍出版社 2014 年版。

荆门市博物馆编：《郭店楚墓竹简》，文物出版社 1998 年版。

《老子》，饶尚宽译注，中华书局 2006 年版。

《六韬》，陈曦译注，中华书局 2016 年版。

《论语》，张燕婴译注，中华书局 2006 年版。

《孟子》，方勇译注，中华书局 2015 年版。

（明）董说：《七国考》，中华书局 1956 年版。

（清）戴望：《管子校正》，中华书局 1988 年版。

（清）马国翰：《玉函山房辑佚书》，上海古籍出版社 1990 年版。

（清）王先谦：《荀子集解》，中华书局 2012 年版。

《群书治要》，沈锡麟注，中华书局 2014 年版。

《商君书》，石磊译注，中华书局 2011 年版。

《慎子》，（清）钱熙祚校（《诸子集成》本），上海书店 1986 年影印版。

《吴子·司马法》，中华书局 2018 年版。

（西汉）董仲舒：《春秋繁露》，中华书局 2012 年版。

（西汉）韩婴：《韩诗外传》，团结出版社 2020 年版。

（西汉）刘向：《说苑》，王天海、杨秀岚译注，中华书局 2019 年版。

（西汉）刘向：《战国策》，岳麓书社 2015 年版。

（西汉）司马迁：《史记》，中华书局 2009 年版。

《新书》，方向东译注，中华书局 2012 年版。

《新序》，马世年译注，中华书局 2014 年版。

《新语校注》，王利器校注，中华书局 2012 年版。

《荀子》，方勇、李波译注，中华书局 2015 年版。

《盐铁论校注》，王利器校注，中华书局 2017 年版。

《尹文子》，（清）钱熙祚校（《诸子集成》本），上海书店 1986 年影
　　印版。

（战国）吕不韦等著：《吕氏春秋》，岳麓书社 2015 年版。

《庄子》，方勇译注，中华书局 2015 年版。

白奚：《稷下学研究》，生活·读书·新知三联书店 1998 年版。

戴东雄：《〈管子〉的法律思想》，台北"中央文物供应社" 1984 年版。

戴黍：《〈淮南子〉治道思想研究》，中山大学出版社 2005 年版。

丁原明：《黄老学论纲》，山东大学出版社 1997 年版。

冯友兰：《中国哲学史新编》，人民出版社 2007 年版。

公丕祥：《法律文化的冲突与融合》，中国广播电视出版社 1993 年版。

龚廷泰：《社会主义法治文化研究》，法律出版社 2020 年版。

郭沫若：《十批判书》，东方出版社 1996 年版。

胡家聪：《管子新探》，中国社会科学出版社 2003 年版。

胡家聪：《稷下争鸣与黄老新学》，中国社会科学出版社 1998 年版。

胡适：《中国哲学史大纲》，崇文书局 2015 年版。

金受申：《稷下派之研究》，商务印书馆 1930 年版。

梁启超：《管子传》，中华书局 1941 年版。

梁启超：《先秦政治思想史》，中华书局 2015 年版。

廖名春：《荀子新探》，中国人民大学出版社 2014 年版。

刘旺洪：《法律意识论》，法律出版社 2000 年版。

刘蔚华、苗润田：《稷下学史》，中国广播电视出版社 1992 年版。

刘笑敢．《庄子哲学及其演变》，中国社会科学出版社 1988 年版。

刘作翔：《法律文化论》，陕西人民出版社 1992 年版。

龙大轩：《道与中国法律传统》，山东人民出版社 2004 年版。

吕思勉：《先秦史》，上海古籍出版社 1982 年版。

罗根泽：《管子探源》，岳麓书社 2010 年版。

马积高：《荀学源流》，上海古籍出版社 2000 年版。

孟祥才、胡新生：《齐鲁思想文化史》，山东大学出版社 2002 年版。

钱穆：《先秦诸子系年》，商务印书馆 2005 年版。

沈家本：《历代刑法考》，中华书局 1985 年版。

王立民：《古代东方法研究》，北京大学出版社 2006 年版。

王沛：《黄老"法"理论源流考》，上海人民出版社 2009 年版。

王叔岷：《先秦道法思想讲稿》，中华书局 2007 年版。

王晓波：《道与法》，台湾大学出版中心 2007 年版。

王志民：《齐文化概论》，山东人民出版社 1993 年版。

卫聚贤：《古史研究》，上海文艺出版社 1990 年影印本。

武树臣、李力：《法家思想与法家精神》，中国广播电视出版社 2007
　年版。

夏锦文：《传承与创新：中国传统法律文化的现代价值》，中国人民大
　学出版社 2012 年版。

萧公权：《中国政治思想史》，商务印书馆 2018 年版。

熊铁基：《秦汉新道家》，上海人民出版社 2001 年版。

许抗生：《先秦名家研究》，中国书籍出版社 2021 年版。

杨鹤皋：《先秦法律思想史》，中国政法大学出版社 1990 年版。

杨宽：《战国史》，上海人民出版社 2003 年版。

余明光：《黄帝四经与黄老思想》，黑龙江人民出版社 1989 年版。

张秉楠：《稷下钩沉》，上海古籍出版社 1991 年版。

张岱年：《中国古典哲学概念范畴要论》，中华书局 2017 年版。

张仁善：《中国法律文明》，南京大学出版社 2018 年版。

张中秋：《中西法律文化比较研究》，南京大学出版社 1999 年版。

［德］何意志：《法治的东方经验：中国法律文化导论》，李中华译，北京大学出版社 2010 年版。

［德］韦伯：《儒教与道教》，王容芬译，商务印书馆 2004 年版。

［美］安乐哲：《主术——中国古代政治艺术之研究》，滕复译，北京大学出版社 1995 年版。

［美］富勒：《法律的道德性》，郑戈译，商务印书馆 2005 年版。

［日］大庭脩：《秦汉法制史研究》，林剑鸣等译，上海人民出版社 1991 年版。

［日］金谷治：《管子的研究：中国古代思想史的一面》，株式会社岩波书店 1987 年版。

［英］葛瑞汉：《论道者：中国古代哲学论辩》，张海晏译，中国社会科学出版社 2003 年版。

Arthur Waley, *Three Ways of Thought in Ancient China*, Clarend on Press, oxford, 1989.

Eric L. Hutton, *Dao Companion to Chinese Philoso of Xunzi*, Dordrecht: Springer Science + Businese Media B. V. , 2016.

Roger T. Ames, *The Art of Rulership*, *A Study in Ancient Chinese Political Thought*, University of Hawaii Press, Honolulu, 1983.

W. A. Rickett, *Guanzi*: *political*, *econmic*, *and philosophical essays from early China*: *a study and translation*, Princeton Univ. Pr. 1985.

后　记

　　本书为笔者著作《晋法家源流研究》的姊妹篇，共同构成对先秦法家思想史的完整研究。本书是在笔者主持的 2017 年中国法学会部级法学研究课题《齐法家思想源流研究》结项成果的基础上形成的。本书是首部系统研究齐法家思想的专著，首次界定了齐法家的代表人物，梳理了齐法家的思想源流，揭示了齐法家法治思想的特征。本书同时也是从齐法家的视角对稷下学术史的一种重新解读，齐法家上承黄老下启荀子，是道法结合的产物，是稷下学术的结晶。

　　说起法治，人们言必称古希腊哲学家亚里士多德，对亚氏提出的法治就是良好的法律加普遍的遵守，赞赏不已，而对同时代的中国法家褒贬不一。先秦法家在中国历史乃至世界历史上早于亚里士多德最先喊出"法治"的口号，然而人们对法家往往有一种成见，将法家与"严刑峻法"联系到一起。其实这不过是以商、韩为代表的晋秦法家思想的一部分，而以《管子》为代表的齐法家则是反对重刑主义的。可见法家具有多面孔。晋秦法家主张依法治国，排斥道德，属于形式法治；齐法家主张依法治国的同时，要求法须合道，属于实质法治。齐法家道法结合的无为法治思想代表着先秦法治智慧的精髓，与亚氏的法治思想相比毫不逊色。

　　党的二十大报告提出建设中国式现代化，中国式现代化离不开法治保障，所以要以中国式现代法治推进中国式现代化。各国的历史文化与现实国情不同，中国法治不宜照搬西方模式，要充分汲取中国古代法治智慧，增强文化自信，走中国特色法治道路。晋秦法家与齐法家构成先秦两种法治类型，都是重要的本土法治资源，对当代法治建设均具有借鉴意义。我们要坚持依法治国与以德治国相结合，将形式法治与实质法治有机结合起来，构建中国式现代法治新形态。

感谢中国社会科学出版社出版本书，感谢朱华彬老师悉心编校，使得本书得以面世，感谢江苏省委党校（江苏行政学院）资助本书出版。由于笔者水平有限，书中错误之处在所难免，恳请读者批评指正。

黄辉明

癸卯孟春于南京